高抛低吸，滚动交易，每天都是小牛市

一本书读懂
T+0短线战法

曹明成　谭文◎著

立信会计 出版社
LIXIN ACCOUNTING PUBLISHING HOUSE

图书在版编目（CIP）数据

一本书读懂T+0短线战法/曹明成，谭文著.--上

海：立信会计出版社，2016.2

（擒住大牛）

ISBN 978-7-5429-4848-9

Ⅰ.①—⋯ Ⅱ.①曹⋯ ②谭⋯ Ⅲ.①股票投资—基

本知识 Ⅳ.①F830.91

中国版本图书馆CIP数据核字(2015)第297199号

策划编辑　蔡伟莉

责任编辑　蔡伟莉　秦思慧

封面设计　久品轩

一本书读懂T+0短线战法

出版发行	立信会计出版社			
地　　址	上海市中山西路2230号		邮政编码	200235
电　　话	（021）64411389		传　　真	（021）64411325
网　　址	www.lixinaph.com		电子邮箱	lxaph@sh163.net
网上书店	www.shlx.net		电　　话	（021）64411071
经　　销	各地新华书店			

印　　刷	北京柯蓝博泰印务有限公司		
开　　本	787毫米×1092毫米	1/16	
印　　张	14	插　　页	1
字　　数	204千字		
版　　次	2016年2月第1版		
印　　次	2020年11月第6次		
书　　号	ISBN 978-7-5429-4848-9/F		
定　　价	42.00元		

序一　我为什么不讲价值投资①

《理财一周报》记者/林奇

"在中国的资本市场，我从来不讲价值投资。所谓的价值，不过是给庄家炒作的理由而已。我选股思路是跟庄，操作理论讲究趋势为先。"

——曹明成

私募大鳄曹明成是私募圈内资深的操盘手，曾在多家咨询公司及投资机构任职，直接参与过多次大资金的操盘。

1999年"5·19"行情中，曹明成因成功阻击网络科技股而一战成名。

在互联网行情中，曹明成亲身领教了亿安科技、海虹控股庄家李彪、蔡明等的狠辣操盘手法。

在股海中摸爬滚打十几年的老曹，博客名为"十年股灰"，在东方财富网的财经博客中排名第十四位。

从湘财证券的一名普通经纪人做起，再到操盘手、主操盘手、私募基金经理，曹明成经过十几多年的实战，总结出"曹氏八线"，并著有《吃定庄家》《擒庄实战技法》《庄家内幕揭秘》《K线实战技术精要》和《庄股经典出货模式》等书。

"11月还有两本书出版，今年可能还有两本书稿，有出版社约稿了，但还没写完。"曹明成如是介绍。

10月26日，曹明成接受《理财一周报》专访，揭露了许多不为人知的坐庄、跟庄内幕。

---

① 2009年11月7日，《东方早报理财一周》对曹明成先生的人物专访，刊登在"资本大亨"版面。原文标题为："私募大鳄曹明成：坐庄岁月里的那些往事"。

阻击网络股一战成名

《理财一周报》：像许多私募基金经理一样，您也是从经纪人做起的？

曹明成：差不多，早年和李华（第二代操盘手）是一批。最早是在湘财证券。离开湘财证券后，跟老板做操盘手，后来干脆出来单干了。

《理财一周报》：是不是因为做操盘手待遇都不太高？

曹明成：操盘手要看是什么样级别的，资深的主操盘手负责决策，与老板有分成，待遇还可以。

《理财一周报》：当时做操盘手都经历过哪些比较大的战役？

曹明成：最早是阻击网络科技股的那一年了，阻击网络科技股不是自己坐庄，是跟庄。当时发现有大批私募资金成堆地扎入了网络科技概念类的股票，不少同类题材的股票都在底部放量，大资金入驻明显，就开始关注这个题材。

《理财一周报》：发现此类股票后是直接跟进吗？还是后来跟进的？

曹明成：先是试探性跟进。后来科技概念股开始成为当时的热点。与以往的概念炒作不同，这次很意外的是：炒作之后，入驻的庄家资金不见撤退，这在以往的概念炒作中是很少见的。当时经过考虑之后，就把所有的资金全线投入该类题材股。

《理财一周报》：这样追题材股会不会很冒险？

曹明成：这是很大胆的做法，当时遭到其他辅助操盘手的非议。因为这样做风险大，概念股炒作成热点后，一般都开始进入高位，这个时候介入，弄不好就成了庄家出货的牺牲品。

《理财一周报》：那为什么还决定满仓追进，当时是怎么考虑的？

曹明成：当时是依据庄家的操盘手法判断的。大量的庄家资金入驻了该类题材股，而在第一轮炒作之后，还在高位加仓。显而易见，目标不在短期。

《理财一周报》：当时网络股您跟的是哪只？

曹明成：做了很多只，蔡明的海虹控股就是其中的一只。

《理财一周报》：这波互联网炒作海虹控股也是龙头，您觉得这波互联网会

2

不会像当初的互联网一样爆炒起来？

曹明成：这波互联网入驻的庄家资金还远远不够，暂时没有那种可能。但庄家的炒作计划可能会因为行情的变化而变化。就像当年的网络科技股，并不是开始大家都看好的，后来"5·19"井喷，人气被完全带动，大量的私募资金进入了。因此，就出现了炒作一波后，新资金大量入驻的情况，造就了一轮2年的行情。

亲身领教李彪跌停板洗盘法

《理财一周报》：当时最有名的应该是罗成操控下的亿安科技，您跟的是这只吗？

曹明成：网络科技股的行情从1999年5月开始，直到2001年，经历了一年多时间，这轮题材的炒作，只要与网络科技挂边的都被炒作起来了。其中的龙头亿安科技、海虹控股、四川湖山都被炒作到了非理性的高度。亿安科技是第一个百元股，是罗成坐庄，操盘主要是郑伟和李彪负责。海虹控股是蔡明坐庄。去年李彪去世的时候我知道消息的。

《理财一周报》：李彪总感觉对不起自己的弟弟，知道具体是为什么吗？

曹明成：他弟弟是李彬，当时坐庄亿安科技用的是金易投资公司，郑伟是控制人，法人代表写的是李彬的名字，但李彬是圈外人，后来被扯进去了，被搞得很惨。据说李彪没有办法救无辜的弟弟，导致了李彬的破产，并且差点入狱。

《理财一周报》：李彪是什么样的人？

曹明成：现实中的李彪长得比较斯文，光头戴眼镜，但行事泼辣，脾气有些暴躁。郭庆、李彪、蔡明，这些都算是第一代操盘手，他们比我早一代，我那时候是小字辈。李彪操盘非常凶悍，他当时发明了跌停板洗盘法，鬼神莫测。

《理财一周报》：连续跌停，只要看盘操作无一幸免，当时亿安科技启动前就是连续3个跌停板。

曹明成：这种手法在当时很难判断。

《理财一周报》：为什么很多早年的庄家都不得善终？

曹明成：早年的操盘手生活都不太好，心理压力大，真正功成名就的极少。一部分人是被查了或逃亡了，另一部分人在后来的4年熊市（2001年～2005年）中又赔进去了。

《理财一周报》：那4年熊市够惨的，2008年也很惨。

曹明成：2008年的大熊市也是套了很多的庄家。

《理财一周报》：当时为什么没有跟进亿安科技？

曹明成：亿安科技不敢跟。开始完全是逼空。强势股就是这样，一开始逼空，散户不跟进，继续逼空，开始震荡，散户眼红了，进去了，再拔高，出货了。亿安科技当年也是被逼上去的，前期的计划肯定没想要炒那么高。拉到40元的时候，没有人敢买了，怎么办，接着拉。亿安科技控盘最后达到90%以上。其实玩到那个时候已经算失败了，最后出货比较艰难。

《理财一周报》：有个庄家跟我讲过，说很多筹码是在跌破100元后卖给了抢反弹的人。

曹明成：平均没有那么高。出货的平均价格，我们那时候判断应该在40元左右。60元左右制造假反弹，结果还是很少有人买。市场信心没有了，下跌趋势形成了。最大的抢反弹成交量在27元左右。平均出货价位在40元～50元。

《理财一周报》：庄家要出货一般都要先跌很多吧？

曹明成：一般庄家拉到离谱的位置，出货的价位定在下跌一半的位置，通过做假反弹出货。

信奉自己的操盘理念

《理财一周报》：您信奉价值投资吗？

曹明成：在中国的资本市场，我从来不讲价值投资。所谓的价值，不过是给庄家炒作的理由而已。我选股思路是跟庄，操作理论讲究趋势为先。

《理财一周报》：看来您是趋势派。

曹明成：我自己有一套操盘理念，在趋势形成之后，形势明朗之后才操作。但又不等同于右侧交易，我的买入点在次低点或次次低点，卖出位在次高点或次次高点。

《理财一周报》：那您的这些东西是跟谁学的呢，还是自己悟的？

曹明成：自己悟出来的。早年是受一位老股民的启发，一位比较执着的老股民，他完全依据10日线买卖，获利很稳定。

《理财一周报》：线上持股，线下持币？

曹明成：是的。简单地说，可以用这8个字来概括。

《理财一周报》：这方法最厉害，化繁为简了，但很多人不经过多年的实战永远不理解。可是单独只看一个10日线会不会有点片面？

曹明成：我当时研究这个10日线很长时间，但也发现很多弊端。首先，如果不判断趋势，依据10日线买卖会在平衡市里不知所措。其次，10日线经常被庄家作为洗盘的工具。实战中操作纪律最重要，比如下降通道就是线下持币，需要放弃所有的诱惑和机会。

《理财一周报》：您现在主要看些什么指标？

曹明成：都是一些我自己的指标，帮我写指标的有一个工作室，我提供我的思路，他们帮我完成。我有个学生叫谭文，他是这方面的高手。现在计算机信息技术太发达了，把传统技术分析与计算机分析相结合，真的是事半功倍。我们原来为了总结一个形态，自己画图，花大量的时间统计，再分析和总结，现在计算机可以在很短的时间内全部做完。

（原文中对当时行情的看法，作了删节。本期采访的电子版地址在：http：//www.licaiyizhou.com/content.jsp？category=00008&id=1074）

序二 我认识的"小曹"与"老曹"

李 华

近年来市场上的股票类书籍渐有泛滥之势，且良莠不齐，多有鱼目混珠之作，真正能指导投资者实战应用的作品可谓少之又少。然最近读曹明成先生主笔的实战系列丛书，感觉甚好。细读之下，书中不乏作者多年实战的经验心得与"不传之密"，实为"用心之作"，相信读者阅后当有所裨益。

我与曹明成先生相识已久。初识其人，还是1997年在湘财证券的营业部，当时因本人虚长几岁，故称他为"小曹"。其时的"小曹"瘦瘦小小，貌不惊人，书生气十足，亦没有什么名气。后常有散户打听"曹明成"，发展到不断有大户托我的关系来约"曹先生"吃饭，这才让我刮目相看。再到1999年的狙击网络科技股一战成名，早年的"小曹"已经成为当时湘楚一带赫赫有名的"老曹"。

几年后我们也相继开始了单干，都有了自己的事业，与曹明成先生联系渐少。偶闻他的消息也只是在报纸杂志上见到他的跟庄理论的文章。这次接到他的电话让我为丛书写序，颇感意外。在我的印象中，他身体并不太好，甚至可用"体弱多病"四个字来形容，又常沉溺于股票实战之中，写书这种耗时耗力之事，以他一人之力怎能办到？

见面后我才知道，原来他这几年收了一个得意门生——谭文。谈论间他得意之色溢于言表："已得我九成功力。"

小谭属于新时代的复合型人才，精通计算机编程，自行钻研了传统技术分析与计算机海量数据模拟测试相结合的分析方式，丛书的写作过程就曾大量使用计算机模拟测试的论证，纠正了许多人力所无法克服和发现的错误，使书中的理论更趋于完美，大有青出于蓝更胜于蓝之势！真是后生可畏！"曹氏八线理论"是曹明成与谭文师徒两人多年实战理论研究的结晶，曾被股民朋友冠以"零风险操

作理论"的美誉。该理论我个人觉得至少有两点值得推崇：一是最大限度地回避了风险；二是几乎不会错过任何一波有价值的行情。炒股不是纸上谈兵，能在实战中真正做到稳定获利的理论才是好理论。我了解曹明成先生的实力，更了解曹明成先生的为人。他不会忽悠人，他主笔的丛书更不会忽悠人！

　　鉴于此，我愿为此丛书作序，并向全国的广大股民朋友们推荐。

　　　　　　　　　　　（作者原为湘财证券高层管理人员，现为广东某私募基金总裁）

前　言

股谚说："长线是金，短线是银。"成功的长线持股能获得丰厚的利润，但长线操作是对人性的严峻挑战和考验，能成为股神巴菲特的长线投资者注定只是凤毛麟角。面对股市的瞬息万变，长线投资者不仅要像隐士一样清心寡欲，忍受漫长持股期间市场的合理调整与异常震荡，还要始终保持对股票走势的关注，对整个持有过程进行必要的控制与修正。真可谓为一只股票操碎了心。

"长线"的"金"难以寻觅，投资者不妨去把握"短线"这块实实在在的"银"。操作策略适当的短线投资者，能在短时间内收获可观的利润，更能尽情享受股市博弈厮杀所带来的无以取代的快感。遗憾的是，很多投资者眼中所谓的"短线"，就是追涨杀跌、频繁买卖，缺乏对短线操作的正确认识和理性思考，结局往往是在套牢和割肉中苦苦挣扎。其实，做短线投资，最忌盲目和冲动，短线高手必须熟悉股市的运行规律，深谙庄家的各种操盘手法，具备强大的心理素质和选股技巧，才能做到"快准狠"，真正实现快速获利。

短线操作有何实战要点？如何准确地把握个股的买入和卖出时机，选取合理的介入和离场时点？是否有必要制定短线交易计划，让短线操作更加张弛有度、事半功倍？本书《一本书读懂T+0短线战法》通过对短线操作理论进行翔实的阐述并结合经典实战案例，对以上问题进行了细致深入的分析，希望能帮助您在股市中游刃有余、有所斩获。

书中力求用丰富的理论知识和翔实的图例分析，使读者对短线投资有理性准确的认识，并掌握实用的操作技巧。由于时间仓促，难免存在一些错误和遗漏的地方。欢迎读者将宝贵的意见和建议反馈给笔者，以便笔者在以后的写作中借鉴使用，笔者的邮箱caomingcheng@yeah.net，QQ：150610568。同时我们也接收大资

金的理财合作，欢迎来函交流。

感谢"曹明成股票研究室"的实战专家蔡双喜先生、周宏伟先生、李华先生及段凤英女士参与本书部分章节的编写、校稿和制图工作。感谢知名的图书出版人赵涛先生和立信会计出版社的蔡伟莉女士为本书策划、出版工作付出的辛勤努力！

曹明成

2015年冬

目 录

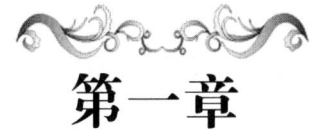

第一章

短线实战要点

　　在资本投资市场中，既能短时间内回避大风险，又能获取不菲的收入，是每一个投资者的理想目标。短线操作要求投资者必须有扎实的短线交易功底和娴熟的短线操作技巧。而要想成为短线高手，就需对股票的各种操作模式运筹帷幄，成竹在胸。即在合适的价位进场，恰当的时机离场，快速让账户资金膨胀，从而获取不菲的利润。

　　笔者将在本章中详细讲述短线实战的几个要点，希望给读者朋友们帮助。

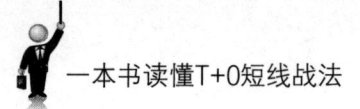

第一节　短线的正确认识

一、短线的概念

短线是指单次买卖的过程时间很短的操作方式，操作周期一般为一个星期或两个星期，或者两三天，最多不超过一个月就可完成一个交易周期。投资者想赚取短期差价收益，一般不太关心股票的业绩和潜质，只关心个股近期是否会涨，具体涨多少；短线投资者以技术派为主，主要依据技术图表分析；一般的短线投资者通常的做法是以几天为限，一旦没有差价可赚或股价下跌，就平仓一走了之，再换入其他短线股票。

二、短线与中长线的区别

与短线交易不同，中线投资者需对股票作一番分析，对上市公司近期的表现要有信心，并认为当时股票价格适中而买入，一般持有一个月甚至半年左右，静待升值，博取利润。

长线交易即对某只股票的未来发展前景看好，不在乎股价一时的升跌，在该只股票的股价进入历史相对低位时买入股票，作长期投资的准备。这个长期一般在一年左右或以上。

综合来看，短线与中长线的区别主要有以下两点：

（1）操作手法不一样。短线主要看的是技术形态，基本面的分析可以暂时搁置；而中长线投资必须了解股票的基本面，是否适合中长线投资。

（2）获利期望不一样。在操作成功的前提下，短线一般是快进快出，对收益要求不高，短线客要有严格的操盘纪律，看错了马上止损，有收益也应设立

止赢，戒除贪心；而中长线则对收益有着更高的要求，要达到百分之二十以上收益，这样才有中长线持股必要。

三、短线的核心要点

短线交易一方面是为了资金成本和时间成本考虑，另一方面是为了不参与走势中不确定因素太多的调整。走势中的不确定因素，就是指一种无法把握的巨大风险。而如果运用短线操作的方法，就可以尽量避开这种风险。

短线操作的核心要点即是基于此而来：即只要一只股票的攻击力消失，无论它是否下跌，都必须离场。这就好似为操作者所面临的风险筑起了一道防火墙一样。

短线操作本质上就是将我们的股票投资行为变得更有计划性和防御性。从而对我们手中的股票盈亏更具主动权。在资本市场中，散户的生存环境异常恶劣，在不具备资金和信息优势的条件下。散户既要在庄家的刀下求生，又要在机构的嘴里抢肉，就必须清楚自己的优势所在。而在短线操作中，散户由于资金小的原因，可以快速完成建仓和出货，凭借的就是"船小好调头"这唯一优势。

另外，由于资金市场中买卖意愿不同阶段的差异性，股票走势总是呈现出波浪形的变化。短线操作在把握一些快速上升波段行情时，也会显示出巨大的时间与收益比的优势。

四、做短线是一门技术活

短线投资是一门专业技术，没有进行学习就贸然进入股市的散户，就如没考取驾照便上高速路开车的驾驶员。不管是开4万元的奇瑞QQ，还是价值400万元的法拉利，最终都会出事故的。很多新股民不去学习投资方法，就带着一夜暴富的白日梦进军股市，这其实是一种低估股市难度的想法。股市也必然会回报以惩罚。

人人进入股市都想赚钱，但并不是每个人进入股市都可以赚到钱。不是说你

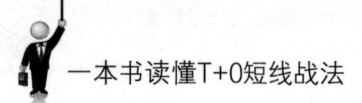

勤勤恳恳，天天都趴在市场里面就可以做到。股市永恒的规律是10%的人赚钱，90%的人亏钱。这是一个风险相对较大的资本市场，不可能人人都赚钱，只有少数人会赚钱。但人人都想成为少数人。

做短线绝非易事，很多人在股市盲目跟风，左右不定，始终找不到最佳时机。比如有人买进股票，刚涨了不久就担心回调，胆战心惊匆匆抛掉，不知何时是最佳卖出点；也有人买进股票后发现跌了一点，担心亏损放大。于是就迅速抛掉，但刚卖出又涨了，后悔连连，心如刀绞。如此折腾数回，追涨杀跌，亏损累累。

五、短线需长积久练

要想在短线操作中稳操胜券，则需要通过实战长积久练，形成一套稳定可靠、积极有效的短线操作系统。而不靠谱的操作方法，终归会误入歧途。

成功的短线交易，是要靠长期交易和刻苦操作训练得来，必须要经过无数次的实践。同时，对自己的交易不断反思，并发现其问题，找出失败的原因，总结经验。完善自己的交易策略。

几乎所有的投资者都是从快进快出的短线操作开始自己的交易生涯。包括那些享誉世界的知名投资大师，他们最初也是从短线操作开始的。短线作为一种快速的获利方式，交易者须将它运用得当，发挥最大功效。在实战中，投资者要灵活运用短线，依大盘的情况做短线操作。当大盘走势强势时，也可以适当延长短线的时间，获取更大的利润。

在股票市场中要持久获得财富，投资者要具有相关的专业投资知识。如同医生给病人治病一样，非专业人员是不能开药方和动手术的。但拥有专业知识却依然不能保证在股票市场持久获利。其次投资者仍需有正确投资心态。正确稳定的投资心态是靠长期实践中不断地总结摸索，不断地摸爬滚打磨炼出来的。在实战中不但要锻炼选股和操作的技术本领，还要学会锻炼心态的本领，这些全都建立在对短线的正确认识上。

第二节 短线的环境要求

并非任何时期都适合短线操作，实战中我们要判定行情的状态，趋势的方向。大盘的走势是我们在短线买卖中的前提条件，因为大盘的好坏直接影响着短线操作的成功率。

具体而言，短线操作的环境要求主要有以下几点。

一、大盘走势理想

大盘指的是沪市的上证综合指数和深市的深证成份股指数，代表着全部股票涨跌的一个平均值。我们在短线操作中，首先需要对大盘走势格外关注。做短线之前，必须对大盘进行判断，如果大盘走势不理想，那么主力资金是不会轻易拉升股价的。大盘和个股是相关的，呈现出互为因果的关系。当股票集体启动上涨时，大盘也会上涨。当大盘大跌时，多数个股也会下跌。

交易者需要明白，若要炒好股票，分析大盘是极其重要的，买股票前一定要研判大势。同时，不要和大盘背道而驰，而要顺应其走势。行情好的时候要大胆买进，不好的时候要学会清仓，休息。只有把大盘分析好了，才便于你采取相应的策略。大盘分析有误，一招不慎，会导致你在股海中踏错或踏空，会陷入被动之地。

笔者就此列举三个例子，通过分析不同的大盘走势对短线操作的影响，来帮助读者在短线操作中更能如鱼得水，稳操胜券：

1.大盘处于上涨走势是短线交易的最佳时期。低点不断上移，高点也逐步抬高，K线和均线处于朝上的趋势。短线可坚决买进。若大盘站在60日均线上，整个市场处于乐观阶段，走势向好，个股普遍活跃，出现普涨向上攻击状态。此时价涨量增，阳线多，阴线小，趁势而为，事半功倍，如图1-1所示。

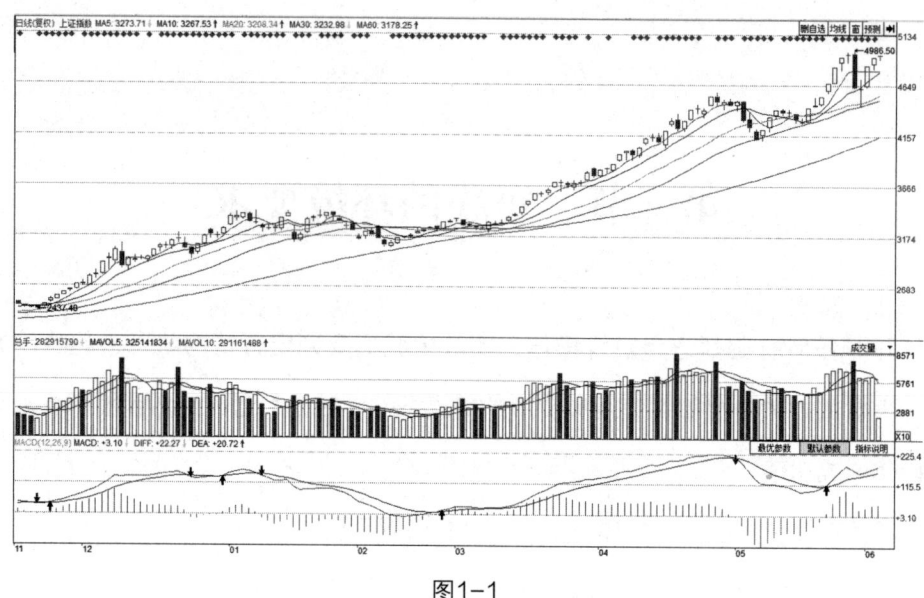

图1-1

2.大盘横盘盘整时期也是短线交易的黄金阶段。这个阶段个股涨跌互现，散户心理忐忑，是庄家趁机洗盘与拉升的有效时机。各路资金也常常各显神通，部分庄股逆市大涨，此时的短线交易能喝汤吃肉，捕捉黑马牛股，如图1-2所示。

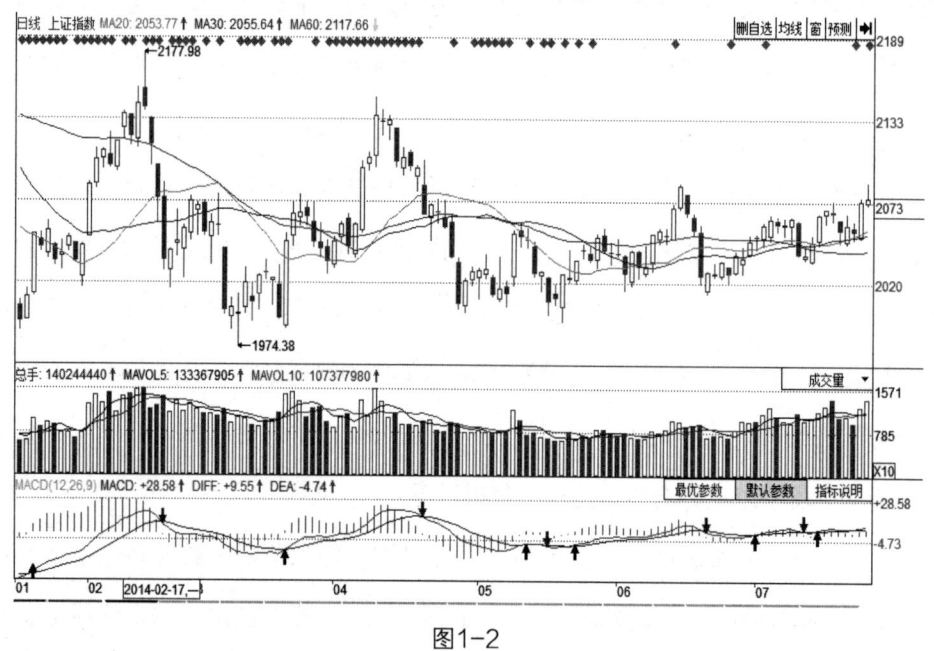

图1-2

3.大盘均线显空头排列时，最好空仓，持币以待。多条均线向下，表明整个

趋势是向下的，目前市场中大多数人都是亏损的。此时个股行情持续性差，操作意义不大，任何反弹都是出货的机会而不是入场的时机，不能看着跌了这么多，便以为调整已经足够，某某位置会有支撑。当出现向下趋势时，宁可看错少赚钱，也不要冒着大概率亏钱的风险，此时选股难度也大，如图1-3所示。

图1-3

在大盘欠好的情况下，绝大部分股票是下跌的，逆市做多，风险大，易亏损，成功的概率会很小。虽然个别股票会暴涨，但这种机会是我们很难把握住的。成功的投资者，从来不做小概率的事。所以说，要先看大盘，再决策个股，顺着大盘做短线。此时最好是持币以待，等候时机的再度出现。

二、消息面配合

当大盘处于适合短线交易的环境时，以下消息面变化会增加短线的成功率。

1.政策面和基本面不断公布有实质利好消息

中国股市是典型的政策市，利好消息将推动大盘进一步向上突破，个股会产生一轮起涨行情。

2.出现龙头板块的联动

最好有某一板块的集体启动，这是大资金涌入的结果，说明热点集中在这一板块，共同看好这一板块。买进风险小。

3.个股出现利好消息

某个股票突然公布重大利好的消息，往往会有暴涨的行情发生，从中获利机会不少。

交易者应该审时度势，随时了解并掌握投资市场上的消息变动，及时调整操作战术。

三、个股走势良好

并非任何大盘环境都适合短线操作，并非任何个股形态都适合短线操作。中长线趋势没有走坏的个股，短线操作成功的概率将会大大提高。实战中，短线操作以60日均线为分界线。

1.个股运行在60日均线上

股票站上60日均线，说明它的趋势是向上的，上涨趋势显而易见。此时操作短线，成功率最高。

图1-4

如图1-4所示，个股趋势处在上涨形态的，均线向上发散，形成多头排列。此种形态的短线操作赚钱的概率很高，亏钱的概率非常小。

2. 个股走势在60日均线之下

停止短线，休养生息，等待时机，伺机而动。交易者要注意，不买下降通道的股票，猜测下降通道股票的底部是危险的，因为它可能根本没有底。存在就是合理，下跌的股票一定有下跌的理由，因此，不要轻易买入此类股票，尽管可能有人觉得这类股票已经下跌到一定程度了，应该会起死回生，但这绝不是买入的理由，因为你不知道它是否已触底，反而更加便宜也是有可能的。

图1-5

图1-5中这只股票，不少散户专门找低点去买，以为下跌多了就会涨。他们认为到底了，就总想在下降通道中抓到低位，来个抄底。K线都在均线之下，在这样的形态下，被套是个大概率事件，因为低点底下还有更低点，会不断创新低。此类股票买进时风险远远大于收益。轻易不能做这种类型的股票，做一次割一次肉，小反弹，大下跌。买一次套一次，小涨大跌。暂时还不到短线操作时候，等

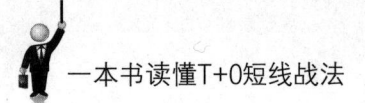

它走强放量后，有上涨形态再做不迟。

60日均线之下的个股，可以短线操作的特例是"超跌反弹"。超跌反弹与上面提到的"抓低位"不一样，必须是技术指标多个或者集体超跌到位，这是一个技术活，也是一个危险活。操作时要勇于止损，随时准备断腿，少儿不宜，不建议初学者涉足。关于"超跌反弹"的技术要求，不是几章可以说得完的，有兴趣的读者可以关注笔者相关绌著。

本节总结：做短线不仅仅将目光聚焦在个股上，要将目光放长远，立足整个大盘走势和行情变化，从而更好地判断个股走势。个股离不开整个大盘的操作环境，大环境的影响不可小觑，因此，在实战中，交易者务必重视短线操作的环境要求。

第三节　短线的操作原则

短线操作不仅需要良好的大环境，掌握一些基本的操作技巧也是必备的"武器"。如果说前面两节所述是对短线操作这场博弈的战前动员，那么，本节笔者所总结的几点操作原则便是前往征战现场的雄兵利刃：

一、稳、准、狠

做短线要记住"稳""准""狠"三个字。操作中如果操作不当的话容易让自己被套牢，因此避险第一，赚钱第二。具体体现在：把下跌的股票、振荡调整的股票、涨的很慢的股票、涨幅很小的股票、股性不活、没有拉升动能和成交量推动的股票、历史上曾经大幅炒过的股票、有问题的股票、有退市风险的股票，一概剔除、过滤掉，一概不参与。只参与那些能涨而且正处在快速拉升阶段的股票。

二、只做与上涨有关的事

看清大环境，认准趋势，只做与上涨有关的事。这也是上一节重点强调的要点。短线操作中只专注于上涨方面，便能使你心无旁骛，专心致志，不受任何与上涨因素无关的影响。只做与上涨有关的事可以大大节省人力、物力、财力，能使你不做无用之功。此时，跟上上涨的节奏趁势追击便是顺理成章的事情了，短线操作由此进入新的境界。

三、只做熟悉的股票

目前沪深股市已有三千多只股票，并且每年每月都在扩容，即使对每天都在

股市中埋头苦干的专业人士来说，都无法对每只股票很熟悉，更不要说业余的中小股民。这时的战术就是尽量选择自己熟悉的股票，对于自己熟悉的股票，投资者给予较多的关注。包括有关公司的生产经营情况、未来发展前景、股价的波动情况和表现特点、进入庄家运作的手法等等情况。投资者要做到基本心中有数，操作上容易做到知己知彼，百战不殆。

有不少短线交易者听到某股的一些信息和传闻，就开始迫不及待的入场。由于对这个股票的情况没有基本的了解，无从判断消息的对错，无从判断此时买进时机的好坏，往往被别人牵着鼻子走，操作有很大的盲目性，出错的概率大大提高。选择熟悉的个股，可以有效地降低风险，增加获胜的把握。

及早建立自己的股票池，把自选股的每只股票熟记在心，每个板块挑选有代表性的个股放在一起观察，只有这样长期跟踪的自选股票才能便于摸透一些个股的股性，每个股票都有其特性，有的在大盘涨时它升的多，股性活跃，大盘跌时它跌的少。做股票要做熟不做生，特别对每个板块的领涨个股要一清二楚，否则就算行情再好你也把握不住。

主力资金对于长期介入的股票个性十分熟悉，常常选择同一只股票多次介入，长期炒作，这正是形成个股独特股性的重要原因。若深入理解并熟悉不同股票的不同特性，这对短线操作个股十分有利。如果某只股票的股性出现变化，短线交易者便可很快捕捉这一变化并趋势而为。然而，对股性判断不是一朝一夕之功，需要长时间的接触，而股性一旦形成，一般难以改变。但股性并不是永远不变的，有时通过机构长时间努力，或由于经济环境的改变，可能会改变一些股票的特性。

四、看准机会再介入

短线交易者要快进快出，平时多以空仓观望为宜。看准机会才介入，这叫"不见兔子不撒鹰"。既不盲目的介入某只股票，也不提前买入某只股票，只在股票即将拉升的前一天介入，以免因过早提前进场，空空等待而耽误时间。这样

会影响你的资金使用效率。既不抄底，也不逃顶，只赚中间一段，即所谓的吃鱼只吃中段。既不要头，也不要尾。因为吃头，得有较长时间的等待，太慢；吃尾则具有较大的风险，稍不小心，则会被套；不贪，则避免了被套，切勿贪，宜见好就收。不提前介入，则不用苦苦地等待。

要知道"天有不测风云、人有旦夕祸福"。股票涨涨跌跌，充满了太多不确定因素，因为你总在不赚钱的震荡行情中操作，所以赔钱则成为必然，赚钱则成为偶然，当你掌握了操作技巧之后，则赚钱成为必然，赔钱成为偶然。

五、不确定行情中寻找确定性

短线交易者要在不确定的行情中寻找确定性。即在涨跌不定的股票中，寻找到大概率上涨，涨的既多又快的个股，进行小波段操作。个股没有形成必涨的态势之前，绝不提前入场，以免空空等待。茫茫股海之中，不确定的因素很多，明明看涨，它却下跌，明明认为是跌，它却上涨。要能够在众多的不确定因素中，寻找到比较确定的上涨因素和上涨条件，使自己的操作始终处于大概率上涨的行情之中，这就降低了风险，即使遇到特殊情况，也能果断平仓出局。

六、打得赢就打，打不赢就跑

在股市中，相对于主力或者庄家，散户是弱势群体。对于散户来说，做股票最好是用游击战，行情好的、机会多的时候就活跃一些，赚了钱就跑，有风险更加要跑。游击战的精髓是敌进我退，敌退我进，敌疲我打，敌逃我追。遵循合理选择作战地点、快速部署兵力、合理分配兵力、合理选择作战时机、战斗结束迅速撤退五项基本原则的作战方式。这种作战方式收益或许不高，但风险也相当小。事实证明，能够控制风险的人往往能笑到最后。

散户之所以在市场中处于弱势地位，不仅是因为资金、信息和技术方面远逊于主力，更重要的是因为我们的作战方式不正确，我们大多数时候都在打消耗战，硬打死扛，结果被主力当作玩偶。如果我们采取游击战的打法，打得赢就

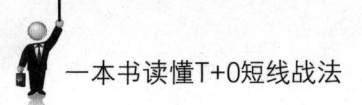

打，打不赢就跑，主力就失去了本身的优势。

简单来说，该买的时候自然要买，该卖的时候一定要卖，行情好的时候、赚钱概率大的时候，我们当然应该牢牢抓住；而当行情走坏、赚钱概率很小的时候，或许我们可以选择空仓休息。股谚说得好，会买的是徒弟，会卖的是师傅，会空仓的才是祖师爷。保存自己的有生力量，股市中赚钱的机会是无限的。游击战的精髓是：打得赢就打，打不赢就跑，跑不是为了躲避，而是为了找到更好的方式来打。

短线操作是一个需要多方面因素综合，并配合得当才能获利的操作方式，在实战操作中应多总结经验教训，实时分析股市走向，真正做到理论和实践的完美结合，从而在众方博弈中一举拿下头筹。

第四节　短线的心理要求

股市如战场，短线交易者需具备一定的心理素质，在心态上要战胜自己，利用积极的心理暗示配合实际操作。心理突破的关键是得学会如何掌握自己，避免急于求成，做到实事求是。

具备一定的心理素质，就是要有正确的心态，也就是所谓的健康的股市心理。股市投资心理这一关非常难过，这是人尽皆知的道理。尽管有很多人都知道赢钱赢在心态上，但实际操作中却并不那么容易。因此，要不断锻炼自己的心理素质，养成健康的心理，一波行情下来了，不管盈利或是亏损，投资者调整自己的思路和心态，让自己在后续实践中达到最佳的状态。

从交易的心理影响来说，中长线交易因为时间周期的跨度较大，只需要关注周期内股价趋势运行的方向即可，股价对心理影响较小，而短线交易特别是超短线交易，因为股价波动的幅度较大，对情绪心理造成的波动也较大。

一、正确认识自己

正确的面对自己和评价自己。股民对股市的希望和股市的现实往往会有差距。股市有自身的运作规律，不以人的意志为转移，股市永远是对的，即使错了，它也是对的。对股市运行规律的无知和狂妄自大，是很多人炒股失败的最主要原因。永远要尊重市场，相信自己的判断是建立在对基本面和股市内外环境的深刻理解之上的，也是建立在顺应市场运行规律的基础上的。

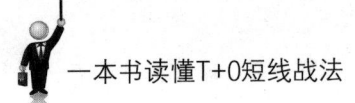

二、健康稳定的心态

不少散户投资者在做短线时由于技术上的缺乏，经常出现高买低卖现象，造成自己心态上十分浮躁，想在短期就追求获利，可事与愿违，更是把握不住个股的买卖点。总是喜欢在个股放量拉升时不顾一切地追进，盼望该股能封住涨停，好让自己在次日或一天内冲高离场。但主力常常利用散户投资者这一急功近利的心态，通过在盘面中或技术图形中制造各种诱空或诱多陷阱，使许多投资者忍不住去追涨杀跌。经历过几次这样的打击，投资者就会有"一朝被蛇咬，十年怕井绳"的不自信心态，对市场就会缺乏信心。不断去追逐盘中放量的个股，可最终还是账面亏损。

不少投资者选股的水平较高，但对个股的买卖点把握不准，常被主力震荡洗盘搞得晕头转向，一个利空就吓得落荒而逃，这都是没有一个稳定的心态的结果。而坚持短线操作的投资者就容易克服心态浮躁，不被主力的各种陷阱所诱惑，也能使投资者有一个良好的心态来对待市场的震荡，同时考验了投资者对个股买卖点的准确判断力，提高了投资者对上涨或下跌行情的分析能力。特别值得一提的是，长期跟踪一只个股做短线，可熟悉该股的股性，为准确把握一只个股的买卖点提供了帮助，有利于培养稳定的心态。

情绪波动大的股民，其情绪被股价操控，持续体验着大起大落坐过山车般刺激的感觉。价格上涨账面浮盈时欣喜若狂眉飞色舞，觉得"整个世界满满都是爱啊"；价格下跌账面浮亏时号啕大哭痛不欲生，感受到这个世界满满的恶意。由于关系框架的作用，以前投资失败带来的经验和后悔情绪将会影响下次投资活动中的判断和行动，有时会因某只股票心情不好，连带着看其他股票时觉得整个人都不好了。由于被情绪绑架，买卖股票时就会犹豫不决，不利于做出理智的抉择。

三、抛弃浮躁，保持耐心

短线操作过程中需要寻找高胜率的机会，这需要交易者有良好的分析功底和丰富的市场经验，但最重要的是耐心等待。很多交易者屡屡亏损，原因之一便是交易心态浮躁，没有等到较有把握的机会即匆忙入场。

严格来说，高胜率的机会都不会很确定，往往是交易者一厢情愿的看法；而即使是有90%的获胜率，如果行情偏偏走到了剩下的10%的概率里，亏损也一样会发生，而且此时的亏损往往会更大，因为交易者会根据高胜率来加大投入资金的比例。所以，寻找高胜率的机会虽然很重要，但交易者也不要过于指望高胜率，并据此盲目加大资金的投入。

四、快速反应和应变能力

短线交易因为短平快的特点，对交易者的快速反应和应变能力要求较高。股票市场最重要的规律和特质就是它具有的波动性。炒股的特点就是计划没有变化多。所以，在拟定好炒股计划之后，仍必须随时观察你原来的计划的实施情况，实时监测你的计划是否符合目前市场实际运行的规律，是否符合你设立的风险承受力。要经常地修改你的计划。一旦股市运行的方向与你的计划正好相反，那就得及时地纠错。应变能力是股民长期生存在股市里的基本素质。

五、戒贪婪、戒恐惧

"在别人贪婪的时候要恐惧一点，在别人恐惧的时候要贪婪一些。"贪婪和恐惧的关系，可谓投资的永恒命题，良好的心理素质是决定投资组合胜负的关键因素。

短线交易者要按照自己的交易系统发出信号进行买卖，不去妄想抓住一切个股涨幅，凭借交易原则和技术赚钱，不听信小道消息，不要因为贪婪和恐惧心情改变自己的交易原则。

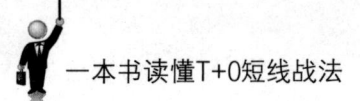

很多短线交易者常会经历这样一个心路历程，当所有的精力投入到所关注的股票时，受市场的刺激和诱惑，情绪常常会随着市场跌宕起伏，心态会逐渐丧失平静祥和，躁动不安地急切寻求追求成功的方法，最终却事与愿违。

因此，我们需要优化的不仅仅是对股票的判断，也要克服人性的自身弱点。我们首先得承认，股市高手也无法逃脱平常小亏损的命运，它是客观存在的，要懂得这就是股市自身的规律。"胜败乃兵家常事"，股市亦然。要理性的接纳这一事实。到了止损位的时候就立马止损，到了止盈位的时候就立马止盈。

第二章

短线的选股诀窍

　　我国沪深两家证券交易所目前共有三千多只股票上市交易，不同的股票，涨幅不同，收益不同。在合适的行情中选出具有爆发力的股票买入，才能保证最大的收益。大盘猛烈杀跌，持有的股票跌幅小或不断走高，这是一种选股的成功。大盘猛烈上涨，持有的股票涨幅大或不断创新高，这是一种选股的成就。而很多投资者即使判断对了大势，却由于选股的差异，依然无法获利，可见选股对投资者的重要性。

　　因此，在短线操作中掌握选股技巧也是实战中的必杀技，好的开始是成功的一半，而选一支有潜力的个股便是短线操作最重要的一步。本章与读者分享的是，实战中短线选股的思路与诀窍。

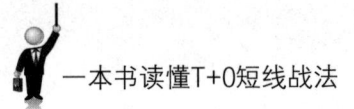

第一节　短线选股的方向

投资者做短线主要是想快速的赚取短期差价收益，通常持股可能一两天，一两周。很少去关注股票的基本情况，主要依据技术图表分析。短线投资者的选股方向有以下几点：

一、抓市场的炒作热点

市场的炒作热点是所有投资者在短期内最为关注的投资主题。处于炒作热点的股票，上涨的幅度要比非热点的股票高得多。做股票有一个原则，就是做强不做弱，热点抓得好，赚钱就不难了。争取每一轮行情中都有炒作热点产生，做短线切忌买冷门股。

积极参与市场热点。追随市场热点就成为投资者赖以战胜大盘并取得理想投资收益的途径之一。市场不乏一些短期热点和相对强势板块，这些阶段性热点均为投资者提供了一定的短线投资机会。投资者如果能够按照股市热点的轮换规律把握住市场机会，则能获得相当可观的投资回报。

投资者如果无视这些市场热点，踏错节拍，那么，若想获取高额利润是件非常困难的事，即使在牛市中，如果逆市场热点而动，也只能望牛市兴叹。而捕捉市场热点，需要敏锐的感觉和深邃的洞察力，在热点形成之初及早抓住，不要等到市场人尽皆知时才后知后觉，因为开始一段的利润往往是最丰厚的，错过岂不可惜。还可以通过对市场运行情况、特点及当前热点的分析，找出今后可能出现的热点所在，成为先知先觉者，则更主动把握市场。

股票永远是一个推陈出新、热点不断变换的场所。一般而言，一个比较大的

热点形成后，通常要持续较长一段时间，因为一个较大热点的形成，需要挖掘、培育、人气的聚集、持续、反复等过程。在这个过程中，股市中存在着许多机会，就看你能不能把握住。抓热点、抓龙头个股一直是跑赢大盘的关键，因为热点聚集主力的资金，决定着市场运行方向。因此进入市场就要先找准方向，而要把握好市场方向就要找准市场热点。通过热点选股可以提高获利效率。老股民都知道，每一波行情中热点板块和热点龙头股一般上涨最快、幅度最大。而非热点股要么不涨，要么涨幅明显落后于大盘，"赚了指数没赚钱"的原因就在于手中股票不在热点上。

二、抓板块中的龙头股

当行情到来时，龙头股的涨幅往往非常惊人，是否能及时抓住龙头股，是能否跑赢大盘和超越大盘的关键。

判断龙头的简单方法是看同一板块中，最早开始上涨的，上涨速度和幅度是最大的。龙头股一般居涨幅前列，并刺激同一类概念板块股上涨，成交量、股价呈量增价涨走势，在资金流向榜上排行位居前列。

如在沪深涨幅排行榜中位列第一的是新能源汽车，那要找龙头股就要在新能源汽车板块中找，然后再寻找那支先放量上涨、成交量大和全天涨幅大的，这个股往往就是龙头股。

对于怎么抓龙头股，而不被套，有以下方法：

必须是涨幅靠前的个股，特别是涨幅在第一榜的个股。

涨幅靠前，这就给了我们一个强烈的信号，该股有主力资金，且正往上拉高股价。其意图无非是，进入上升阶段后不断拉高股价以完成盈利目标；或是在拉高过程中不断收集筹码，以达到建仓目的。

综合排名								
涨幅排名			**涨速排名**		周期: 5分钟 ▼	**委比正排名**		全屏
北辰实业	6.23	+10.07%	初灵信息	66.80	+3.69%	恒顺众昇	45.88	+100.00%
海航投资	5.25	+10.06%	博通股份	38.06	+2.73%	永清环保	47.30	+100.00%
坚瑞消防	10.18	+10.05%	中国交建	22.20	+2.45%	金龙机电	59.07	+100.00%
国投新集	10.62	+10.05%	中国铁建	23.76	+2.19%	埃斯顿	59.92	+100.00%
珠海港	12.71	+10.04%	青岛啤酒	47.60	+2.04%	浙江众成	42.49	+100.00%
永泰能源	8.44	+10.04%	常山药业	52.83	+1.99%	常宝股份	17.45	+100.00%
跌幅排名			**跌速排名**		周期: 5分钟 ▼	**委比负排名**		
莱美药业	52.99	-10.00%	浩丰科技	174.60	-2.17%	永太科技	55.25	-100.00%
永太科技	55.25	-10.00%	聚龙股份	42.45	-1.28%	迪安诊断	132.19	-100.00%
迪安诊断	132.19	-10.00%	贵人鸟	46.22	-1.18%	江苏三友	39.80	-97.95%
北陆药业	32.11	-9.96%	酒钢宏兴	5.24	-1.13%	酒钢宏兴	5.24	-97.90%
新日恒力	21.06	-9.88%	中国西电	9.78	-1.11%	五矿稀土	34.50	-97.28%
泰格医药	81.83	-8.93%	紫光古汉	25.61	-1.04%	万马股份	16.84	-97.22%
振幅排名			**量比排名**			**成交额排名**		
西北轴承	13.19	18.17%	东方通	79.61	190.84	中国平安	89.92	2,081,238
楚天高速	9.49	17.54%	金轮股份	30.50	32.91	中国中铁	18.00	1,929,438
岳阳兴长	45.48	17.41%	蓝鼎控股	20.06	17.19	中信证券	35.14	1,760,800
广陆数测	88.00	16.54%	*ST新都	7.02	7.81	中国重工	13.07	1,679,551
台基股份	21.76	15.18%	永安林业	17.70	4.34	中国建筑	9.03	1,514,805
江苏三友	39.80	15.07%	岳阳兴长	45.48	3.83	中国银行	4.93	1,322,842

图2-1

　　如图2-1和图2-2所示，龙头板块是港口航运板块。珠海港、中国远洋和招商轮船都是龙头股。

　　必须是开盘就大幅上扬的个股。

　　因为各种主力在开盘前都会制定好当天的操作计划，所以开盘时的行情往往表现了庄家对当天走势的看法。造成开盘大幅拉升的原因，主要是庄家十分看好后市，准备发动新一轮的个股行情，而开盘就大幅拉升，可以不让散户在低位有接到筹码的机会。

　　必须是量比靠前的个股。

　　量比是当日成交量与前五日成交量的比值。量比越大，说明当天放量越明显，该股的上升得到了成交量的支持，而不是主力靠尾市急拉等投机取巧的手法，来拉高完成的。

　　必须是股价处于低价圈。

　　股价处于低价圈时，涨幅靠前、量比靠前的个股，就能说明主力的真实意图

在于拉高股价，而不是意在诱多。若在高价圈出现涨幅靠前、量比靠前的个股，其中可能存在陷阱，参与的风险较大。

新兴概念:	湖南国资改革 +1.15%		中俄自贸区 +0.49%		北部湾自贸区 +1.92%			▼ ▲
	板块名称 .	涨幅%⬇	涨速%	主力净量	主力金额	量比	涨家数	跌家数
1	港口航运	+5.96%	+0.10	4.25	+34.38亿	1.40	27	0
2	机场航运	+4.78%	+0.12	1.22	+5.67亿	2.66	7	1
3	国防军工	+4.10%	+0.04	3.18	+24.38亿	1.39	25	2
4	钢铁	+2.81%	+0.03	1.75	+10.88亿	1.34	27	3
5	采掘服务	+2.76%	+0.03	5.90	+9.16亿	1.57	9	2
6	视听器材	+2.66%	+0.11	2.30	+3.12亿	1.20	6	2
7	建筑装饰	+2.52%	+0.12	3.95	+58.91亿	1.21	42	20
8	煤炭开采	+2.49%	+0.05	0.84	+8.11亿	1.51	37	4
9	非汽车交运	+2.47%	+0.02	-0.16	-9827万	0.39	6	6
10	交运设备服务	+2.15%	+0.08	-1.92	-8969万	0.84	6	0
11	有色冶炼加工	+2.12%	+0.02	1.32	+10.95亿	1.41	56	12
12	酒店及餐饮	+2.10%	+0.01	0.34	+2669万	0.80	9	1
13	石油矿业开采	+2.02%	+0.02	0.10	+3237万	1.42	9	0
14	贸易	+1.63%	+0.02	1.17	+2.61亿	1.06	15	4

同花顺指数 行业指数 概念指数 地域指数								
	代码	名称 .	涨幅%⬇	现价	主力净量	主力金额	涨跌	涨速%	总手
1	000507	珠海港	+10.04	12.71	4.32	+4.15亿	+1.16	+0.00	147.6万
2	601919	中国远洋	+10.01	9.67	0.46	+3.40亿	+0.88	+0.00	107.6万
3	601872	招商轮船	+10.00	8.80	0.89	+3.69亿	+0.80	+0.00	300.3万
4	600428	中远航运	+9.97	10.04	2.55	+4.33亿	+0.91	+0.00	141.6万
5	600018	上港集团	+9.97	9.82	0.27	+6.08亿	+0.89	+0.00	409.6万
6	600026	中海发展	+9.96	11.59	0.72	+2.27亿	+1.05	+0.00	329.6万
7	601866	中海集运	+9.94	7.85	0.84	+5.24亿	+0.71	+0.00	374.0万
8	601880	大连港	+9.82	7.94	1.19	+3.12亿	+0.71	+1.02	260.1万
9	000905	厦门港务	+9.41	23.84	0.85	+1.04亿	+2.05	+0.00	64.97万
10	601018	宁波港	+8.69	7.38	0.13	+1.23亿	+0.59	+0.41	339.3万
11	600017	日照港	+5.78	6.59	0.65	+1.32亿	+0.36	+0.15	267.2万
12	600317	营口港	+5.54	6.48	0.68	+1.46亿	+0.34	+0.31	299.0万
13	600751	天津海运	+5.44	14.16	1.03	+4978万	+0.73	+0.14	39.81万
14	000088	盐田港	+5.34	12.22	0.68	+1.62亿	+0.62	+0.08	115.4万
15	600717	天津港	+5.00	21.02	0.51	+1.77亿	+1.00	+0.19	91.64万
16	600190	锦州港	+4.93	7.24	0.23	+2287万	+0.34	+0.14	56.53万
17	600798	宁波海运	+4.91	9.19	-0.51	-4113万	+0.43	+0.33	46.03万

图2-2

形态向上扬

如果技术指标和技术形态向上扬，则属于发出买入信号的股票，比如股价站在10日、20日和30日均线上。

如图2-3所示，沪电股份（002463）股价站在多条均线上，股价走势趋势是强势上升趋势，在10日、20日和30日均线的支撑下，向上多头排列，操作思维为多头思

维。

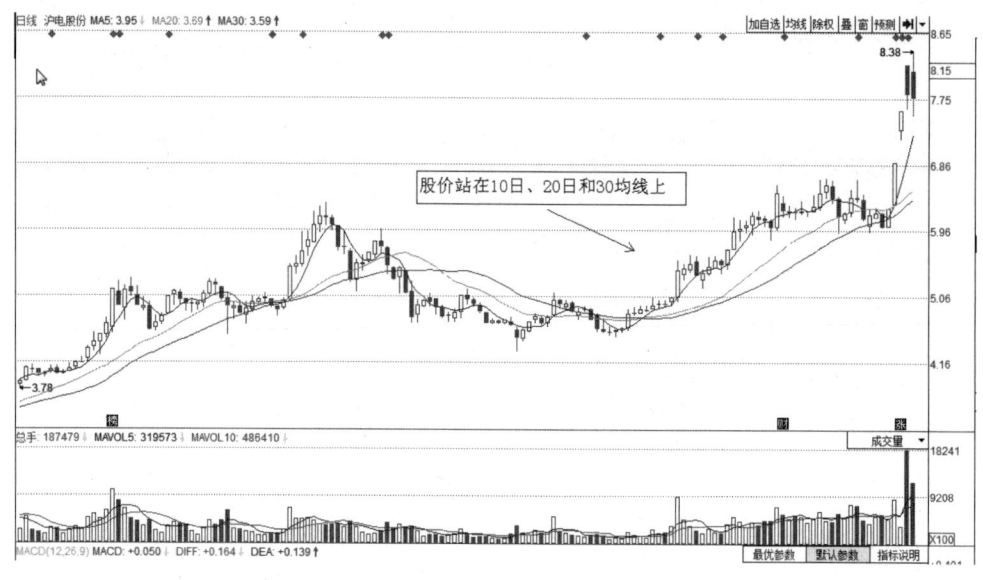

图2-3

三、短线选股要选时

短线选时重于选股。这也就是我们平日所说的"买入时机"。关于短线的买入时机，股民中流传着这样一个关于恋爱的一个段子：在对的时间，遇见对的人，是一生幸福；在对的时间，遇见错的人，是一场心伤；在错的时间，遇见错的人，是一段荒唐；在错的时间，遇见对的人，是一阵叹息。日常生活中，我们常常也提到要在合适的时机做合适的事情。这说明，做事情都讲究一个时机的正确性、合理性。那么，在股市中做短线交易也是同样的道理。

而我们如何把握合适的时机，在对的时间和好的个股相遇，将短线操作演绎成一场幸福的交易之旅，而不是使之成为一场心伤或是一阵叹息呢？

个股的走势与大盘息息相关，主力资金选择拉抬个股的时机多数也与大盘和同板块的个股同步，一般而言，短线选股的时机如下：

1. 均线呈空头排列时，处于下跌走势，低点不断下移，高点也逐步下移，属于弱势格局，此时最好是停止做短线买卖。这个时候，大多数股票受到大盘的拖

累，是会跟着下跌的。大盘不好时，对个股不应该抱有侥幸的想法，即使手中持有的是业绩良好的潜力股。交易者要切记，不管大盘就做个股的方法是做短线交易的大忌。

2. 弱势中的反弹宜离场观望。因为弱势中的反弹机会极难把握，大盘和个股通常是下跌，反弹，再下跌的走势，每一个高点一个比一个低，每一次低点也比上一次低点低。此时不宜盲目介入，最好离场持观望态度。

短线选股票的选时要求，可与前文中的"短线的环境要求"结合理解。

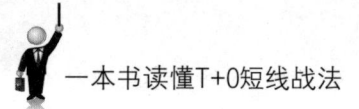

第二节　短线选股的标准

任何一种投资都是建立在对未来回报的预期上的，相信每一个投资者都希望投入到股市中的资金能获得一定的利润，甚至收益翻数倍，但是一分耕耘一分收获，任何收益都是建立在辛勤而充满智慧的操作上的。这就需要投资者在掌握一定的操作技巧的基础上审时度势，做出最合理的决策。把握短线选股的标准，也是这个决策中重要的一环。在短线选股时，可以遵循以下标准：

一、选有潜力的低价股

这类股票收益大风险小，只要它情况转好，机会就来了。股票价格低，这本身就是一个优势。低价格往往意味着低风险。某只股票的价格之所以低，那说明该股票的种种不利因素已被大众所了解，而股票市场有一个特点就是，大家都已经知道的事情往往对市场不再起作用。正如大家已经知道的好消息公布出来也无法再使市场上升。所以，如果某只股票的价格很低，那一定是因为一些众所周知的原因，而且大家都已经接受了这种现状。

然而事情并非一成不变，在一批低价股中，常常就隐藏着有可能变好的股票，这是它们值得炒作的原因。同时，低价的特性使得炒作成本低，容易引起主力的关注，容易控制筹码。由于比例的效应，低价股上涨获利的比率会更大，获利的空间与想象的空间都更广阔。再加上群众基础好的原因，常常会使低价股成为大黑马。

当然，并非低价就一定好，有些上市公司积弱多年，毫无翻身的机会，甚至亏损累累，这样的低价股还是少碰为妙。最重要的是找出低价股中的好股票和有

转向利好可能的股票，将那些低价股的潜力挖掘出来也是一招良策。

二、选择股本小、市值小的个股

因为这些股票的整个流通市值不会太大，不需要太多的钱就可以轻松拉一个涨停。股本结构这个因素是个股的重要属性之一，多年来股本小的个股往往较容易成为主力炒作的目标。很多主力介入操作的重要参考就是股本的大小。小型股容易控制筹码，轻，薄，短，小的股票具备容易拉升的特点，十分利于操作。股本小、市值小的股票因受到机构的普遍青睐而股性活跃，孕育着较多的短线机会，黑马不断从这冒出。

三、选择强势产业中的领头股

根据国家的产业政策和经济形势来分析判断哪个行业的股票是最有前途的股票。强势产业的股票往往是领导大市的主角，尤其是行业中的龙头，往往具有指标股的作用。因此，选股必须选择强势产业中的领头股，这样往往能领先大势获利。通常，在某个多头市场的领头股，到大市反转时，便成为抗跌的好股票。

投资者应该了解整个国家的经济形势与产业政策，哪些是夕阳产业，哪些是强势产业，应该做到心里有数。对国家产业政策扶持的上市公司来讲，经营的阻力上要小一些，获利的能力上要大一些。

另外，从全世界的产业发展趋势来看，也可以看出哪些是有前途的，哪些行业是面临困境的。投资者应有买股票就是买未来的观念，所以，对前景看好的尖端产业应具备长远的眼光，对高科技，高附加值的产业，尤其要特别注意。

投资者应经常去检视各类产业股票的表现情形，将有助于摆脱目前弱势产业的股票。换入强势产业的股票，你会发现某一行业的股票常常有某种联动性。如果某产业的龙头股表现疲弱，则往往会波及该行业的其他股票。同样，如果某行业的几种指标股呈强劲趋势，则会带动其他同类个股。

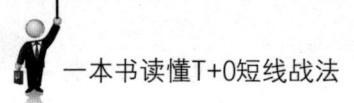

四、选择主业清晰的公司

一般只有一两种主业的最好。超过三个主业以上的公司，由于经营业务繁杂，精力无法集中，所以不考虑纳入自己的股票池。

找到细分行业里头占有份额最高的公司和行业龙头、行业垄断公司。

这些公司往往是板块中的龙头股，它们不仅是行情演绎的风向标，而且同比涨幅最为可观。在某一热点板块走强的过程中，往往上涨时冲锋陷阵在先，回调时走势抗跌。龙头股通常有大资金介入背景，有实质性题材或业绩提升为依托。

五、选股要选波动大的股票

这种股票的获利机会大些，同时要注意风险。每只股票的特性不同，自然有的波动大，有的波动小，波动大的股票最适合短线进出。一只平静无波，股性死寂的股票突然连续数日转强时，决不能等闲视之，如果此时成交量配合，那这只股票大可有一番表现。

第三节　短线选股的方法

掌握了短线选股的方向和标准之后，下一步就是我们该用什么方法选出这类股票了。顾名思义，选股方法即通过某种手段方式，提供给投资者判断个股的依据，帮助投资者选定个股的方法。

一、技术面选股

技术面选股是基于以下三大假设：

（1）市场行为涵盖一切信息；

（2）价格沿趋势变动；

（3）历史会重演。

在上述假设前提下，以技术分析方法进行选股，通常一般不必过多关注公司的经营、财务状况等基本面情况，而是运用技术分析理论或技术分析指标，通过对图表的分析来进行选股。该选股方法的基础是股票的价格波动性，即不管股票的价值是多少，股票价格总是存在周期性的波动，技术分析选股就是从中寻找有爆发力的个股，捕捉获利机会。

选股时，基本面和技术面不可混用。比如，有人参照基本面买入股票后，总嫌涨得慢，甚至不涨反跌；而根据技术面买了股票后，又要到基本面中去寻找继续持仓的理由。因此，切忌将两者混用，而应该按照这样的原则：长线看基本面，短线看技术面；基本面发生逆转，要长线止赢，技术面走坏要短线止损；注意基本面是变化的，尤其要警惕基本面的陷阱。

在实战中，运用公司基本面情况选股的方法，主要适用于专业投资者，对广大中小投资者和利用业余时间炒股的股民，无论从时间、精力以及所要求的知识面和掌握的信息来说，都存在一定困难，因此该方法在广大中小股民中的应用具有局限性。而技术分析选股，由于其不需要太多专业知识，考虑问题比较直接，且由于价格、成交量等技术数据、技术分析手段的获得相对容易，以及电脑、手机软件等技术分析工具的普及，使得该方法的应用日渐普遍。技术分析方法一般是将选股与买入有机地结合起来，选股过程也是确定买入时机的过程。

而利用技术面选股一定要结合大盘的环境，仔细研判目前大盘处于何种局面。相信在交易市场上身经百战的交易者应该都清楚，选股要选强势股，要选择有资金关照的股，要选择走势比大盘强的股；跟大盘走势相似或者弱于大盘的股不值得我们关注。更重要的是，若利用技术面选股，就要关注各项指标，综合分析，将那些走势向好，有潜力的个股纳入手中。

下面，我们通过两个常用的技术指标来详细探讨如何进行技术面选股。

1. MACD零轴线上选股买入

在实战中，MACD零轴线上选股买入要同时满足以下两个条件才可成立：

首先，快线DIFF和慢线DEA形成金叉。

其次，都在0轴线上。

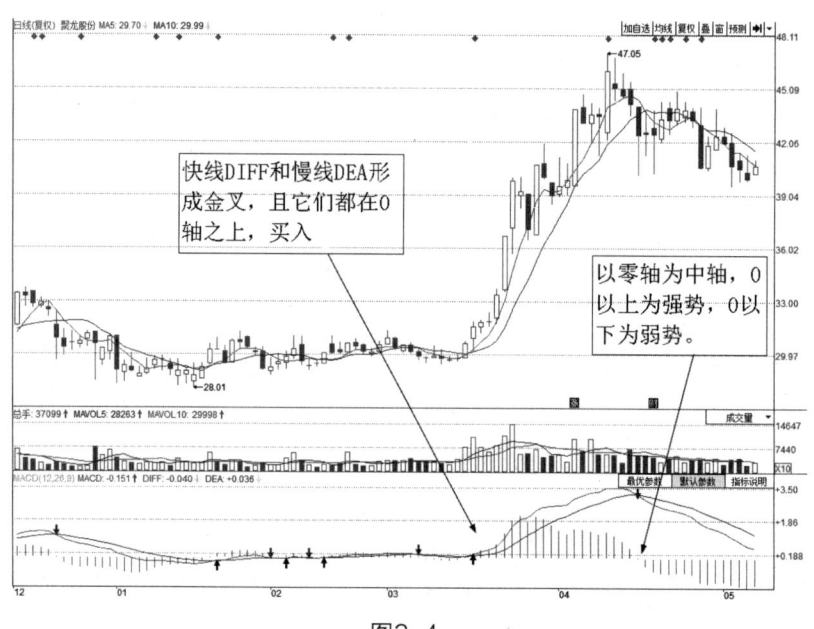

图2-4

如图2-4所示，聚龙股份（300202）快线DIFF和慢线DEA形成金叉，并且它们都在0轴线上，符合MACD零轴线上买入法的两个必要条件，此时交易者宜买进，果断抓住机遇。

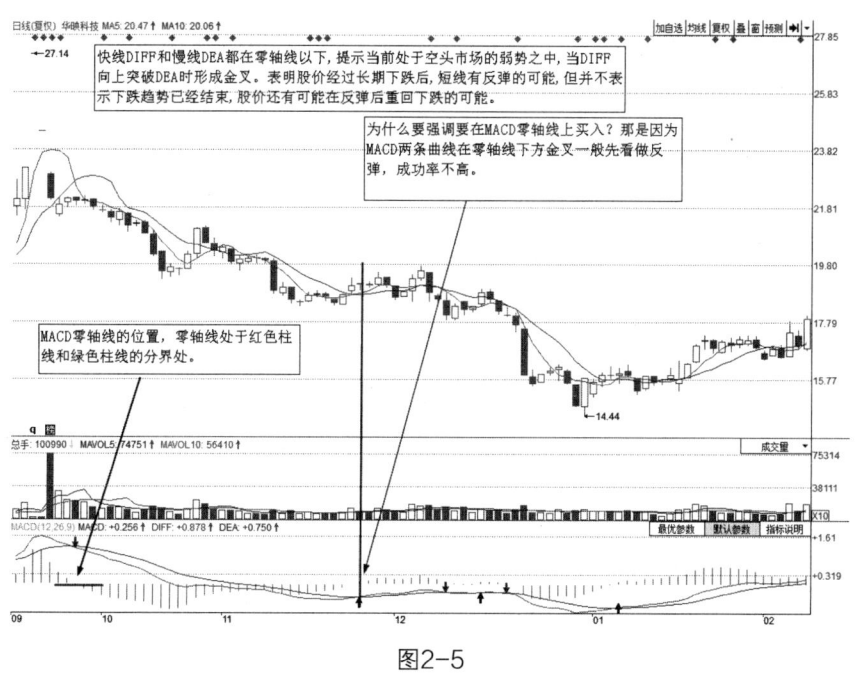

图2-5

如图2-5所示，华映科技（000536）在下跌后，在零轴线下虽出现一次金叉，但这仅仅是一次小反弹而已。这就是为什么要强调在MACD零轴线上买入，那是因为MACD两条曲线在零轴线下方金叉一般先视其为反弹，但并不表示下跌趋势已经结束，股价还有可能在反弹后重回下跌的可能，在设置好止损价位的前提下，激进的投资者可以短线买入，快进快出。稳健型的投资者则继续持币观望，谨慎对待。但有时，这一现象也会演变成一波强劲的上升行情，相对来说，在MACD零轴线上买入的成功率更高，所以，对于交易者来说，买股就要买那些行情确定性强的股票，买能够演变成一波强劲上升行情的金叉。

如图2-6是云南白药（000538）的日K线走势图，当快线DIFF和慢线DEA在0轴线上金叉时，是买点，交易者应果断介入。我们从中也可以看出MACD的红色柱状线和绿色柱状线的变化，它们分别代表了多头和空头能量的强弱盛衰。由于在MACD指标中，能量释入是一个循序渐进的过程，所以红绿柱是逐渐放大和缩小的，阳盛则衰，阴盛则强。多空双方的力量，此消彼长。

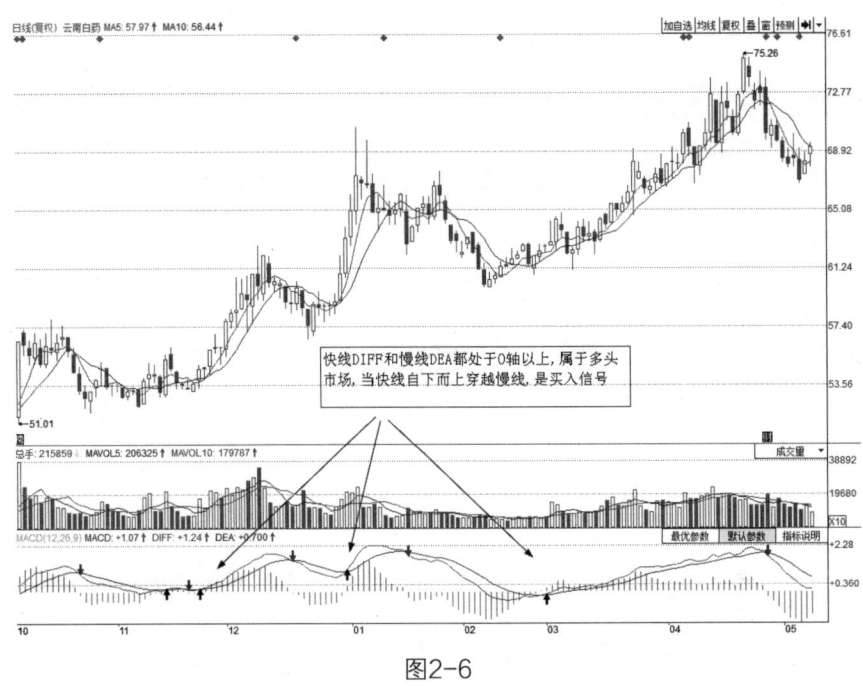

图2-6

当红色柱状线放出时，表明市场上的多头力量开始强于空头力量，股价将开始一段涨升行情，这是一种比较明显的买入信号。而当红色柱状线逐渐变短时，表明趋势运行的强度正在减弱。

2.量价选股

量价选股是根据量价关系来确定个股走势，从而选择个股的一种方法，具体来说，实战中根据成交量和股价选取股票的方法如下：

（1）成交量放大介入

成交量是交易市场上供需情况的表现，它指一个时间单位内对某项交易成交的数量。兵法曰：兵马未动，粮草先行。股市上则为量为价先。股票要上涨，先有量而后才有价。我们要判断股票的启涨点，必须关注其是否在放量。放量了说明有资金介入，由于主力吸筹是一个隐蔽的过程，只有在吸筹结束拉升时才会放量。这时买入股票会在短时间内上涨而获利。

在此，我们所强调的买卖要点，必须是相对的底部区域，放量也必须是往日成交量成倍，或数倍于上一交易日的成交量。

短线交易者宜在成交量处于底部放大时买进。低位出现成交量放大的情况，K线几连阳，这表明有增量资金进入底部抄底，价增量涨，后市看好。

图2-7

图2-8

如图2-7所示，武钢股份（600005）在股价起步前成交量长期低迷，5日成交量均线被10日成交量均线覆盖，时隐时现，藏而不露。突然有一天5日均量线以大

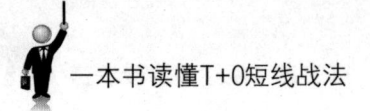

角度上冲10日均量线，并伴随着大幅的成交量，高出往日不少，这是武钢股份有行情的信号，价升量增，量价配合极好，此时是交易者介入的良好时机。

注意，如果股价处于高位放量时，此方法则不适用，短线交易者在此宜卖出。如图2-8所示，中海发展（600026）在高位出现巨量，而且是一根长长的阴线，说明在高位有大量筹码抛出，短期范围内不看好，股价后期走势看跌。

（2）上涨趋势中的缩量回调，回调买入法

股价在上涨过程中，多数是呈现一种波浪上涨的趋势，直线上升的很少。在上涨过程中会自然形成一种上升通道，通道的构成是将近期股价最近的两个高点的连线构成"上轨压力线"，最近的两个低点连线构成"下轨支撑线"，形成的两条平行线就是"上升通道"。

在上涨趋势中出现缩量回调，这是由于主力是看好后市的，是有计划的回落整理，因此下跌时成交量无法连续放大，在重要的支撑点位会缩量盘稳，盘面浮筹会越来越少，筹码大部分已经锁定，这时候再次拉升股价的条件已具备。若成交量再次放大，并推动股价上涨，则这就是介入的好时机。由于介入缩量回调，再次放量上攻的个股短线收益颇高，并且风险要比追涨小很多，因此是短线交易要把握的重要时机。

如图2-9所示，中国联通（600050）在上涨通道中，股价下跌，但成交量是萎缩的，说明主力资金未出离，后市看涨。

3. 均线选股

均线黄金交叉时买进。在上升行情初期，短期移动平均线从下向上突破中长期移动平均线，形成的交叉叫黄金交叉，预示股价将上涨。10日均线上穿15日均线形成的交叉，15日均线再上穿30日均线形成的交叉，称为均线黄金交叉。两者交叉的角度（交叉点和水平面构成的角度）越大，短期上升信号越强烈。股价和均线都呈多头排列，显示买方力量强盛，此时为买入时机。

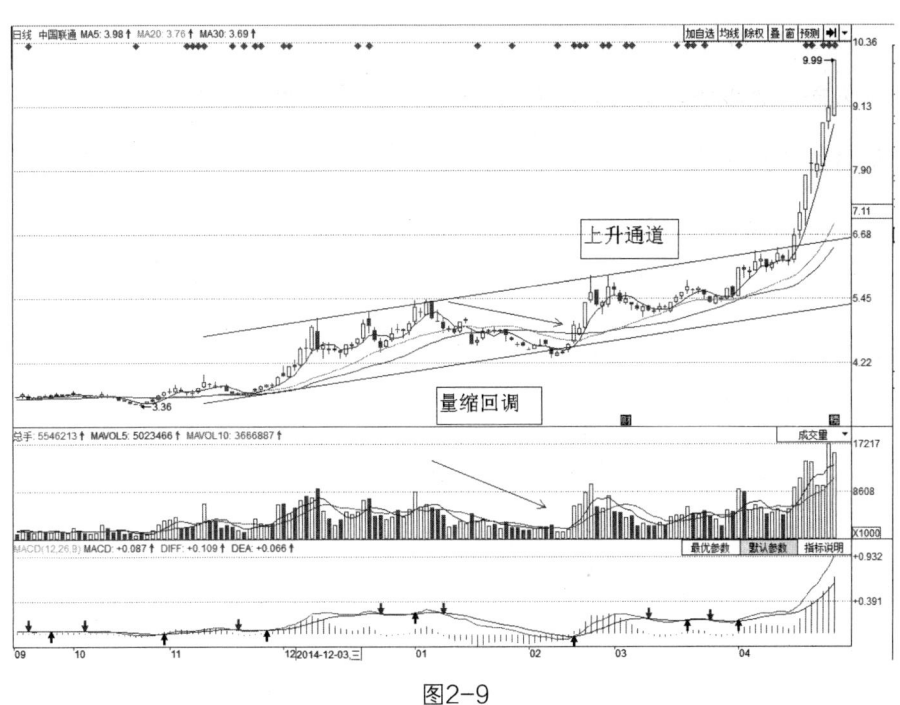

图2-9

如图2-10，中原高速（600020）10日均线向上交叉15日均线，股价和均线都呈多头排列，显示买方力量强盛。此时为买入时机。

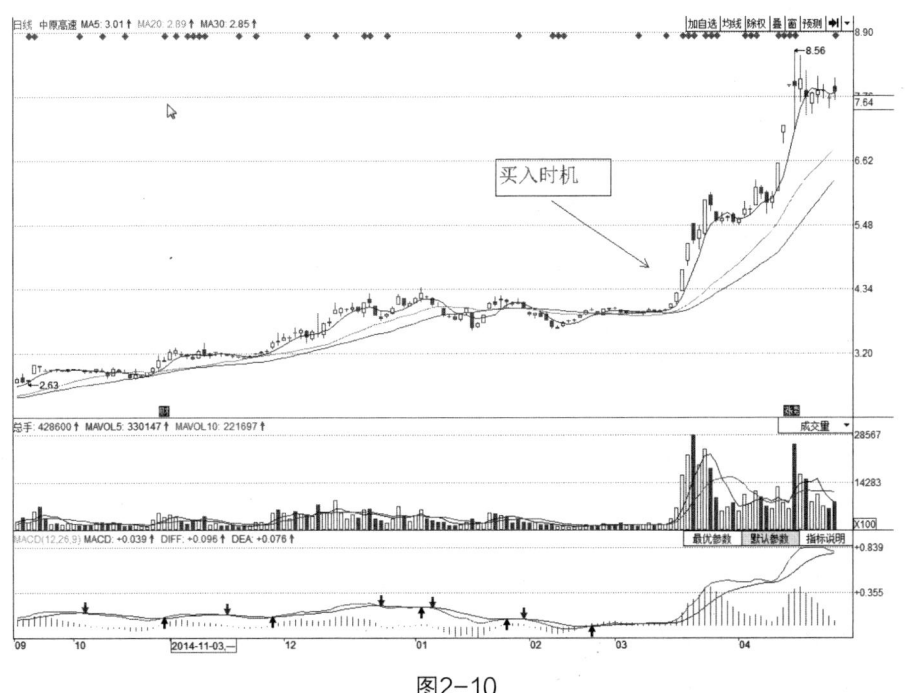

图2-10

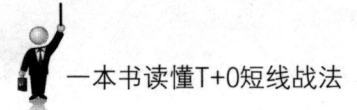

4. 技术面选股的缺陷

技术面选股虽然能用多种技术指标，能对所选股票形成比较直观、全面的了解，但是这种方法也有不可避免的缺点。

股票价格总是周期性波动，总会有超买和超卖的表现，从心理学的角度来看，人总是趋向过度反应，不论是看好还是看坏，都会过度反应，从而使股价在短期内上下波动、偏高或偏低，技术面选股并不需要了解股价波动的原因，而只是选出今后一段时间内价格可能上涨的股票。因此，它具有很大的局限性：不考虑公司的内在价值，只看表面不看实质，只适用于短期选股，对中长期选股的作用不大；技术面选股主要依据技术指标和形态行事，而市场中的主力由于资金实力雄厚，往往为达到自己的目的，而有意作出图形，欺骗散户，所以只看技术面操作股票容易上当受骗。

因此，交易者在选股过程中要尽量趋利避害，在利用技术面操作股票时，综合考虑观察其他方面的重要信息，以达到最优的选股效果。

二、基本面选股

一般来说，中长线投资者多依据基本面选股，而短线投资者多依据技术面选股。但也有例外，当宏观经济面、产业政策、重大利好等事件驱动，引爆了市场的短期热点，此时往往也要借助股票的基本面进行辅助选股。

同时，基本面是买卖股票的重要依据之一，对于长期生存在股市里的人来说，它是最基本的必修课。我们本节有必要系统讲一讲基本面选股的思路。

基本面选股，常使用上市公司财务报表的综合对比，从中选择业绩优良的和有发展前景的上市公司。选择这类个股既立足于中长线，短线操作时也能获得高额利润。接下来我们详细了解如何通过基本面选股。

（一）通过估值选股。

利用现有F10中的公开信息，经过综合分析后，得出该股的动态市盈率及成长性的结果；再参考其所在行业板块的平均市盈率状况，参考现有的股价，迅速得

出该股估值是否合理。根据估值水平，再决定是否短线参与。具体步骤如下：打开行情软件，进入某股票的F10中；

1. 先看公司概况

了解该股所处的地域及注册地址、行业，确定平均估值水平；主要业务及主要产品，确定细分行业、是否有题材及发展前景；再看股票的上市时间，确定配售股、大小非的解禁时间、发行价；以及察看破发与否，至于发行市盈率看不看则无所谓，因为一般都是上市前一年的。

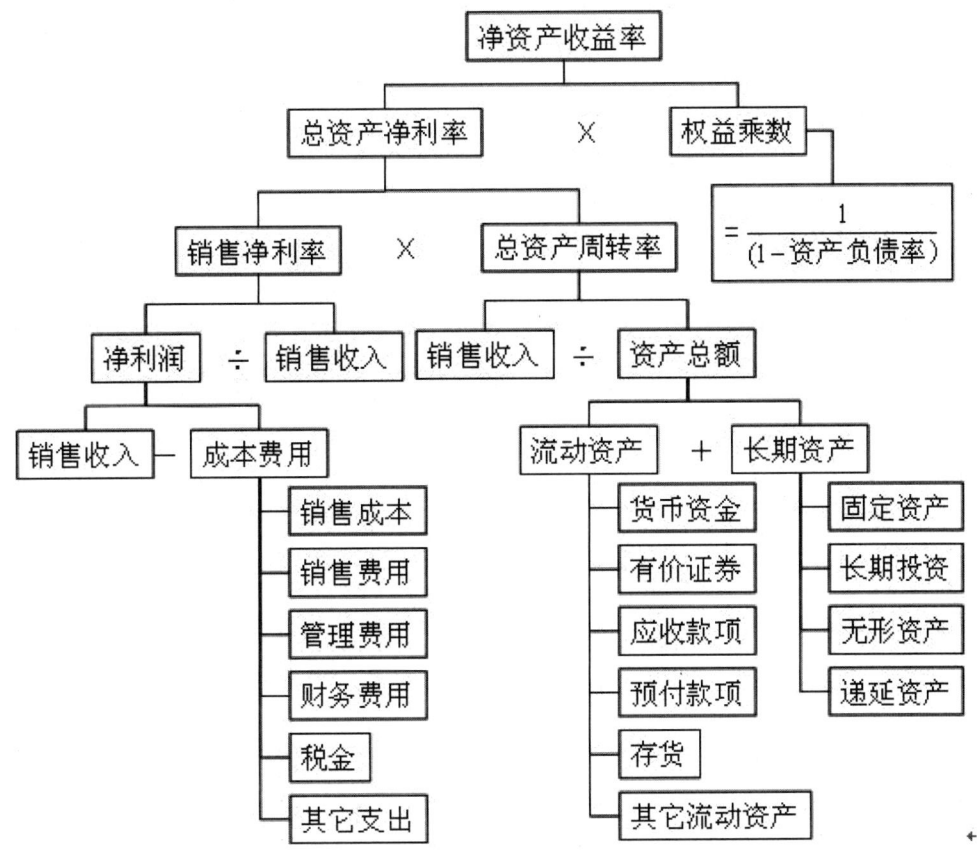

图2-11

看财务分析

如果说，对公司的竞争地位和经营管理情况进行的分析，主要是定性分析，那么对公司财务报表进行的财务分析则是定量分析。财务分析的内容包括：近三

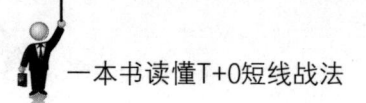

年来的净利润增长率，确定该股的成长性；销售毛利率及主营业务利润率，确定公司在行业内所处的状况，以及公司的质量如何；每股现金流量，确定公司现有的经营状况，环比分析，看看公司业绩是否有季节性等。

除却以上所述这些，公司的净资产收益率也是一个重要的参考指标，从中我们可以看出一个公司的盈利能力和经营管理情况，并可以通过净资产收益率的高低和持续性来衡量我们投资目标的质量。任何一个投资人都更愿意持有一家能持续盈利并不断保持增长的公司的股票。

净资产收益率的计算公式如下：净资产收益率=销售净利率×总资产周转率×权益乘数。其各项指标之间的关系如图2-11所示。

看最新提示。

最新提示的内容包括：总股本及流通股本，确定盘子大小与股价是否活跃有关；每股净资产、公积金和未分配利润，它们是确定股价是否合理的一部分，也是公司能否高送转的前提条件；最近分红扩股及未来事项，确定是否分红及分红时间。在此，需要特别提醒读者朋友，尤其要关注有关业绩预告、年报及季报披露时间、限售股的解禁时间及数量等等，察看最新公告是否有重要消息。

做完上述功课后，你就可以初步确定该股的基本面情况，然后再参考该股所在板块的市盈率水平及最新收盘价，确定该股目前是否处于合理水平以及未来的盈利空间有多大。

笔者在此举一实例来说明如何利用上述步骤选股：

举例说明一下。拿2015年上半年一直关注的华闻传媒（000793）来说，如图2-12所示，该股是海南的上市公司，属于信息服务传媒行业，具体产品是信息传播服务、印刷、商品销售及配送、其他代理业务、出国留学咨询及相关业务、管道天然气、燃气用具、液化气、燃气管网施工及安装、视频信息、销售硬件收入、漫画图书、期刊及周边产品、动漫类服务。上市日期是1997年7月29日，财务状况：2014年12月31日净利润为98 354.13万元，净利润同比增长率为87.03%。营业总收入为395 285.15万元，营业总收入同比增长率为5.42%。看最新提示，总股

本为197 649.27万股，流通股本为135 938.26万股，限售股本为61 711.01万股。财务指标如图2-13所示。

华闻传媒 000793

同花顺F10 全面解读 全新体验		上一个股 下一个股 输入股票名称或代码 ▼ 换股	

| 导读 | 华闻传媒 000793 | 最新动态 新闻公告 | 公司资料 概念题材 new | 股东研究 主力持仓 | 经营分析 财务概况 | 股本结构 分红融资 | 资本运作 公司大事 | 盈利预测 行业对比 |

详细情况　　高管介绍　　发行相关　　参控股公司

详细情况

华闻传媒	公司名称：华闻传媒投资集团股份有限公司	所属地域：海南省
	英文名称：Huawen Media Investment Corporation	所属行业：信息服务－传媒
	曾用名：燃气股份->G燃气->燃气股份	公司网址：www.000793.com

主营业务：传播与文化产业的投资、开发、管理及咨询服务，燃气开发、经营、管理及燃气设备销售等、动漫产品及动漫服务业

产品名称：信息传播服务 、印刷 、商品销售及配送 、其他代理业务 、出国留学咨询及相关业务 、管道天然气 、燃气用具 、液化气 、燃气管网施工及安装 、视频信息 、销售硬件收入 、漫画图书 、期刊及周边产品 、动漫类服务

控股股东：国广环球资产管理有限公司 (持有华闻传媒投资集团股份有限公司股份比例：13.03%)

实际控制人：国广环球传媒控股有限公司 (持有华闻传媒投资集团股份有限公司股份比例：7.56%)

最终控制人：中国国际广播电台CRI (持有华闻传媒投资集团股份有限公司股份比例：3.78%)

董事长：温子健	董　秘：金日	法人代表：温子健
总经理：刘东明	注册资金：205122.87万元	员工人数：11079
电　话：86-898-66254650;86-898-66196060	传　真：86-898-66254650;86-898-66255636	邮　编：570208

办公地址：海南省海口市海甸四东路民生大厦

公司简介：
　　华闻传媒投资集团股份有限公司主营业务为传播与文化产业的投资、开发、管理及咨询服务,燃气开发、经营、管理及燃气设备销售等.公司是海南省重点基础设施建设单位,是海口市实施《海口市燃气规划》的唯一承担者,海口市管道燃气的唯一经营者,拥有海口市管道燃气供应体系。

图2-12

基本面选股中有三个指标分类："每股净资产"、"每股未分配利润"和"每股资本公积金"。一般来说，股民大多较为注重当年或当期的"每股收益"及"净资产收益率"，其实，这两个指标的偶然性和不确定性较大，"非主营"的水分较重，易包装，因此，这两个指标不适宜作为选股的依据，但可以参考。

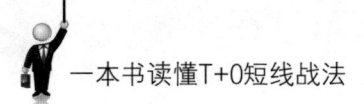

因为"每股收益"与"净资产收益率"只是两个"现在时"指标，它仅反映"当期"、"短时"业绩，并具有较强的短时欺骗性和暂时包装性，丝毫也不能反映企业的过去和将来。为此，建议读者朋友们选股切莫单纯以"每股收益"或"净资产收益率"来衡量，而是综合各项指标来选取潜力股。

图2-13

非财务信息分析

在分析年报中的非财务信息时，投资者除考虑公司的行业背景等相关信息外，还需着重关注以下方面的内容：

（1）公司治理结构

公司治理结构是公司的核心，它分宏观层面与微观层面。宏观层面主要指股东、董事会、监事会和经理层之间相互负责、相互制衡的一种制度安排；微观层面主要指公司的内部控制制度。我们在分析年报时主要分析其宏观方面，而且重

点考虑是否存在大股东侵蚀上市公司利益的行为或大股东操纵上市公司的行为。

其方法主要有两点：一是关注上市公司与控股股东的关联交易情况，特别是非经常业务的关联交易，如转让资产、受托经营等；二是关注监事会与独立董事对重大事项的独立意见，如监事会对重大关联交易公允性的声明，独立董事对上市公司与关联方的资金往来及上市公司对外担保情况的独立意见等。

（2）大股东的持股情况

年报中披露的大股东的信息较详细，投资者需关注两个方面的内容：一是控股股东变动。这种变动通常有两种情况：一种是一些国有股股东由于股权的划转而导致控股股东改变；另一种是由于市场上发生的兼并行为、资产重组行为而导致的控股股东改变。二是大股东的持股变动。在阅读大股东持股情况变动时，重点注意两点，大股东是否有通过二级市场增持或减持股份的情况，大股东通过二级市场主动增持公司的股票可认为是对公司有信心的表现，反之说明大股东可能对前景没信心而急于套现；也可以通过十大流通股东的成分来判断未来行情的走势，如果说十大流通股东中大多是基金，说明该股为基金重仓股，基金普遍对该股前景看好。

（3）资产重组情况

资产重组是资本市场永恒不变的主题，是资本市场优化资源配置的一种形式。通常有两种情况，一是上市公司为加强主业或谋求多样化经营而主动收购或出售资产和股权；二是上市公司由于境况窘迫而被其他公司收购。对于前一种情况，投资者需判断这种资产重组行为是否符合公司的发展战略，或者这种行为本身就是控股股东在出售一笔垃圾资产给上市公司；对于后一种情况要看新入主的控股股东是否有能力带上市公司走上光明的道路。董事会报告与监事会报告中都会对募集资金的使用情况进行说明，投资者需了解公司募集资金是否按计划使用，或者改变用途是否符合公司的长远发展战略等。另外上市公司可能在年报中披露公司在下一年的经营计划，投资者可关注。

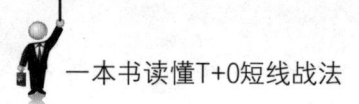

（二）选主流龙头品种。

一般而言，能够成为主流行情品种龙头的公司必须是行业地位突出、产品市场地位独特、竞争优势明显、科技含量高、产品毛利率基本维持在30%以上，并具备集价格优势、技术优势、管理优势、营销优势以及竞争优势于一体的特点。

从近三年财务报表上看此类公司，则体现为：上市公司的赢利水平稳定，并能够保持稳步的复合增长潜力，有一个主流的拳头产品或是一项绝对突出的主流技术，不仅已经获得相对垄断的市场销售资格，而且已经构成公司利润的主要组成部分。除此之外，在能够预见的未来三年内，不会有同行业其他强劲竞争对手的出现，且具有产品生命周期较长的寿命，不受外在物价上涨或宏观经济政策打压的特点。

基本面选股从过程来看比较复杂，实质上，等你熟练运用并掌握之后，一般情况下都能在短时间内快速确定股票的估值。选对有潜力的股票，对交易者来说，已经成功了一半。

三、其他选股方法

短线选股方法有很多种，除了上述几种选股策略外，还有智能选股和紧跟主流热点题材选股等方法。笔者在此仅介绍智能选股和根据热点主流题材选股的方法。

1.智能选股

普通投资者在三千多只股票里大海捞针，选出能赚钱的好股来可并非易事，而用"智能选股"就省事多了，交易软件里本身都自带这种功能，通常称其为"傻瓜选股器"。这个功能堪称一绝，只要轻轻一点，你要求的好股就会手到擒来，可以快速选出自己想要的股票，轻松把握股市良机。

下面以同花顺软件为例子，现把其功能介绍如下，大家不妨一试此方法。

如下图，在菜单栏中有"智能"一栏，点击，便出现下拉菜单，出现"选股平台"和"形态选股"。点击"选股平台"，就会出现以下图像。

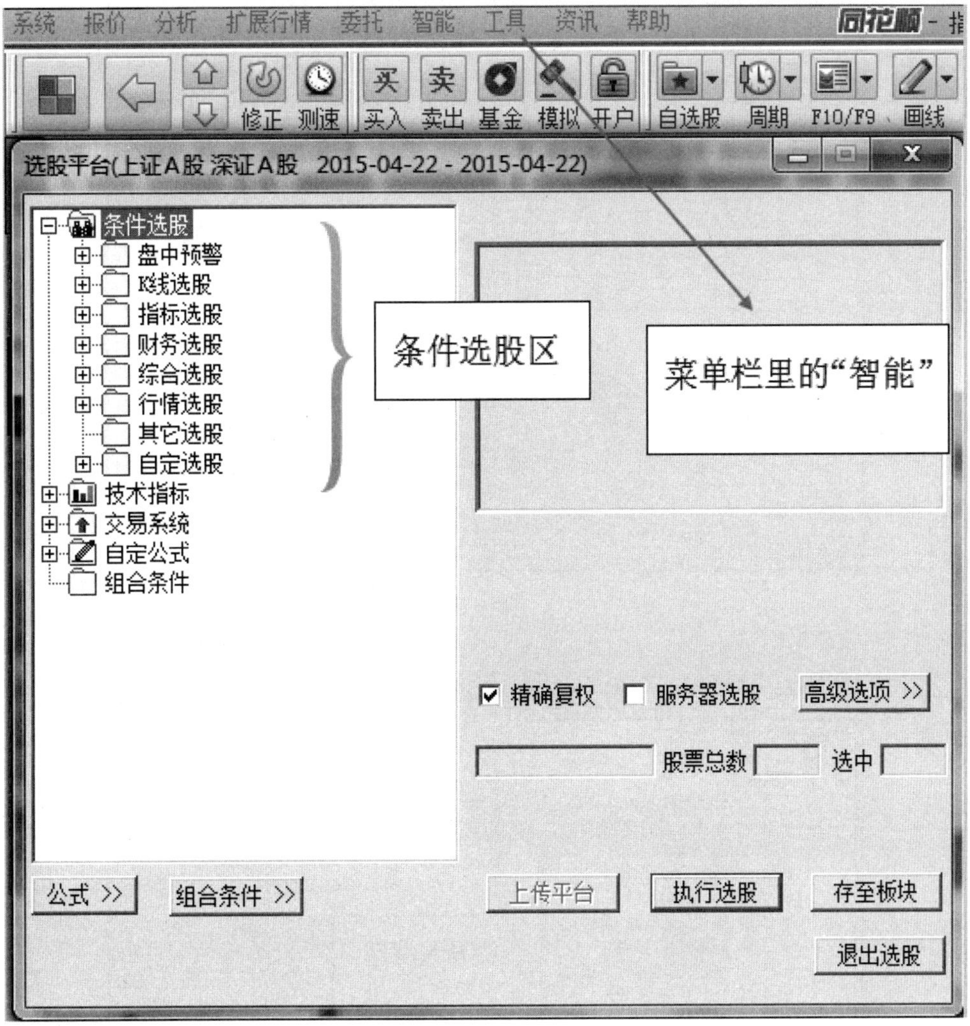

| 系统　报价　分析　扩展行情　委托　智能　工具　资讯　帮助 | 同花顺 - 推 |

选股平台(上证A股 深证A股 2015-04-22 - 2015-04-22)

- 条件选股
  - 盘中预警
  - K线选股
  - 指标选股
  - 财务选股
  - 综合选股
  - 行情选股
  - 其它选股
  - 自定选股
- 技术指标
- 交易系统
- 自定公式
- 组合条件

条件选股区

菜单栏里的"智能"

☑ 精确复权　☐ 服务器选股　高级选项 >>

股票总数　　　选中

公式 >>　　组合条件 >>

上传平台　　执行选股　　存至板块

退出选股

图2-14

如图2-14所示，选股平台第一项是条件选股。包括盘中预警、K线选股、指标选股、财务选股、综合选股、行情选股、其他选股、自定选股这几项。

如图2-15所示，选股平台第二项是"技术指标"。包含有趋势指标、超买超卖、能量指标、强弱指标、波段指标等等。众多选择，任君挑选。

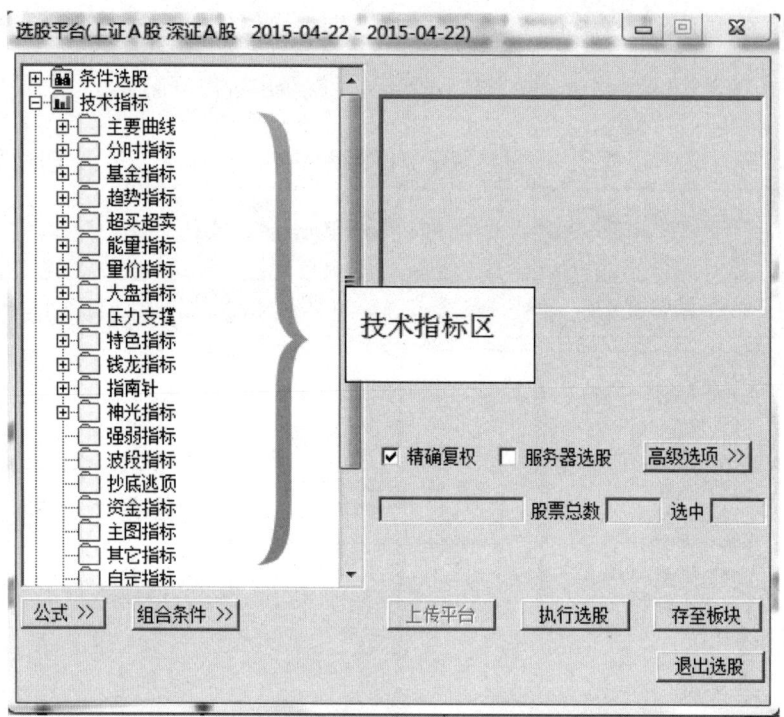

图2-15

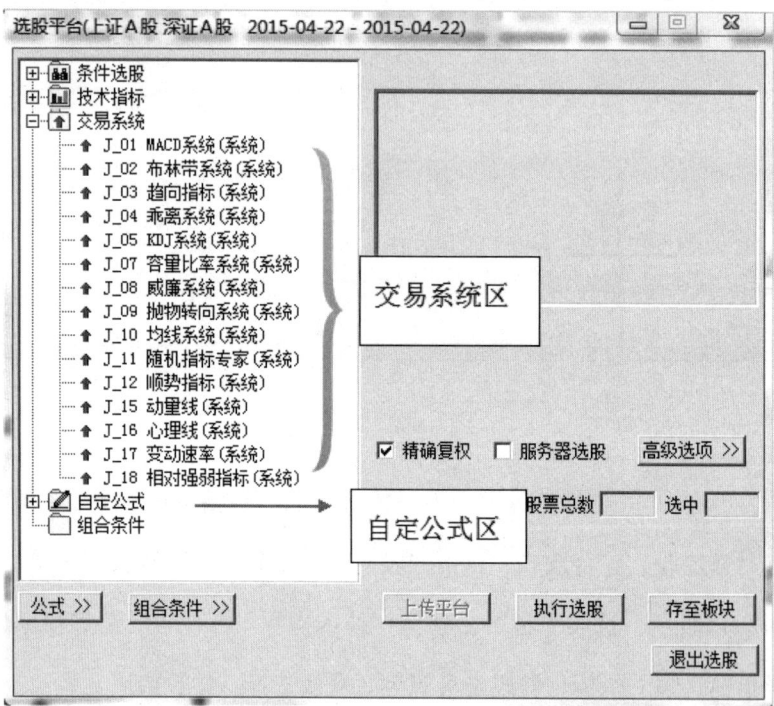

图2-16

如图2-16所示选股平台第三项是"交易系统"。包含有MACD系统、布林带系统、乖离系统、KDJ系统、容量比系统、威廉系统、均线系统、顺势指标系统、动量线系统等等。

选股平台第四项是"自定公式"。可以组合以上条件。

在"智能"栏里点击"形态选股",就会出现以下图像。

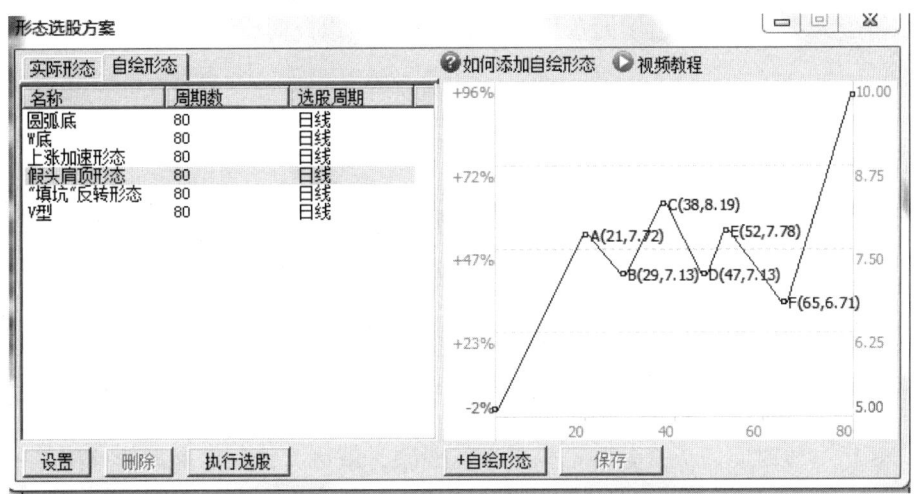

图2-17

如图2-17所示,这一项里面分为"实际形态"和"自绘形态"。可以用圆弧底形态、W底形态、V形态、假头肩底形态等选股。

通过以上实际操作可以看出,运用智能选股,可以很方便地从茫茫股海中划出选股的范围,只要你输入想要的条件,马上就可以显示出结果。智能选股里的功能都很有用,至于选用何种形态和指标,则可根据自己的喜好以及对某项指标和形态的熟悉程度来确定。

2. 紧跟主流热点题材选股

前文提到,短线选股的重要方向就是找对市场的炒作热点。什么叫热点?热点就是指在某一特定时间内走红的板块和股票,这些股票常常叫做热门股。为什么某些板块和个股会在某个时段内走红?这主要是由这段时间内特定的经济、政治、军事和社会等多方面的因素(包括国家的方针政策和利好消息)所促成的。

由于热点是刺激股市的兴奋剂，在一段时间内股市中总会出现不同的市场热点，有了热点股票才会长盛不衰。而一旦失去了热点，则预示着牛去熊来。市场有无热点出现，是研判大势走向的重要依据。只有当新热点不断出现，大盘才会有上扬的动力，这时的市场就是一个多头市场；而当股市中很少出现热点甚至没有热点出现，这个市场就是一个空头市场。在多头市场做多获利的机会就多，此时就要以持股为主；而空头市场做多只会越做越输，所以此时就要持币为主了。

在利用热点选股时，要注意分清主流热点和一般热点。在大级别的反转行情中形成的热点是主流热点，在小级别的反弹行情中出现的热点是一般热点。主流热点必须是一个比较大的板块，其行业号召力很强。当一轮行情开始时，只要发现主流热点出现，就可以看出这轮行情的性质是反转而不是反弹，这是就可以放心做多。而当发现热点只是一般热点时，就要采取短线多长空的操作策略了。

在选择热点板块操作时，要抓住领头羊。在寻找领头羊时，只要把热门股排队，找出一段时间内成交量和涨幅最大的股票，就可大致判定此股为该板块的领头羊了。

对于如何发现市场炒作热点，有以下几个方法；

（1）关注媒体报道。如媒体集中报道某行业发生的新变化。

（2）观察上涨过程中是否出现急拉升和放量，注意资金流向。

（3）通过公布的排行榜统计数字分析，如涨幅排名连续出现则可能是热点。

投资者的操作思路不同，选股方法也不尽相同。实战中的选股方法并不仅仅只有本章所讲述的这几点，这就需要读者朋友们不断学习，不断总结，找出最适合自己的选股方法。不管是利用何种方法选取要介入的股票，投资者必须慎重分析，仔细考察，以避免不必要的烦忧，将风险降到最低。

第三章

短线买入定式

　　股价涨跌实质上是由于主力资金持续的流入和流出所导致的。主力资金少则几千万，多则百十亿，如此巨大的资金量的流入和流出，必会在个股的盘面上留下痕迹。

　　主力建仓任何一只股票，在K线、量价、均线上都有迹可循。因此，通过个股形态走势识别主力资金的进出就如老中医看面相，通过面相，便可知人的身体健康状况，都是具有一定的可靠性、推断性的。

　　如果把这些技术面上的痕迹一个个整理出来，形成固定的模式，则是一个个的"买入定式"了。读者只需依据这些技术定式，按图索骥，就能准确地找到短线的买入点了，据此买入，事半功倍。本章笔者根据多年的实战心得，罗列了十多个短线买入定式，涵盖了技术面操作的各个层次，读者朋友可在操作中组合运用。

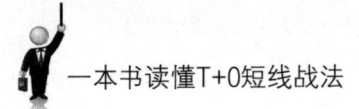

第一节 成交量买入定式

量在价先，分析量价关系能对股市趋势和个股形态有更明确的认识，先人一步找到精准的短线买入时机。

一、量能突破买入定式

当股价经过大幅下跌后，如果低位连续放出大成交量，且股价上涨，此时可以短线跟进。

成交量的变化会影响到股价的变化，同时成交量也是对股价的肯定，一个价格如果能被支撑住就必须有成交量相配合。因此，巨量必然会伴随着股价的大幅上涨。

普通股民的资金操作是杂乱无章的，无法对股价的波动产生强大的影响作用，只有主力资金才会对股价的波动产生强大的支撑和促涨促跌作用。在实战操作过程中，交易者要对成交量的放大进行深入的分析。

如果个股在低位放出巨量，日K线已向上突破长期下跌趋势线或突破20日均线，此时便可买入。

如图3-1所示，顺威股份（002676）股价前期大幅度的下跌，箭头处出现了放量上涨的走势，当日换手率达到12.95%，出现天量。此时更是买入时机，往后几天成交量密集地放大，说明有大资金在盘中进行操作。这是典型的庄家拉高进货形态。

利用此方法时应注意：

（1）放出巨量时股价应处于相对低位，如果大盘已有较大涨幅，个股也有超过一倍升幅之后出现的放巨量现象，应引起高度重视，这有可能是庄家在拉高出货。

（2）股价在低位整理时间越长，出现巨量后股价上涨的概率越大、涨幅越高。

（3）如发现巨量后成交量不能有效继续放大，应引起高度重视，最保险的做法是先清仓出局，观望后续走势。

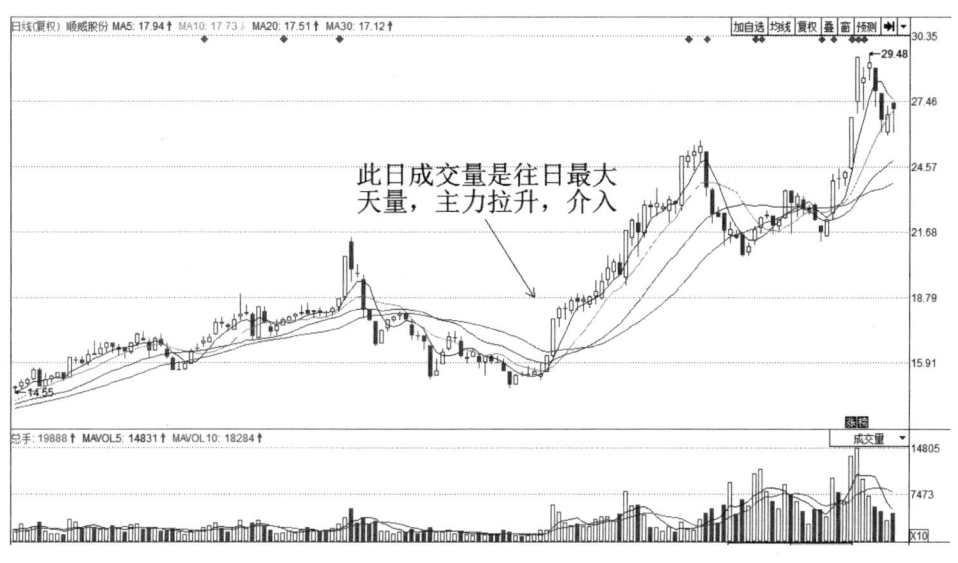

此日成交量是往日最大天量，主力拉升，介入

图3-1

二、低位放量买入定式

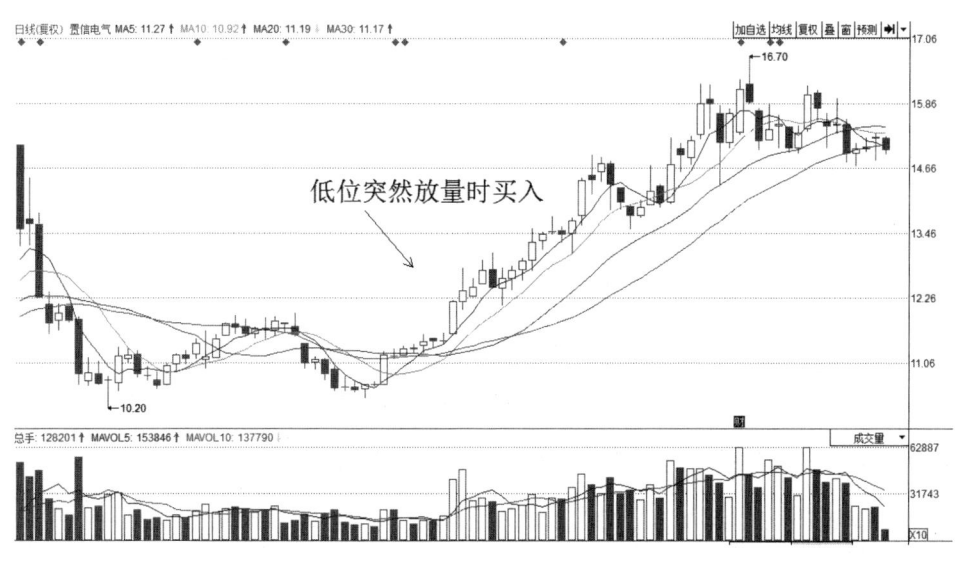

低位突然放量时买入

图3-2

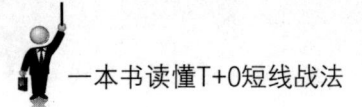

如图3-2所示，置信电气（600517）的股价经过长期下跌，使得空头能量有足够的时间充分消耗，股价止跌走稳表明多空能量获得暂时平衡，多空交替，多头最终将打破这种平衡，而低位放量正是多头力量异动的最初显示。短线交易者应在低位突然放量，股价明显上涨时跟进。

利用此方法时应注意：

（1）突然放量时股价位置必须在相对低位，可从个股历史走势中确认，这样买入信号才可靠。

（2）突然放量前的股价应在一个时间段内获得支撑，有跌不下去之感，股价呈平台整理形态，此区域成交量呈均匀缩量状态，突然放量才有效。

（3）注意低位放量区域与前一轮行情高点的距离。与前期高点距离越远，空头力量消耗得越充分，多头力量确认的可靠性越强。

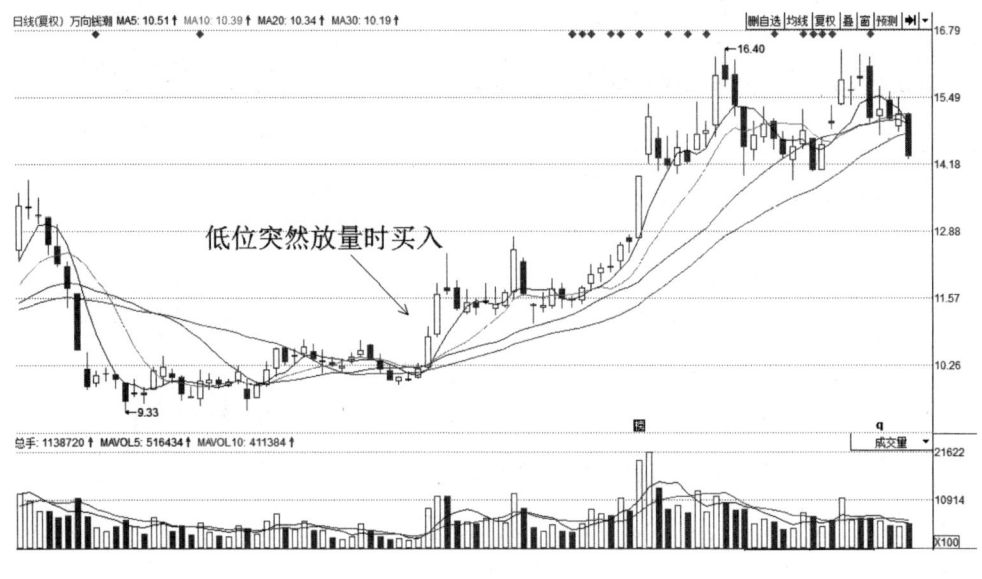

图3-3

如图3-3所示，万向钱潮（000559）的股价在一个月的时间内呈缩量横盘的状态，有跌不下去的趋势，低位突然放量，价增量涨，短线可跟进。

三、缩量回调买入定式

如图3-4所示，平高电气（600312）的股价经历了放量上涨之后，出现缩量回落的走势。在连续收出阳K线的上涨过程中，堆积了不少成交量，从这一点可以看出进场的资金比较积极。遇到这种情况，交易者要注意三点：首先，连续收出阳线上攻；其次，在连续上涨的过程中必须要有量的配合；最后，在回落的过程中必须是缩量的。满足以上三个条件，短线交易者可买入。

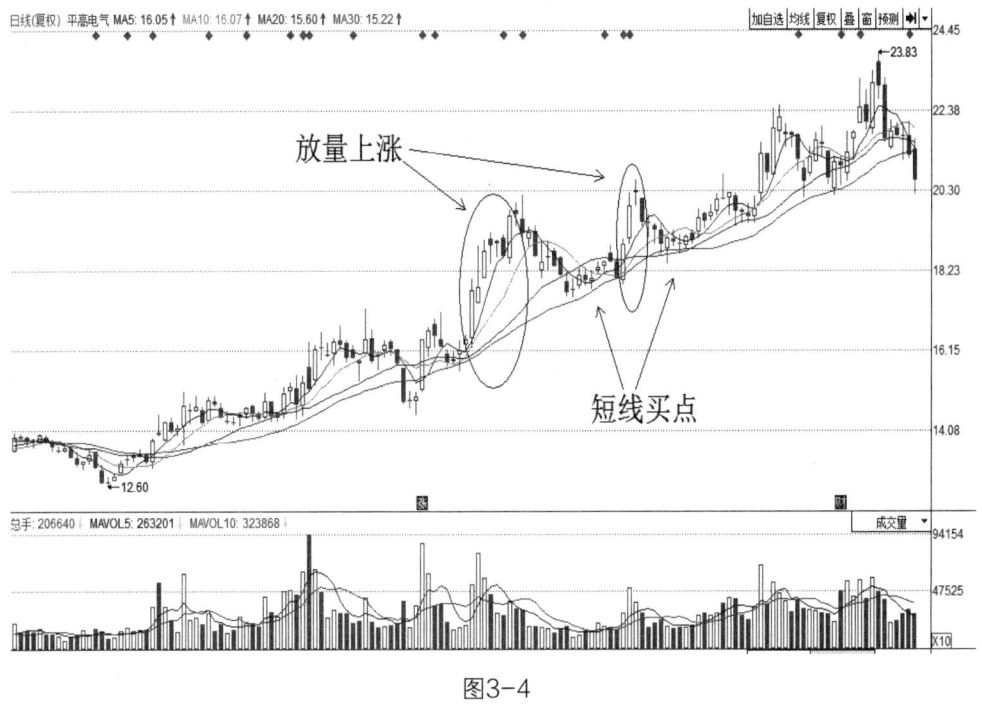

图3-4

有的股票在上涨过程中，会反复出现这种放量上涨后，缩量回调的走势，其原因是庄家在洗盘，把浮动筹码清理出去。在实战过程中遇到这种情况，在每次缩量回落时，均是短线买入的时机。

如图3-5所示，农发种业（600313）在放量上涨的过程中，出现了连续的阳线，这说明，股价处于强烈的上涨攻势。经过放量上涨后，股价受到了上方的压力，在椭圆处开始缩量回调。此时的回调是缩量的，所以这是明显的蓄势动作，短线交易者可以趁机进场，把握这个机会，后市会有上涨行情。

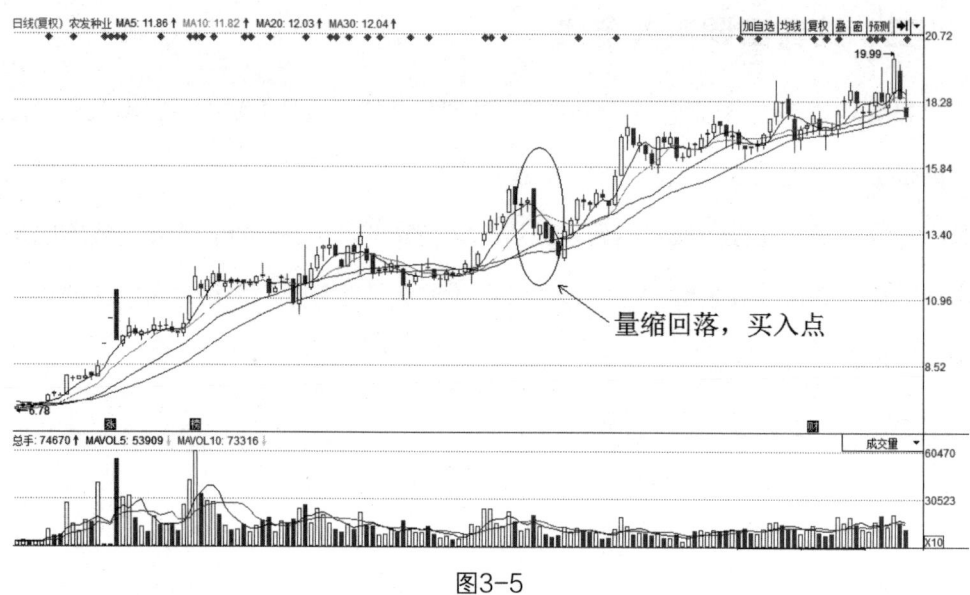

图3-5

四、缩量横盘买入定式

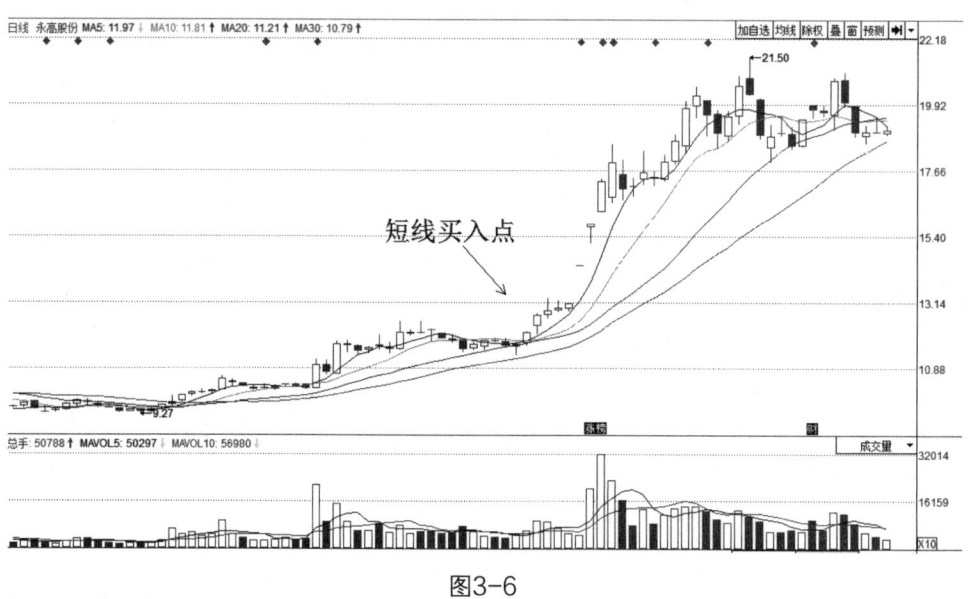

图3-6

如图3-6所示，当股价经过一波涨幅时，获利盘涌出，使股价继续上升受阻，需先经过一段蓄势调整才能继续上升，此时成交量逐步萎缩到一个较低的位置，股价也小幅下跌至一个相对低点，这时应是明确的买入时机。当成交量重新开始放大，将展开又一浪升势。

特别是股价快速上涨后调整、成交量显著萎缩时，更应该大胆买入。这一般是庄家震荡洗盘的表现，要不了多久，庄家就会再度拉升股价。通常来说，在股价第一次快速上涨后的调整中，成交量明显萎缩时买入非常可靠，之后再被拉升调整缩量时是否是买入时机，要视庄家的行为和股价形态而定。

利用此方法时应注意：

（1）正确区分上攻行情初期出现的缩量整理与第一波上升浪末期出现的缩量整理。

（2）注意缩量整理的方式。缩量整理的方式有两种：其一为回调缩量整理，其二为小平台强势缩量整理。

（3）注意上升趋势中，股价上涨必须有成交量配合，回调时成交量明显缩小，这样后市才会继续上涨。如果只见放量不见上涨，或上涨无量、下跌有量或看似调整但成交量却无明显萎缩，就要小心庄家出货的嫌疑，或多空双方的较量在向空方倾斜。

个股经过一个阶段的上涨后，在横盘不回落的强势调整中，保持每天的横盘量能接近或等同于平常的量能。当K线站上10日均线时，是短线的买入点。

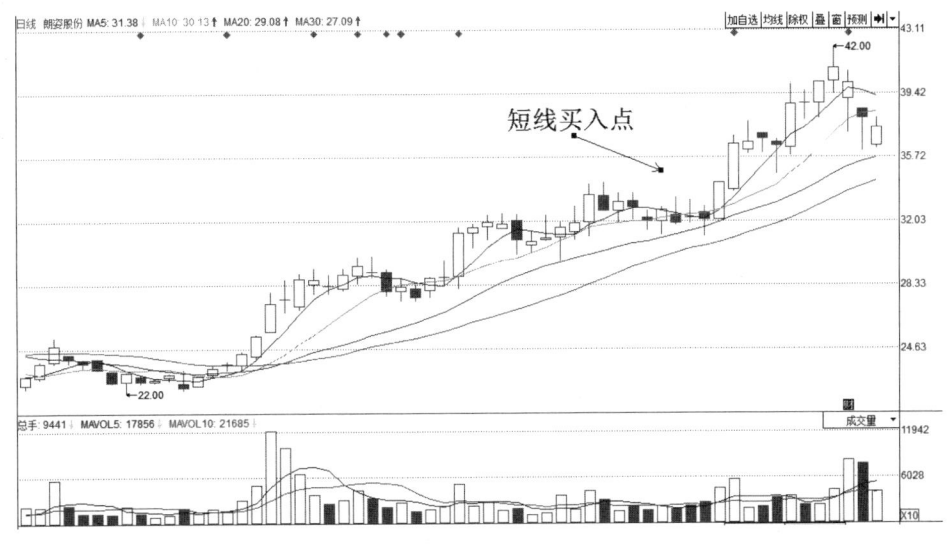

图3-7

如图3-7所示，朗姿股份（002612）就是一个典型的横盘平量的例子，从图上可以看到，股价经过一段时间的上涨后，进入了横盘调整的阶段，成交量和平日一样。当股价向上涨，突破调整平台，并且再次站上10日均线时，这显示股价即将完成调整，进入继续上涨的阶段。此时，短线交易者可以果断进场操作，如图中箭头所示，图3-8的道理也是如此。

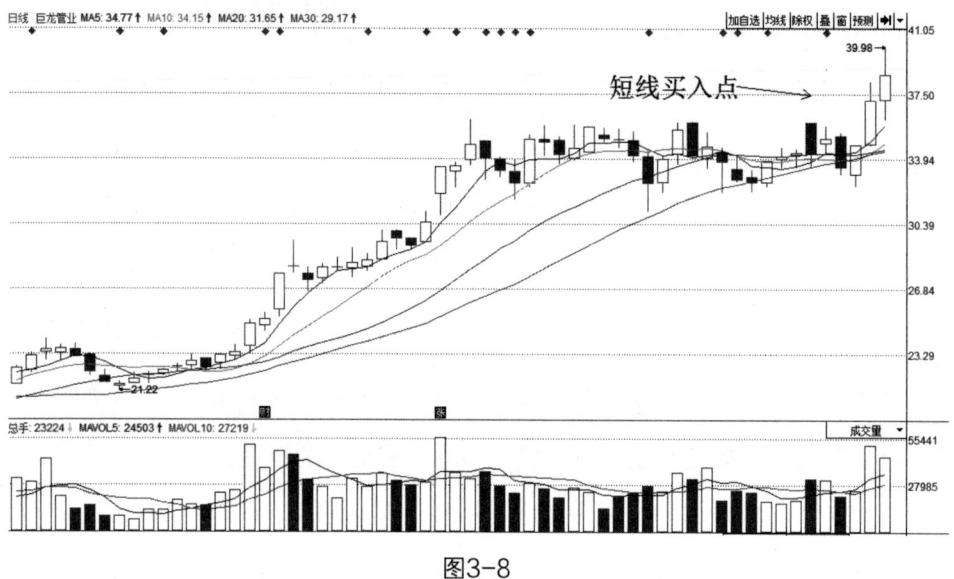

图3-8

第二节 均线买入定式

均线是最常用、最经典的技术指标之一。不少的技术指标都是由均线系统衍生而来。均线在短线交易中的运用，主要有以下几类。

一、10日线交易系统

10日均线是一条短期的均线，代表了近10日内交易者的交易成本。如果股价处于10日均线上方，交易者皆获利，就会出现惜售的心理，从而使得股价维持强势；反之，如果股价处于10日均线的下方，短期被套的交易者会对股价造成卖出压力，因此股价会弱势运行。

需要注意的是，这里探讨的不仅仅是一个买入定式，也是一个"有买也有卖"的交易系统，可以成为独立的依据，也可以辅助其他买入技法进行操作。

一根均线构成的短线交易系统

在短线高手手中，一根10日均线就可以构成一个完整的短线交易系统。

买入参考：10日均线上买入持股，10日均线下卖出持币。

在股价的上涨过程中，稳健的交易者在股价跌破10日均线时就应该卖出，以免出现风险，可在后续行情中另找良机。积极的交易者则不必全部卖出，为了防止高位筑顶可适当进行减仓。然后关注接下来的走势，如果呈现顶部形态，则继续卖出。假如跌破10日均线后只是短期调整，股价重新盘稳后会再次回到升势，此时会再次收复10日均线，可继续参考10日均线的买卖原则：股价上升趋势完好，则继续买入，反之则谨慎对待，择机高抛。

如图3-9所示，荣丰控股（000668）前期股价一直运行在10日均线下方，股价从14.5元左右一路下跌，最低跌至11.44元，之后股价横盘企稳，在这一过程中，

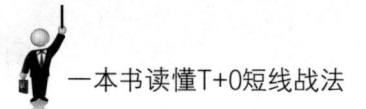

我们不宜过早买入，虽然这里可能是底部，但后市方向尚不明确。等股价站上10日均线，多头力量开始强劲，这时就可以分批买入，如果不破10日均线，交易者可耐心持有。

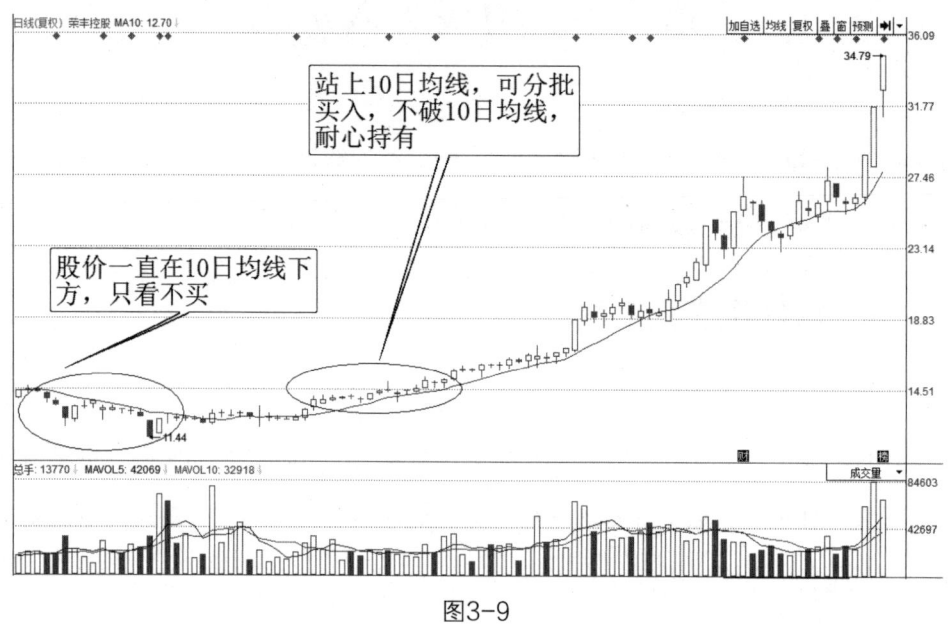

图3-9

10日均线作为短线操作的参考线，实现了化繁为简、轻松获利的目的。纵观A股市场，大部分股票在强势拉升的时候，一般都不会跌破10日均线，特别是在连续拉升上涨之后，更应该重视这条均线的价值。如果10日均线跌破就应当减仓或者卖出。

2.并非突破10日均线都是很好的买入时机。

10日均线代表着短期的趋势，当短期趋势还在下行时，10日均线对股价有压制和向下牵引的作用，因此，当10日均线还是下行趋势时，股价突破10日均线并不是非常好的买点，因为，此时很可能仅仅是个小反弹，股价或许还会在10日均线的牵引下再次下探。比较可靠的买入点应该是在10日均线往上翘时，才是真正的突破，这时候买进就十分可靠。

图3-10是当代东方（000673）的日K线走势图，当10日均线向上翘时，股价又突破10日均线，且站上10日均线时是很好的买点，此时，短线交易者就应该积

极跟进，获取利润。

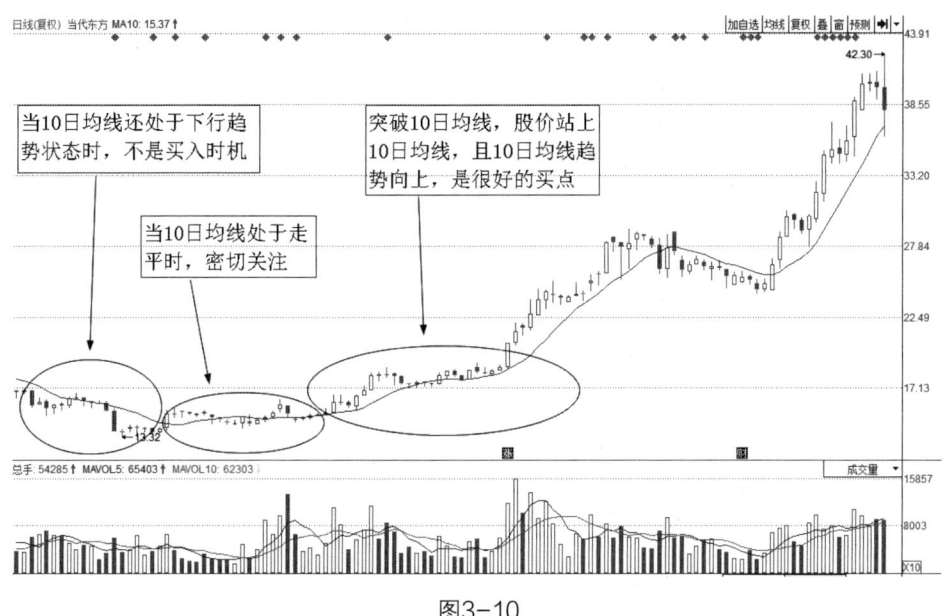

图3-10

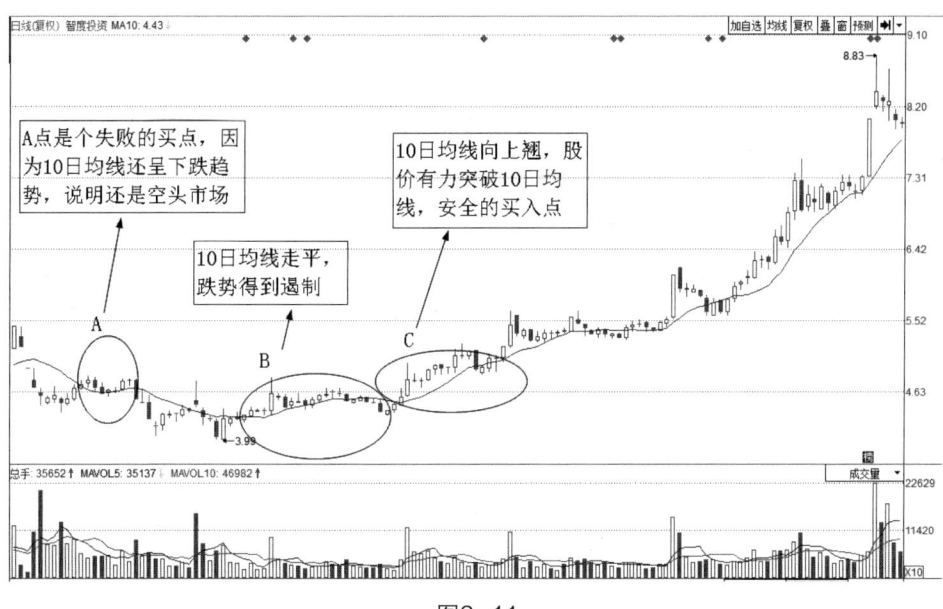

图3-11

　　图3-11是智度投资（000676）的日K线走势图，如果在A点买入，虽然股价站上10日均线，但却是一个失败的买入点，需要止损，为什么这个买点会失败呢？最大的原因是突破10日均线的时候，该均线还呈下跌趋势，下跌趋势的10日均

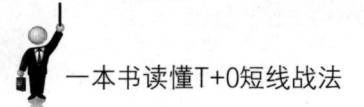

线，说明短线还是空头市场。下降的10日均线对股价有向下的牵引作用。

3. 回踩10日均线，且10日均线保持上升趋势，是良好买点。

突破10日均线后买入股票并不代表股价就会直线上冲，也常有回调，待股价回到10日均线后企稳，再启动可能会加速上升。这也是交易者买入的机会。回踩10日均线买入的条件是股价涨幅不大，且10日均线还保持上升趋势。

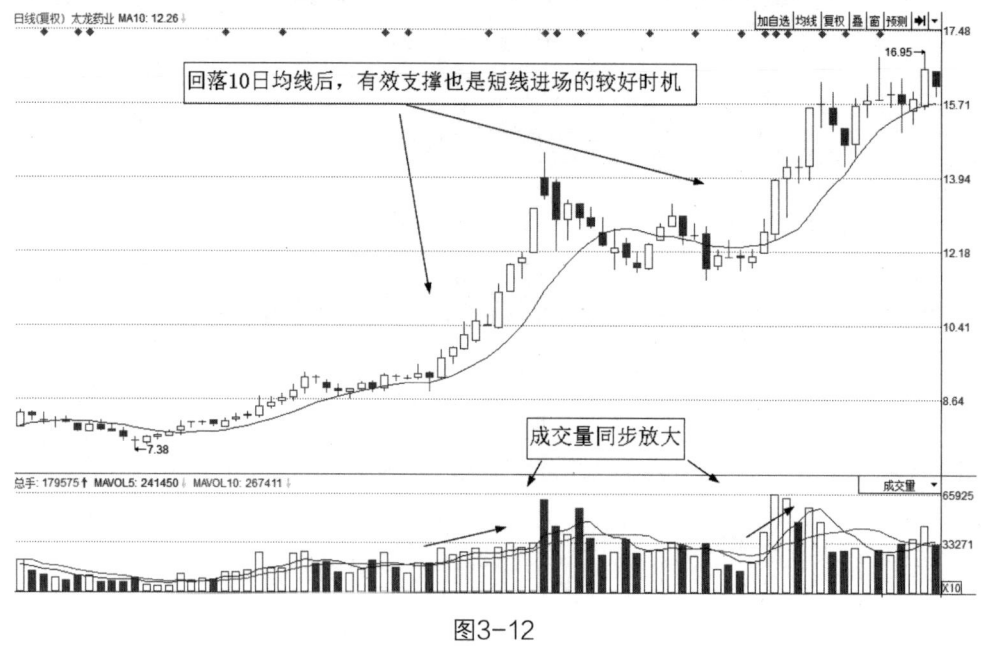

图3-12

如图3-12所示，太龙药业（600222）在突破10日均线后回调，仔细的交易者可以看到回调时的成交量是萎缩的，说明此时市场抛盘惜售，有假跌诱空的嫌疑，此后股价攀升，此时我们可密切关注10日均线的支撑，如股价能够获得有效支撑，成交量同步放大，量价配合良好，将是短线买入的较好时机。

如图3-13所示，烽火电子（000561）的股价在底部启动后，就开始依附5日均线上涨，成交量也随之温和放大，这预示着股价已经进入了上涨趋势，从图上的箭头位置可以看到，股价在上涨受到阻力后开始回落。股价回落到10日均线附近时，回落过程是缩量的，受到了均线的支撑。随后股价便调头向上继续往上攻击。短线交易者就可以趁机买入，以期获得利润。

图3-13

图3-14

　　如图3-14所示，海德股份（000567）的股价在上涨的过程中，股价也依托5日均线上涨，从图上的箭头处可以看到，股价连续4天缩量回调，在10日均线附近得到了支撑，之后开始回升，调头向上站上5日均线，此时短线交易者可进场买入。从图上可以看到，在上涨的过程中，股价量缩回落到10日均线附近，受到支撑后拉起。这是庄家边拉边洗盘的方式，此时交易者须注意，等股价调头向上时，那就是买点。

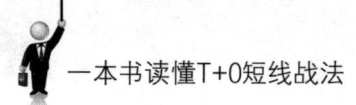

二、均线金叉买入定式

1.两根均线形成的短线交易系统

前面说的是一条10日均线对买卖时机的参考，现在我们来说说两条均线对实战中买卖时机的参考。当动态运行中的两条均线相互交叉时，预示着不同周期的投资者持仓成本相重合。两根均线产生交叉，我们可以利用均线交叉组成一个交易系统，当两根均线金叉的时候，短线交易者可以买入，然后持股，直到均线产生死叉。为了符合短线交易的特征，我们采用5日均线和10日均线的组合。

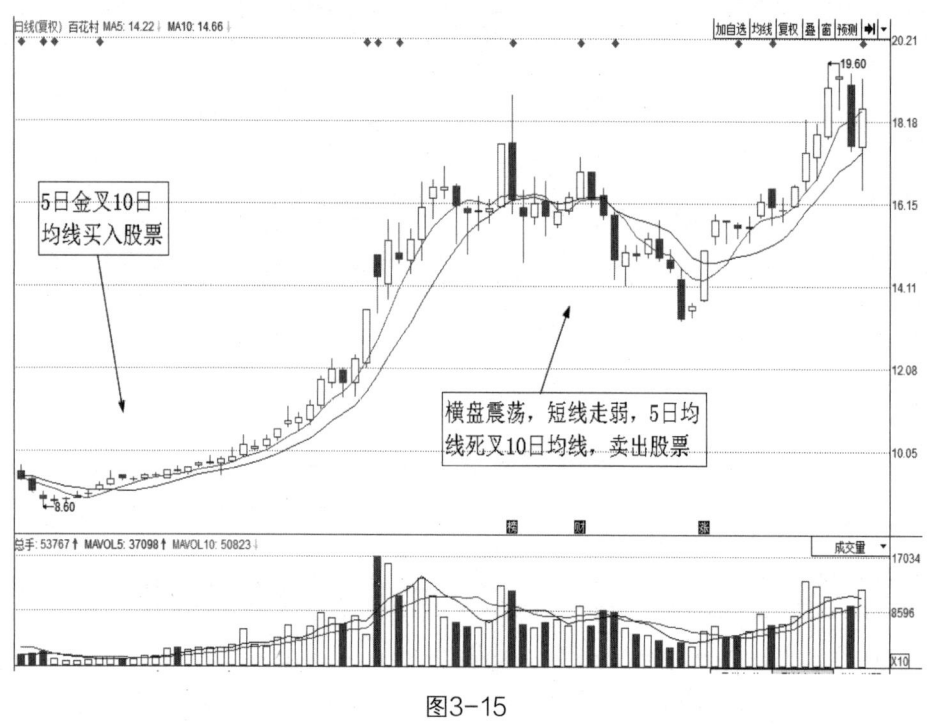

图3-15

如图3-15所示，百花村（600721）的股价在缓步拉升，5日均线向上穿越10日均线，产生金叉，此时为买点，短线交易者可积极参与，此后该股一路上升。后期的横盘震荡，短线走弱，这时就要密切关注该股的走向了，当5日均线死叉10日均线，交易者可以果断卖出股票。从金叉买进股票到死叉卖出，形成一个完整的交易系统，这样就可以赚取大部分中间利润，赢利面比较大。

2. 两根均线金叉买进

当5日均线从下往上交叉比其周期更长的10日均线时，称为"金叉"，反之则称之为"死叉"。从字面上就可以看出金叉能让我们挖掘金矿，死叉能让我们亏损，金叉往往助涨，死叉助跌，在实际操作中我们就可以利用均线之间的金叉和死叉来进行相应的买入和卖出操作。当出现金叉时，个股上涨的概率总是要大于下跌的概率。

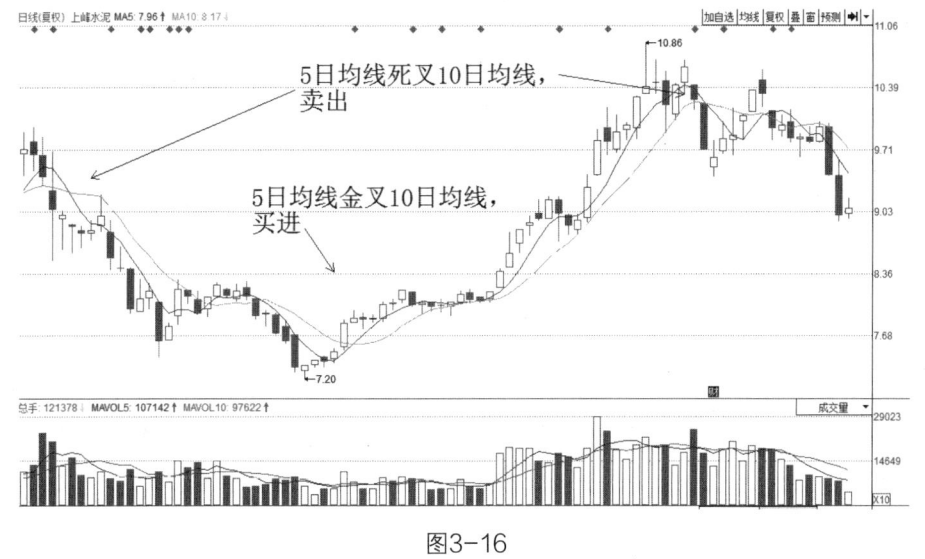

图3-16

如图3-16所示，上峰水泥（000672）日K线中的两条均线分别为5日均线和10日均线，当5日均线从下方往上叉10日均线时，形成金叉，此时交易者可以买入。当5日均线从上往下叉10日均线时，形成死叉，此时可以卖出。交易者只要按照这样的金叉买、死叉卖的方法，基本上都能获得阶段性的收益。考虑到指标的滞后性，先有股价下跌才有死叉形成，因此，在股价欲形成死叉的时候就可以进行减仓操作，而不是等死叉形成之后再卖出。

标准的金叉应该是：周期长的均线走平然后向上行，周期短的均线由下而上穿越周期长的均线。激进的交易者可以在普通的金叉时进场，谨慎的交易者可等10日均线向上行时金叉买进，胜率较高，因为当10日均线正处于下跌趋势中或横向波动时，说明此时的看涨信号不强，交易者应该继续观察。

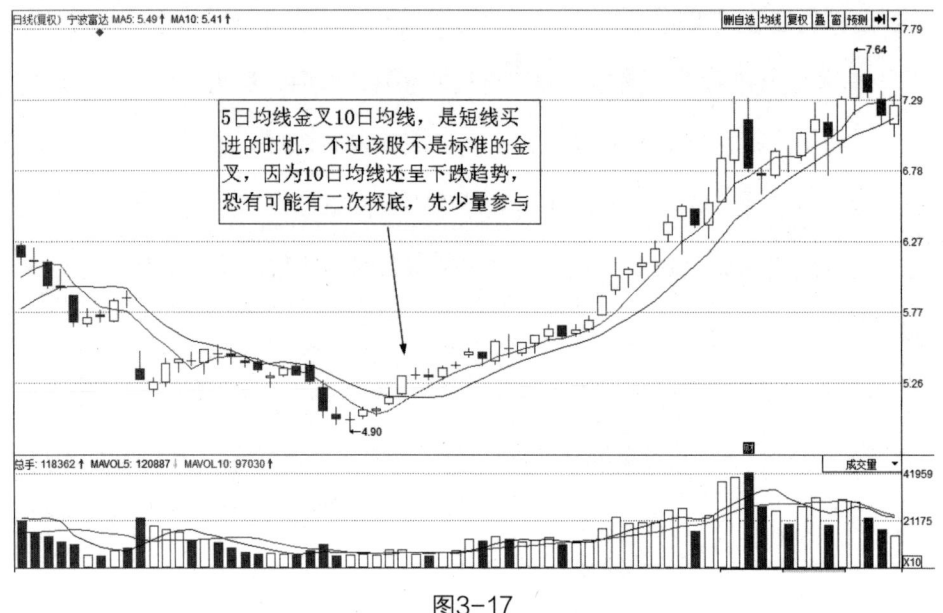

图3-17

如图3-17所示，宁波富达（600724）从跌势反转上行，5日均线与10日均线产生金叉，说明多头开始走强，是短线进场的时机，不过，该股这个金叉不是标准的金叉，因为10日均线还呈下行走势，可能会出现二次探底，可少量参与。还好该股此后持续上涨，未回调，强势上涨。我们要知道标准的金叉不是这样的。

3. 均线拒绝死叉可加仓

股价波浪上行，均线也会跟随起伏变化。当股价回调的时候，5日均线靠近10日而不产生死叉，再度接着抬头往上行，说明调整结束，短线交易者可积极加仓。均线拒绝死叉是强势调整的表现，适合短线交易者介入。有些个股可能稍弱，均线死叉后又快速金叉，也说明调整结束，可以稳步加仓。

如图3-18所示，瑞和股份（002620）的股价波浪上行，有回调，导致两根均线靠拢，就在将要死叉的时候，股价再度拉起这说明短线调整结束，是多头强势的表现。5日均线和10日均线拒绝死叉是短线加仓的机会，交易者此时应果断介入。有时候行情稍弱，回调过大，但在产生死叉后又快速产生金叉时，也说明调整结束，交易者也可进场买入股票。

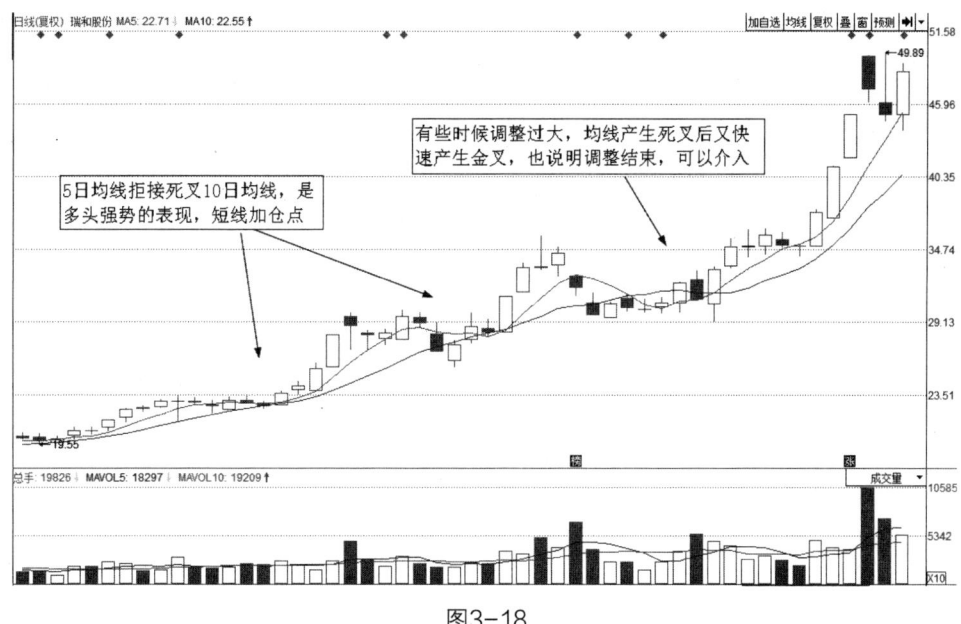

图3-18

在拒绝死叉的形态中，5日短周期均线可能会稍微向下跌破10日长周期均线，但只要幅度不大，该形态依然成立。

像5日短周期均线和10日短周期均线的组合有很多种，比如：10日和30日均线、5日和20日均线、5日和30日均线等，交易者可以在实战中不断寻找自己感觉比较有效的一组，加以利用。

三、多条均线上方买入定式

股价在中低位震荡的时候，均线逐渐靠拢，甚至黏合在一起，这说明不同时期的股民持股成本开始接近，有利于主力拉升。当股价以阳线突起，穿越多条均线，宣告庄家开始发动攻势，短线交易者正好趁机买进。这种股票大多是牛股，需紧紧抱牢。但是，这个方法只有买入信号，没有固定的卖出信号，一般来说，看交易者使用哪条均线，当股价跌破所使用的那条均线时，就可以卖出止盈了。

如图3-19所示，大连三垒（002621）的股价从低位横盘上行，多条均线逐渐黏合在一起，当股价站上多条均线时，显示出多头的超强实力，这是股价发动攻势的表现，配合成交量逐步放大的态势，交易者此时应果断买进，不可错失买进良机。

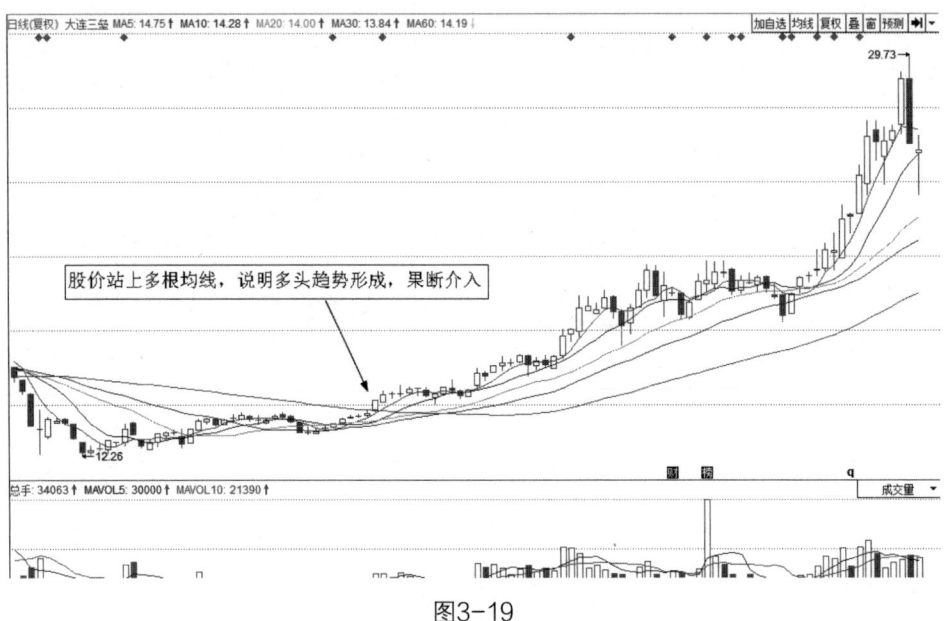

图3-19

如图3-20所示，亚玛顿（002623）的股价跌势渐缓，均线在低位逐渐黏合在一起，短线交易者可密切关注这种类型的股票，均线向上发散，股价站上5日、10日、20日、30日和60日均线，股价向上拉起，后市极具爆发力，交易者此时进场不仅安全，后市的上升空间也很大。

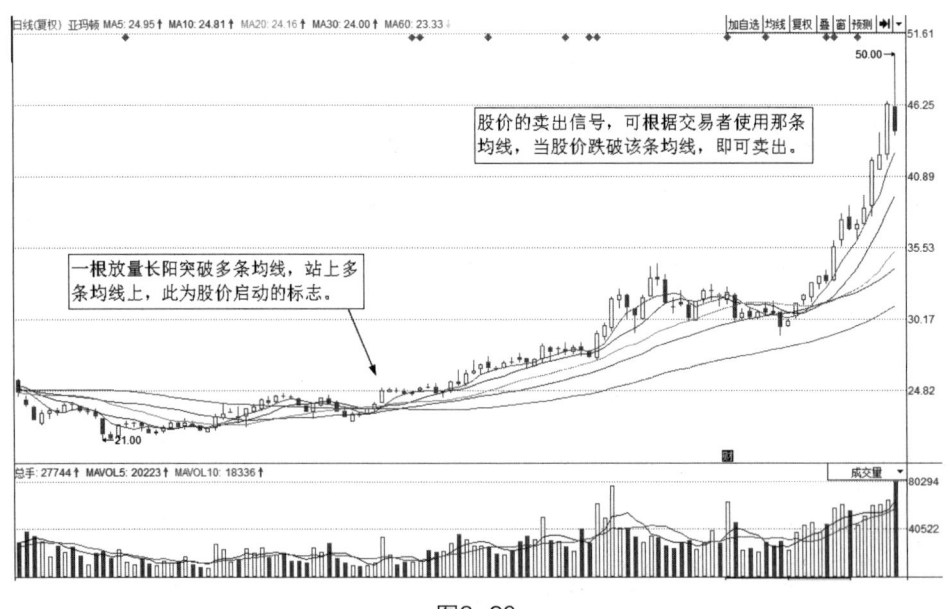

图3-20

第三节 突破点买入定式

一、突破高点买入定式

短线交易的特性决定了放量突破前期高点是我们要关注的重要参照指标，短线交易时，我们要关注那些买入就能上涨的股票，这才是能进入我们的操盘目标个股，其在技术上、题材上必定具备相当的特殊性。前期高点制约了股票的上涨局限性，放量突破前期高点才能释放出股票的上涨空间。

当股价突破前期高点时，说明股价将要开始新一轮的上攻，后市股价将会有进一步的上涨空间，是一种看涨信号。

当股价在上涨至前期高点附近时，如果能够放量突破，创出新高，说明股价将要在原来高点的基础上，再上一个台阶。此时交易者可以选择在突破当天或者第二天股价走强时买入。

股价在突破历史高位后，可能会出现回调走势，如果股价回调至前期高点价格附近止跌回升，那么交易者可以加仓跟进。

如图3-21所示，苏交科（300284）的股价经过回落后再一次上升，在回升到前一高点时，很轻松地放量越过开始回落的价位，这就说明股价开始新一轮的上攻，后期股价将会有进一步的拓展空间。

交易者在股价放量越过前一高点时买入。但要注意的是，股价不是在历史高位开始回落的，而是处于股价启动不久，或者是在上涨的中途回落的回升，另外股价越过前一高点时，必须能够放量。

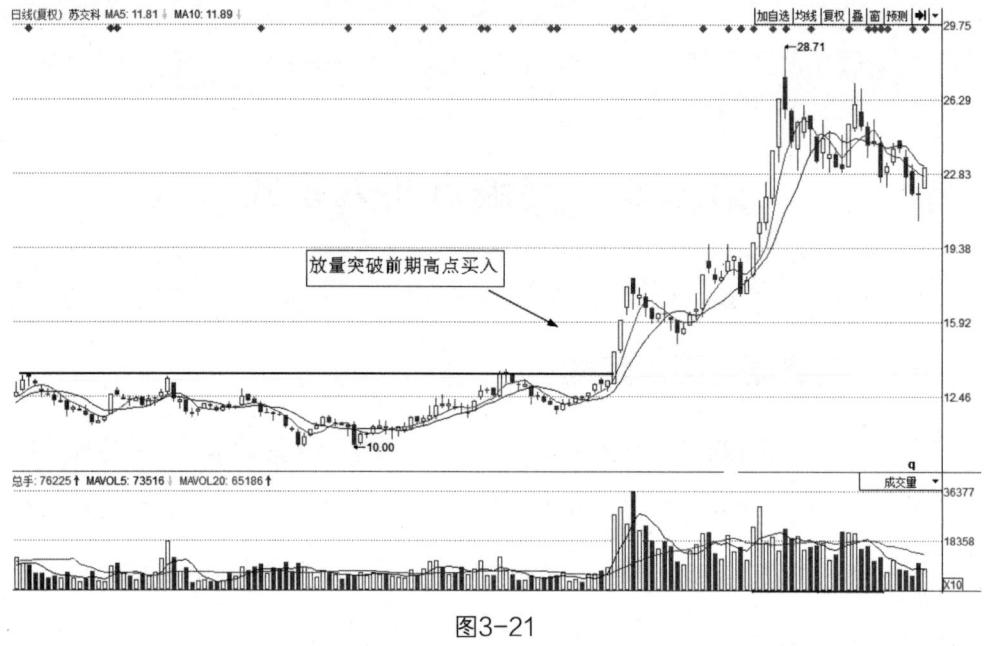

图3-21

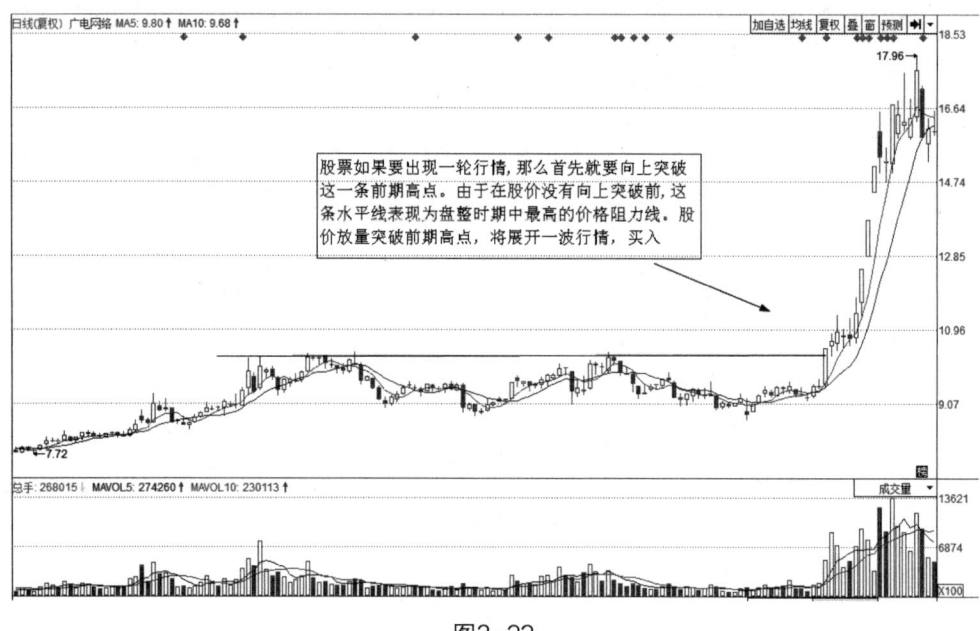

图3-22

如图3-22所示，广电网络（600831）股价长期未突破前期高点，受到前期高点的压制，如果广电网络要出现一波行情，那么首先就要向上突破这一条前期高点连成的直线。在股价没有向上突破前，这条直线表现为横盘盘整时期中最高的价格

阻力线。突破此线代表股价将结束底部吸筹阶段，将展开一波行情，坚定买进。

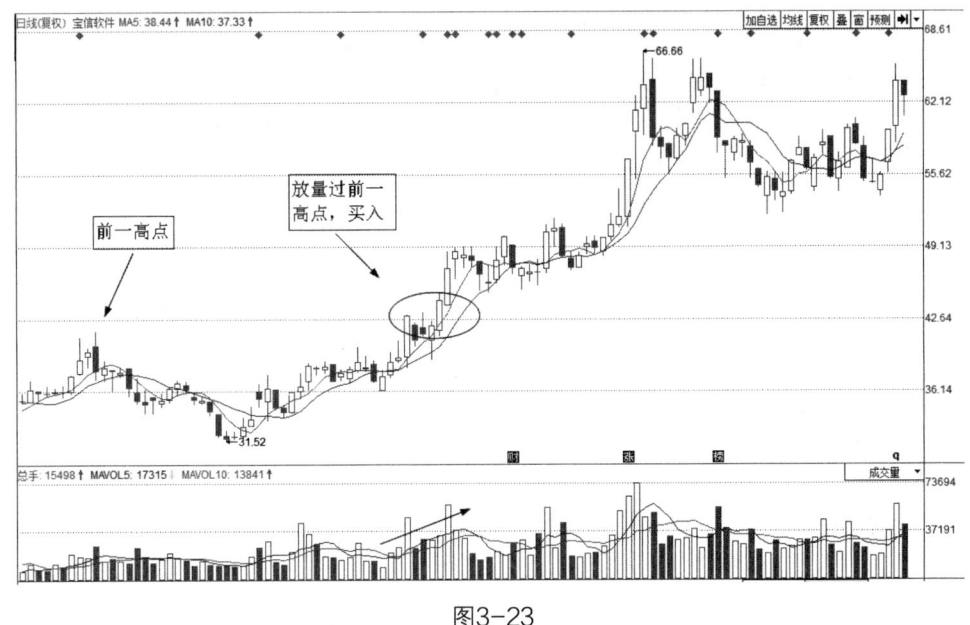

图3-23

如图3-23所示，宝信软件（600845）的股价在前一高点下跌后，开始企稳，随后迎来了一波反弹行情。在反弹接近前一高点时，受到阻力位的卖压回落，经过几天的盘整之后，股价又开始重拾涨势。从图中可以看到，股价在越过前一高点时，放量突破，说明这个突破是有效的，交易者遇到这种情况时，应该及时买入。

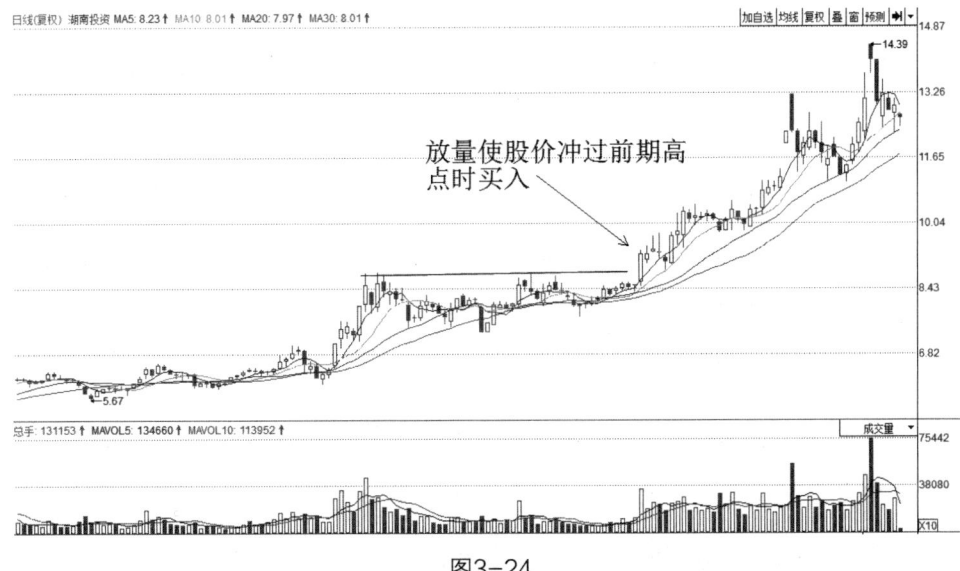

图3-24

如图3-24所示。一般来说，股价前期高点往往会成为以后上涨的重要阻力位，如果股价能够突破这一阻力位，则该阻力位就变成了未来股价的支撑位。因此，人们常把前期高点能否被突破看成能否创新高的依据。

常见的突破方式有两种：

一种是轻松越过前期高点，此时庄家已经建仓完毕，大部筹码已被锁定，浮动筹码极少，股价即可轻松越过前期高点。当出现几天的温和平量超过前期高点时，应积极买入，后市利润一定可观，如图3-25所示。

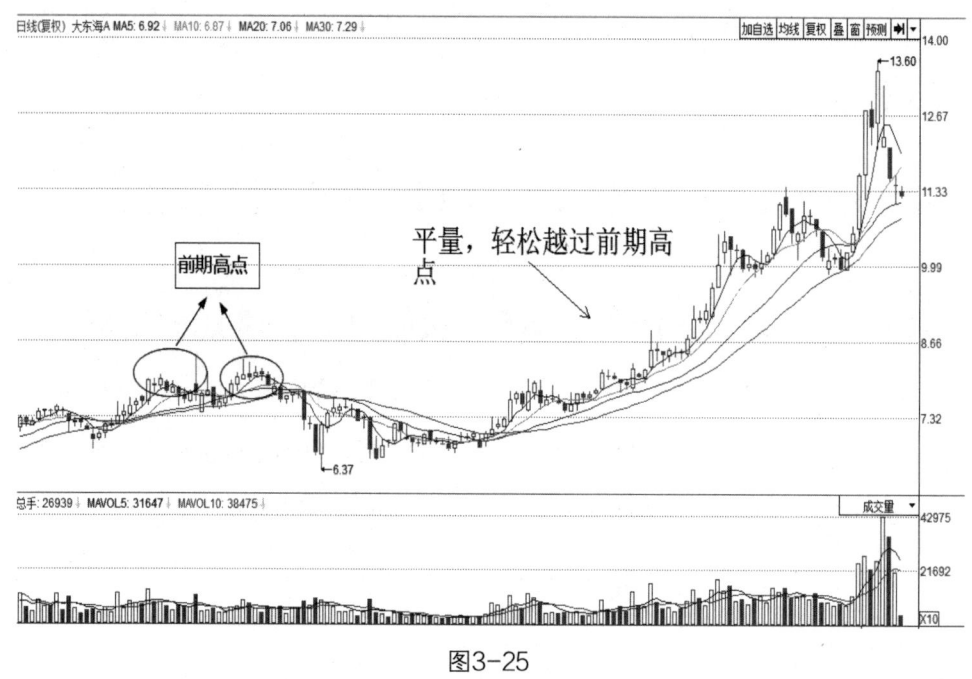

图3-25

另一种是放量突破前期高点。而庄家还没有建仓完毕，大部分筹码还未被锁定时，则需要通过巨大成交量使前期被套筹码解套并落入庄家囊中。通常来说，当出现巨量冲过前期高点时，应及时跟进。如图3-26所示。

利用此方法时应注意：

（1）此处所指的巨量应该是近几个月内或半年内出现的最大成交量。

（2）冲破前期高点阻力位可以是单根放巨量的大阳线，也可以是温和放量的几根阳线，总之在冲过前期高点时应有成交量的配合。

（3）如果股价冲过前期高点后成交量反而萎缩，应小心庄家利用拉高来派发筹码，当股价很快又跌回前期高点之下时应止损出局。

（4）离现在的时间越近的高点阻力越大，越远的阻力越小；股价以前受阻次数越多或阻力越大的高点，突破该阻力位后的意义越大。

（5）一旦确认股价有效突破前期高点就应果断跟进，一般而言，其后续上涨快速，偶有回抽，也是买入时机。

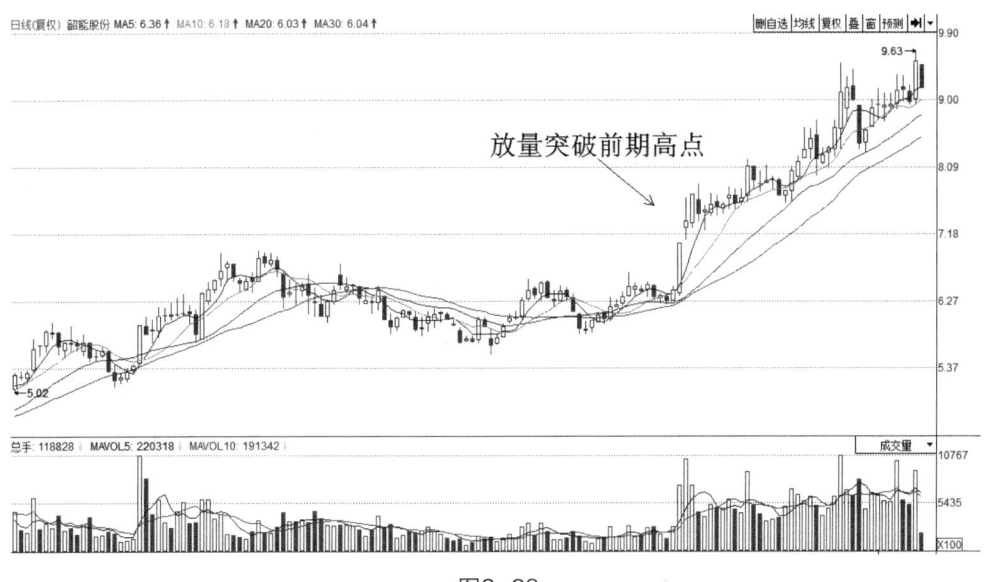

图3-26

二、突破箱体买入定式

如图3-27所示，乔治白（002687）的股价运行在上升趋势中，上升途中的箱体震荡整理是强势调整的特征。也有的交易者在箱体的时候就先行进去潜伏，这对于短线交易者来说不合适，因为难保股价不向下破位，且时间难以确定，最好还是等股价向上突破确认时买进，才能高效省时赚取利润。

股价经过一段时间的横盘震荡走势，盘中多空双方力量对比出现明显差距时，就是股价方向出现选择的时候，如果多方占据主动，那么股价将会在多方力量的推动下，向上突破盘整区间，进入上涨走势。

需要注意的是，突破箱体时最好是大阳线，而且伴随有成交量放大的情况。

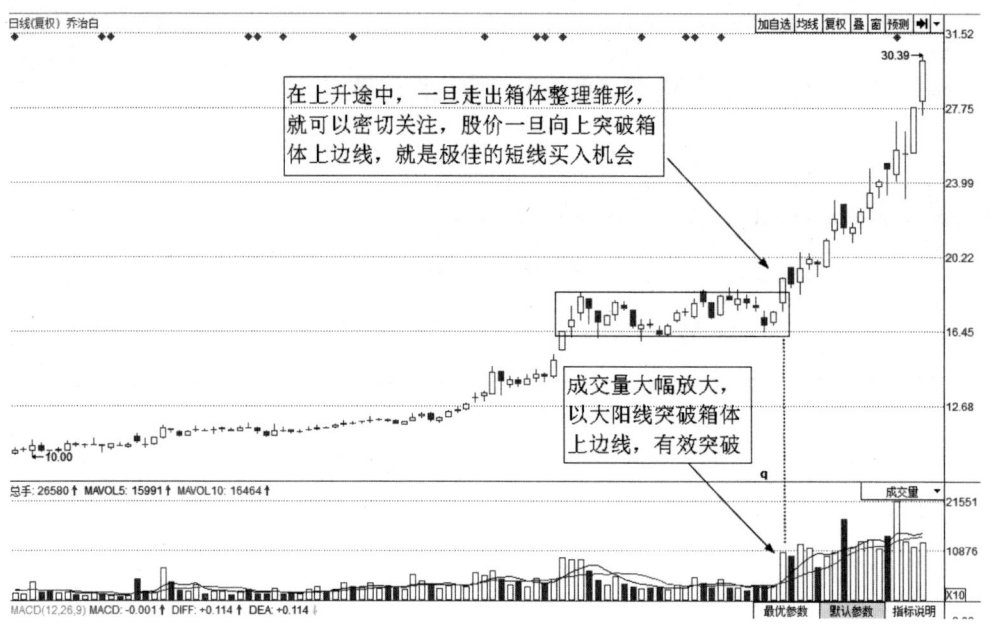

图3-27

放量突破箱体上沿买入，属于突破性买入法。当股价放量突破盘整区间时，交易者可以在突破当天就进场买入，也可以在下一交易日，股价再次走强时买入。

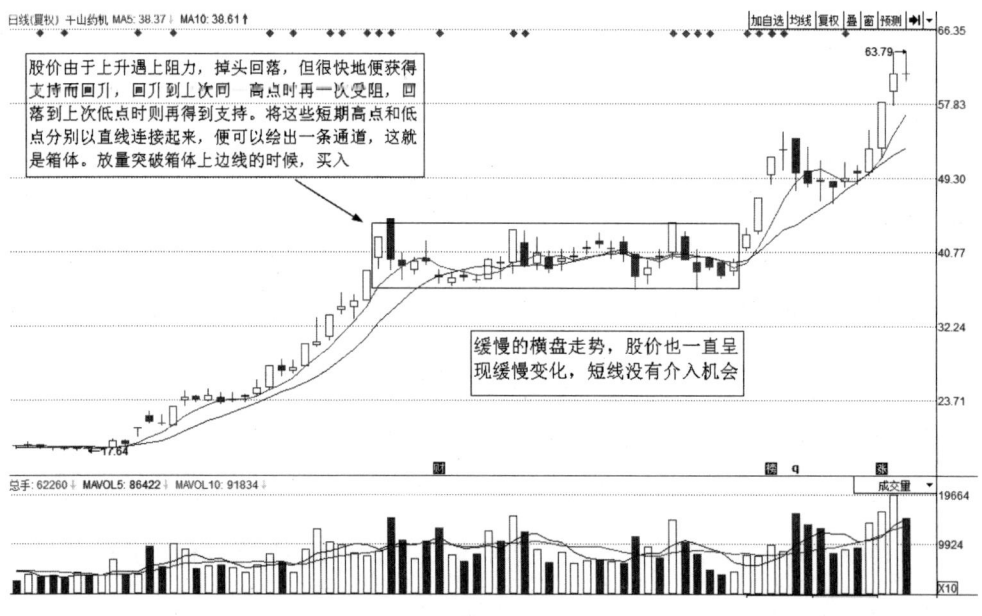

图3-28

　　如图3-28所示，千山药机（300216）股价在上涨图中，横盘震荡一个多月，形成了一个箱体形态，股价在两条平行线之间上下折腾，横向发展。经过蓄势整理后，以涨停板突破箱体，走势非常强势，意味着横盘整理走势结束，进入上升走势中，这是一个起涨点，而且股价因为经过了长时间的横盘整理，蓄势充分，放量大阳线突破箱体上边线的时候，后市通常会有较大的涨幅。

　　股价在形成突破箱体走势后，可能出现回调，也可能不出现回调走势，所以交易者不要苦等回调点的出现，而错过了上涨行情。

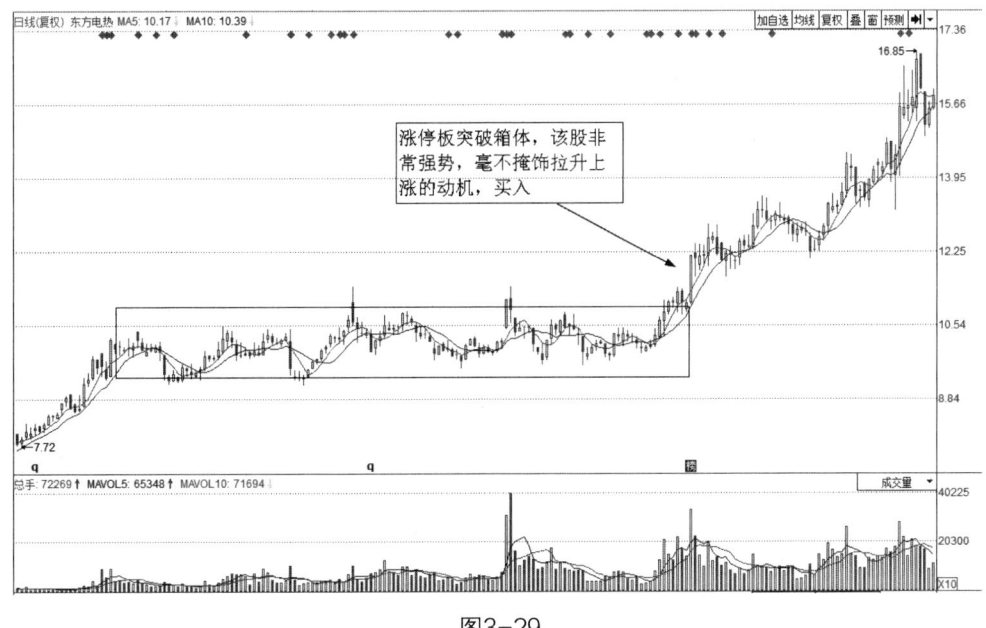

图3-29

　　如图3-29所示，东方电热（300217）经过长达4个月的横盘震荡整理，K线在运行过程中形成一定的价格区域。股价在一定的范围内波动，这样就形成一个价格运行的箱体。当股价跌落到箱体的底部时会受到买盘的支撑，当股价上升到箱体的顶部时会受到卖盘的压力。一旦股价有效突破原箱体的顶部，股价就会进入一个新运行态势中。股价放量大阳线突破箱体顶部，此时是买入点。

　　需要说明的是，像东方电热（300217）这类长时间低位徘徊，当箱体振荡以大阳线突破时，很少有再回到箱体内的情况，因为在较长时间的箱体振荡中，已经达到了充分的换手，筹码已经相当集中，这说明庄家将来可盈利的筹码越多，其志在长远。

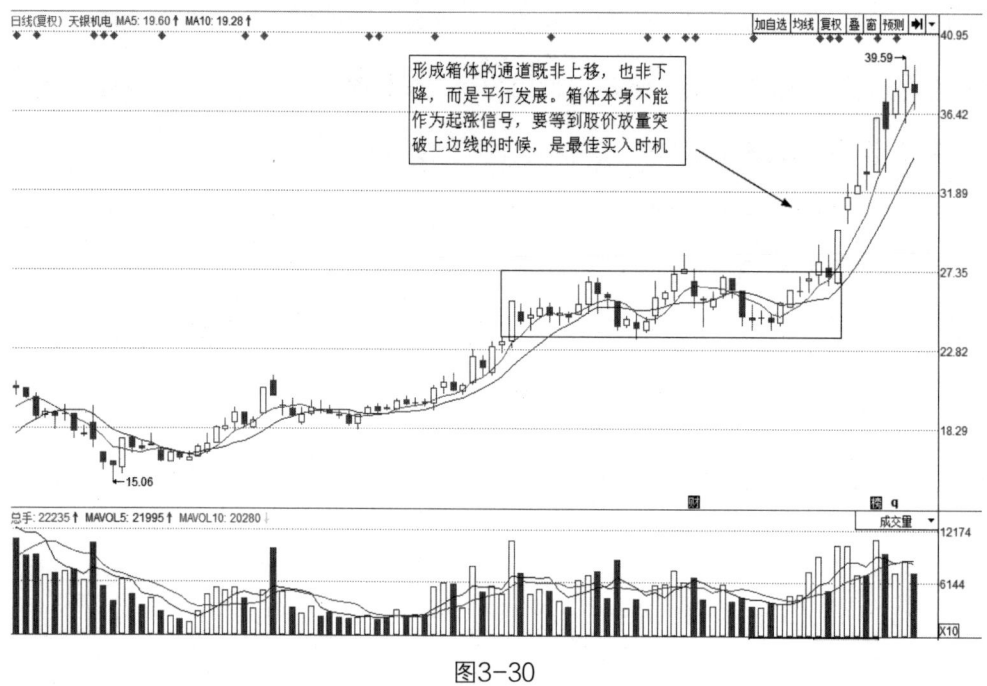

图中文字：形成箱体的通道既非上移，也非下降，而是平行发展。箱体本身不能作为起涨信号，要等到股价放量突破上边线的时候，是最佳买入时机

图3-30

如图3-30所示，天银机电（300342）的股价在上下两条水平线之间变动，形成箱体。放量大阳线突破箱体上边线的时，是买入信号。

放量突破箱体上沿买入有以下特征：

（1）横盘之前有过强势上涨。

（2）横盘的时间越长，以后涨幅越大。

（3）放量突破的量越大，突破的真实性越可靠。

如图3-31所示，盾安环境（002011）经过长达两个多月的横盘震荡整理，横盘时间越长，后市涨幅越大，股市中有句话"横有多长，竖有多高"。放巨量突破箱体上沿，说明突破有效，突破的真实性可靠，可果断买入。

如图3-32所示，东方海洋（002086）横盘调整时间长达两个多月，平台调整的时间越长，后面的升幅越大。堆量突破，甚至是涨停突破为再次启动的标志，果断买入。

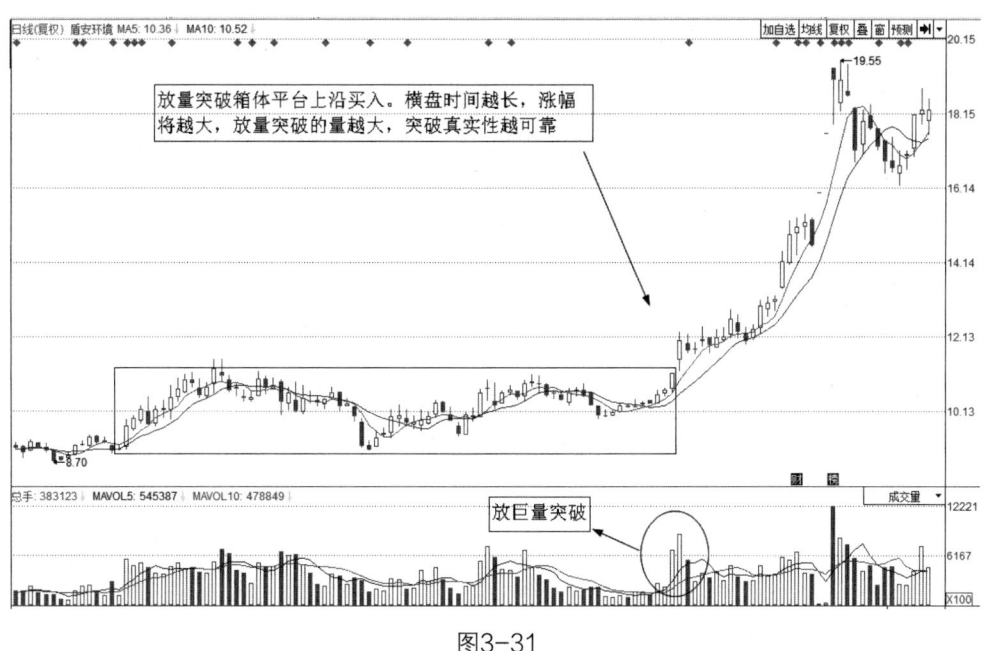

图3-31

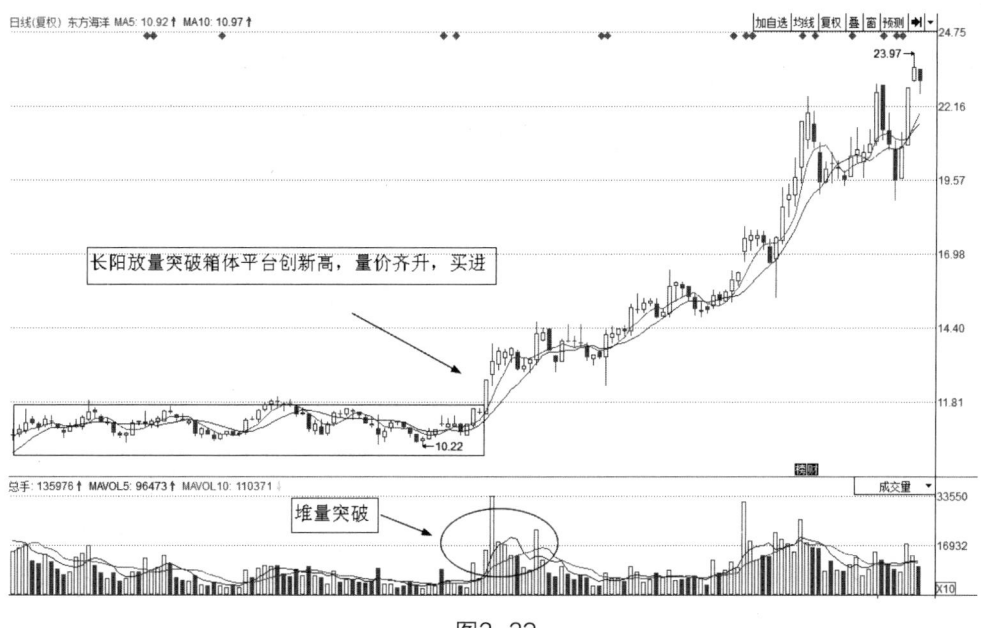

图3-32

放量突破箱体上沿买入，这是一种较为常见的类型，同时也具有欺骗性，如果这种类型的走势能够得到板块的呼应，其买卖价值就会大大增加。箱体平台的走势特征是股票前期的整理较为充分，放量突破箱体上沿后，将加速上升或步入

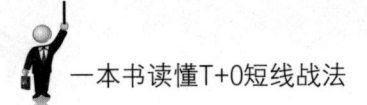

波段主升浪。前期箱体平台整理充分，一般要求个股的平台整理时间达到30个交易日以上，调整的过程以横向调整为主，没有出现大的涨幅。

由于这种箱体上沿突破具有欺骗性，因此我们在买卖的过程中，要小心谨慎，买入前要分析其涨幅、前期高位形成的阶段阻力位，突破失败同时要做好短线止损的准备，因为很可能会出现一种情况，就是我们买入之后，股价回落，会继续进行箱体平台调整，这时候我们就会被套其中。不过一般情况下，这种情况被套的幅度也不会太大，而且一般都有解套的机会。

从放量突破箱体上沿买入的名称上来看，当然首先要有箱体的整理平台；其次，突破要有量能的配合，在突破拉升的过程中，量能要有效放大。

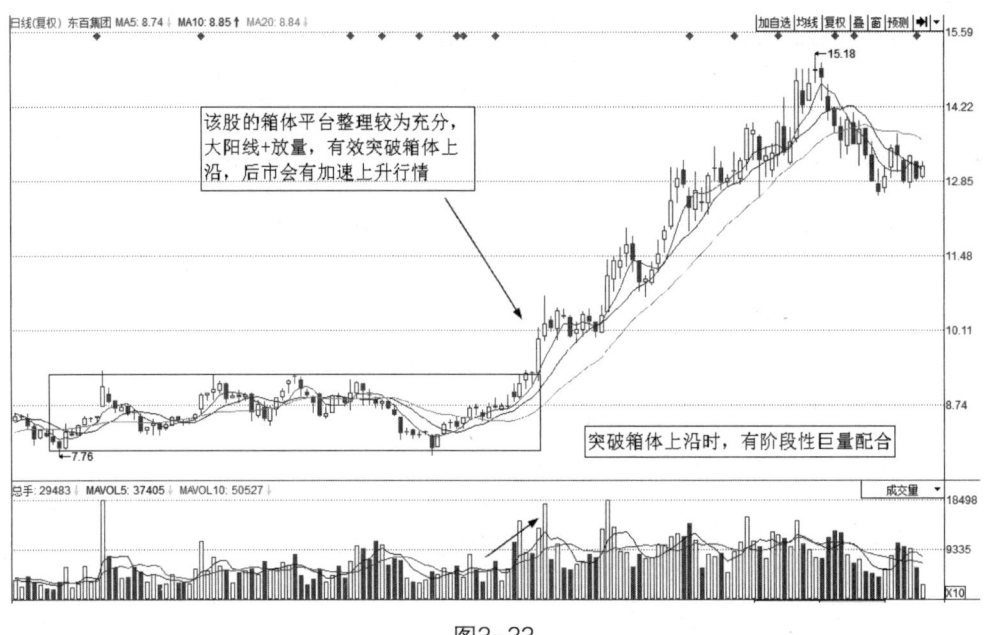

图3-33

图3-33是东百集团（600693）的日K线走势图，该股在箭头处出现放量大阳线的走势，形成了非常典型的放量突破箱体上沿买入特征，在这里我们注意到一个突破背景，即突破该股为期近3个月交易日的调整走势。箭头处放量+大阳线的走势，不仅仅是对箱体平台的突破，同时也是对历史最高价位的突破，量能的有效放大说明了这种突破的有效性。

通过对东百集团（600693）放量突破箱体上沿走势的分析，我们基本上可以得到两点体会：

首先，从买卖的角度看，伴随着量能的有效放大，这种突破意味着庄家操盘节奏的突然加速，后面的行情走势会继续提速，此时我们要及时果断买进。

其次，在判断这种突破是否有效时，我们要将股票放在特定的时空背景之中进行分析，防止假突破具有的欺骗性，突破的有效性判断有一定的难度。对于个股行情出现的突破，我们要尽可能从多角度、多个方面进行分析，找出能够支持行情继续向前的理由。

三、三角形买入定式

三角形整理形态是指股价K线图出现类似一个三角形的走势，是一种中继形态，三角形整理形态可分为上升三角形、下降三角形和对称三角形。

当股价运行至某价格区间后开始震荡回调，如果震荡回调的高点不断的降低，低点也在不断地抬高，将各个高点和低点分别进行连线，就形成了对称三角形；如果震荡的高点始终保持在一个水平线上，而低点不断抬高，那就形成上升三角形；如果震荡的低点保持在一个水平线上，而高点不断的降低，那就形成下降的三角形。

当股价突破三角形整理形态的上边线，说明整理走势结束，股价将要进入上涨走势，此时交易者可以进场，买入股票。

如图3-34所示，神农大丰（300189）的股价运行在上涨走势中，出现对称三角形的走势，该股股价向上突破该三角形整理形态的上边线时，说明股价的整理走势结束，将要延续之前的上涨走势，继续向上运行，买点出现。

如图3-35所示，嘉宝集团（600622）的股价在上涨后进入整理阶段，且在震荡整理的走势中形成上升三角形的形态，当该股股价向上突破上升三角形整理形态时，预示着震荡整理走势的结束，股价将要延续之前的上涨走势运行，果断买进。

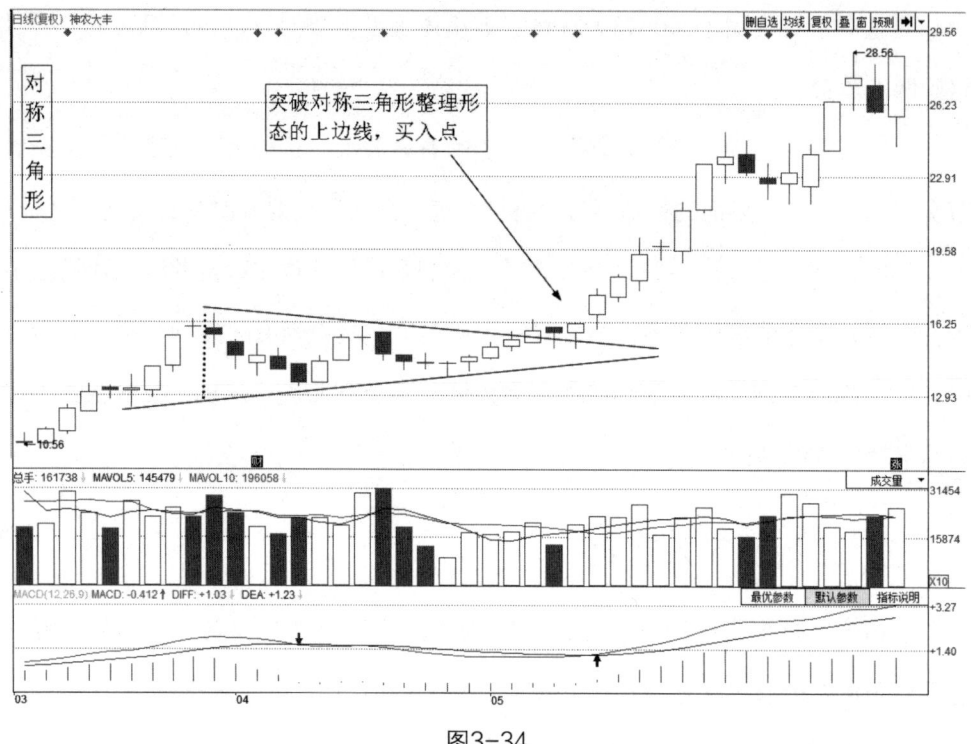

图3-34

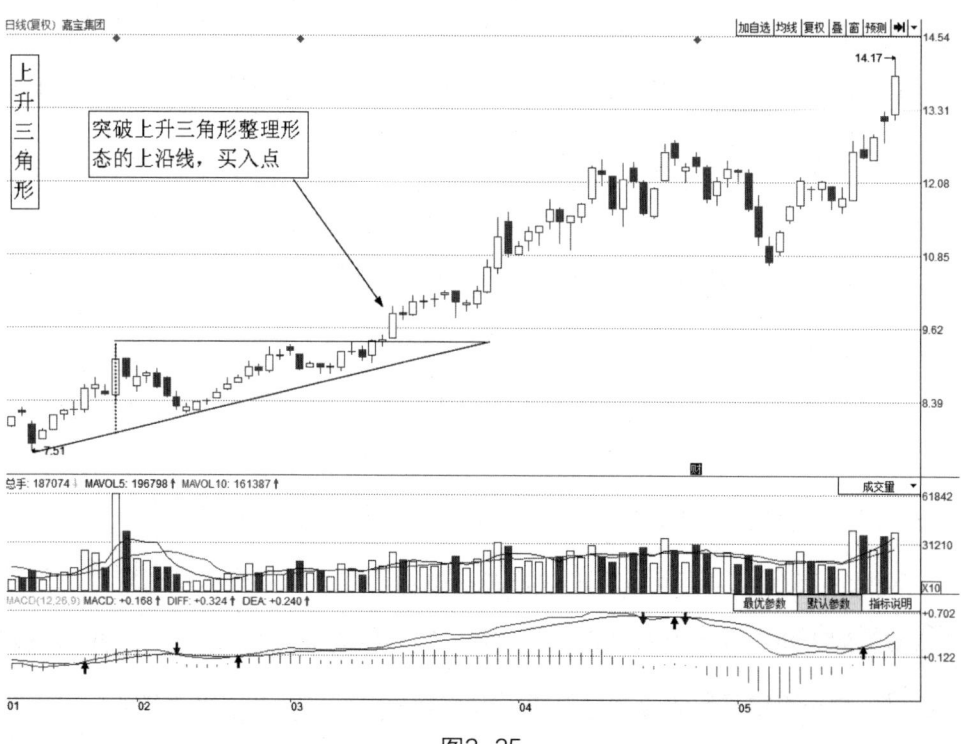

图3-35

在三角形整理过程中，成交量通常会萎缩，最后在三角形末端，如果股价被强势拉起，突破三角形上边线时，短线交易者可积极跟进买入股票。

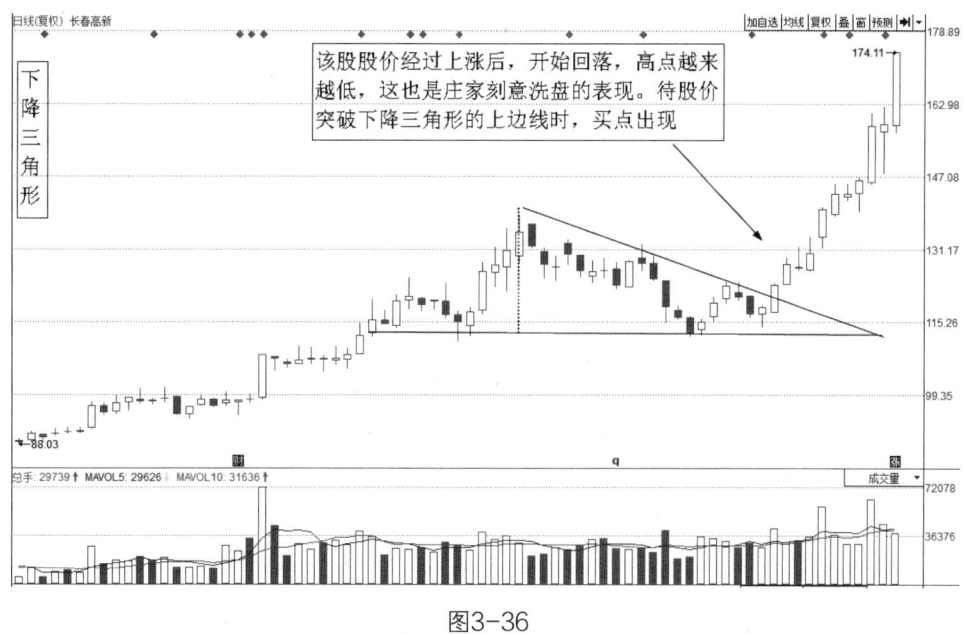

图3-36

如图3-36所示，长春高新（000661）的股价经过一波上涨后，开始回落，高点越来越低，但低点基本相同，这说明逢低有较强的承接盘，这也是庄家刻意洗盘的表现。经过约4个星期的震荡洗盘后，该股走出了一个下降三角形形态，可密切关注，待股价突破下降三角形的上边线时，表明调整结束，后市将进入下一波拉升中，短线交易者可积极买入参与。

四、楔形买入定式

楔形形态是股价在整理过程中，将阶段高点和阶段低点进行连线，两条线的方向相同但是角度逐渐收缩，就像楔子一样的形态走势。K线走势逐步下降的楔形整理形态，是"下降楔形"。K线逐步升高的楔形整理形态，是"上升楔形"。

楔形，也是一种中继形态，当楔形整理形态结束后，股价将要延续之前的上涨或者下跌走势，继续运行。

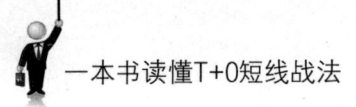

使用技巧：

当股价向上突破楔形整理形态的上边线时，表明整理走势结束，股价将要进一步上涨，发出看涨信号，此时交易者可以积极进场买入股票。

当股价向下跌破楔形整理形态的下边线时，说明整理走势结束，股价将要进入下跌走势，发出看跌信号，此时的交易者应该及时清仓离场，持币观望。

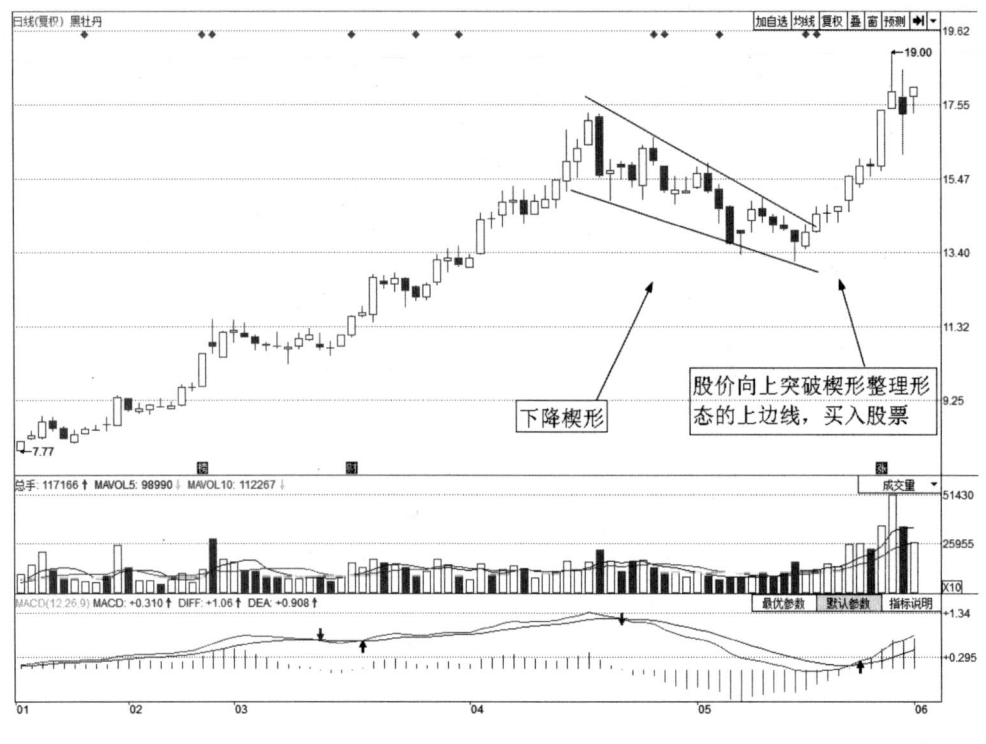

图3-37

如图3-37所示，黑牡丹（600510）处于上涨趋势中，股价途中出现了回调整理的走势，形成了一个下降楔形的形状。交易者可待该股股价向上突破楔形整理形态的上边线时，果断买入股票。这预示着股价的回调整理走势将会结束，股价将会继续沿着原来的上涨走势运行。

与三角形整理形态类似，在楔形整理形态中，当股价向上突破上边线时，也需要得到成交量的配合才能够视为有效突破，才是安全有效的买进信号。

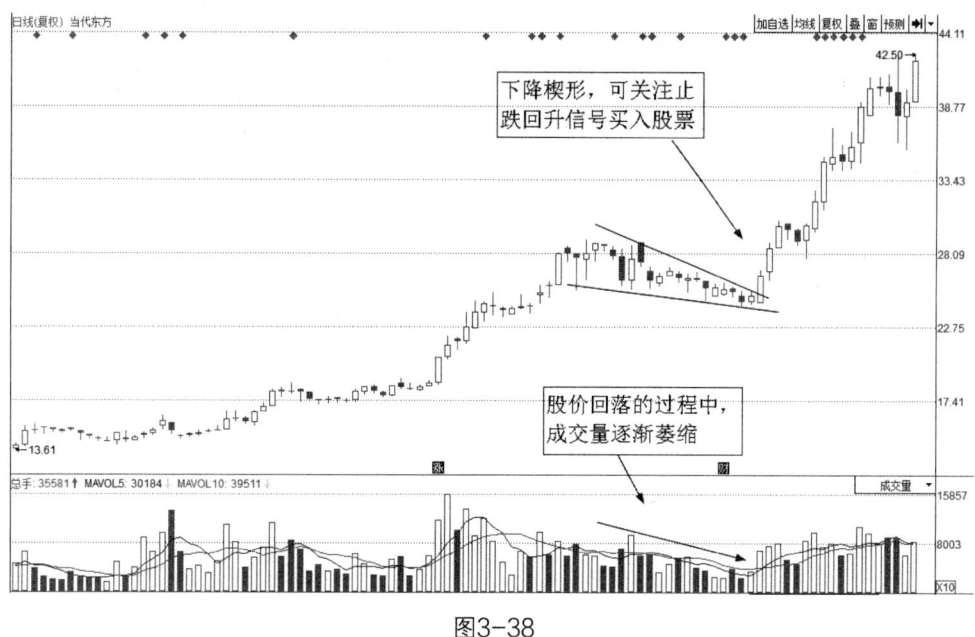

图3-38

如图3-38所示，当代东方（000673）的股价在一波拉升后开始震荡回落，由于这波上涨幅度不大，后市的回调很可能是洗盘，这从回调过程中的成交量可以看出端倪。在回调的过程中，成交量逐渐萎缩，是洗盘的特征。在回调的末端，我们可以看出该股形成一个楔形形态，此时我们要关注股价的异样波动，此后该股以大阳线拉起，突破楔形上边线，表明调整结束，短线交易者可以适当进场。

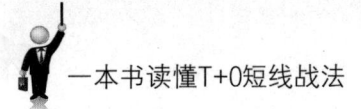

第四节　调整点买入定式

一、回调位买入定式

回调位买入和前面的放量突破前期高点买入、放量突破箱体上沿买入有一些区别。

首先，买入的位置不一样。放量突破前期高点买入和放量突破箱体上沿买入主要是发生在股价上涨初期和上涨过程中。回调位买入是发生在放量突破箱体上沿之后。

其次，放量突破前期高点买入和放量突破箱体上沿买入属于突破前期压力位买入法，爆发力强，股票在放量向上突破压力位的时候买入。而回调位买入相对来说属于支撑位买入法，安全保守，止损空间小。

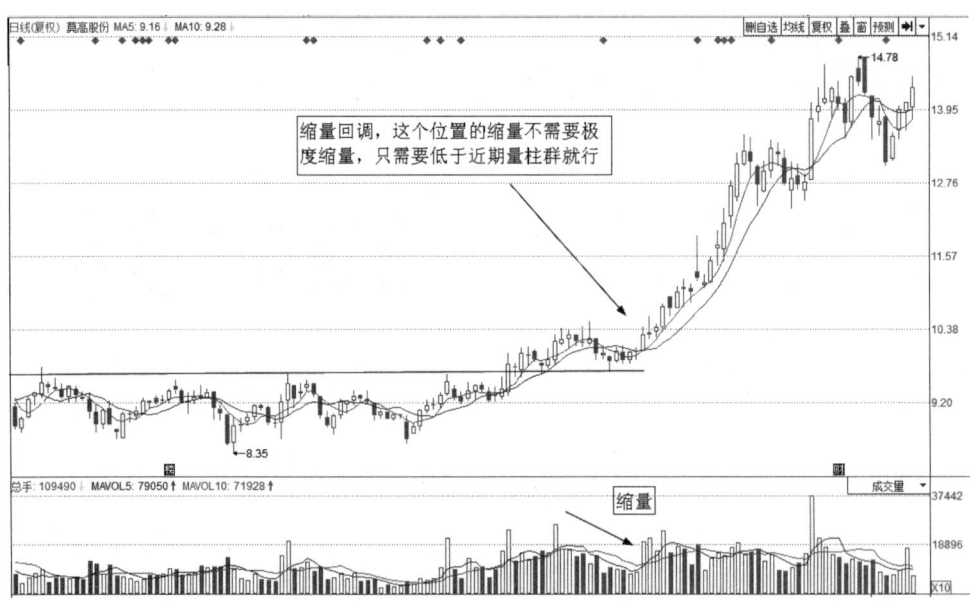

图3-39

如图3-39所示，莫高股份（600543）经过长期横盘盘整时，随着股价的上升，突破箱体后，股价并没有延续升势，回落整理，成交量缩量回调至箱体上沿线，可等5日均线金叉10日时买入。

有些股票突破后并不直接拉升，而是回调，测试回调有效后再拉升，这个回调的动作就给了交易者短线切入的极佳机会。

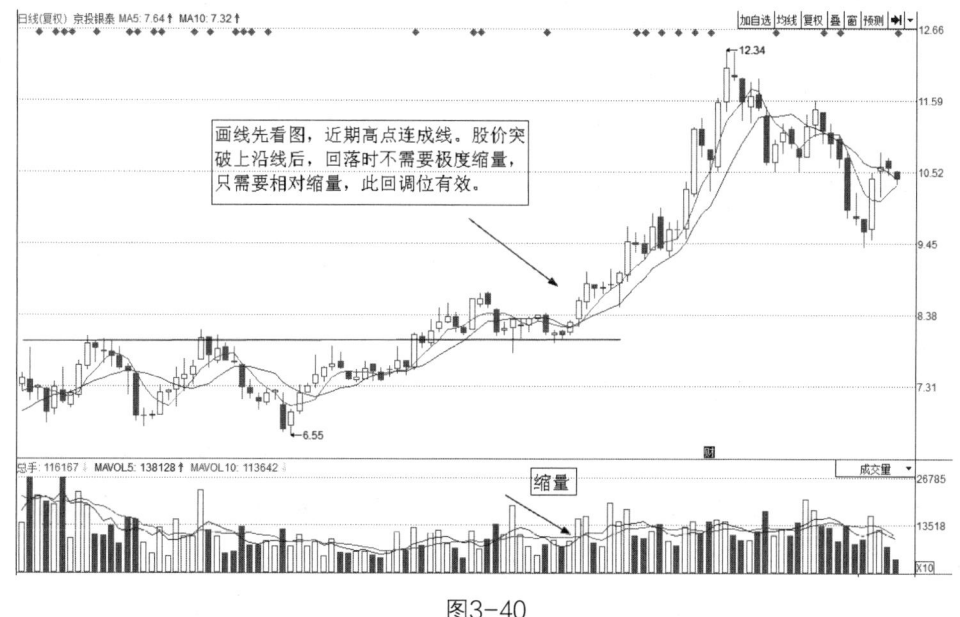

图3-40

如图3-40所示，京投银泰（600683）的股价突破横盘震荡区域时，该股此后并没有延续升势，反而回落整理，大家可清楚地看到回落的低点就在支撑线上，完全没有破位，支撑有效，短线交易者可抓住机会吸纳。另外该股小幅回落的过程中，成交量是明显缩量萎缩的，这说明筹码稳定，后市无忧，更增添了吸纳的安全性，符合买入信号。

如图3-41所示，上海石化（600688）放量突破上沿线后，回调缩量，等5日均线金叉10均线时买入。

回调位买入是指对一个图形或形态的突破之后，股价回落重新回到突破前的位置，对趋势改变或突破位置进行确认，说明庄家操盘比较谨慎，庄家一般目的是试探市场抛压盘和承接盘，来确认突破后的有效性。

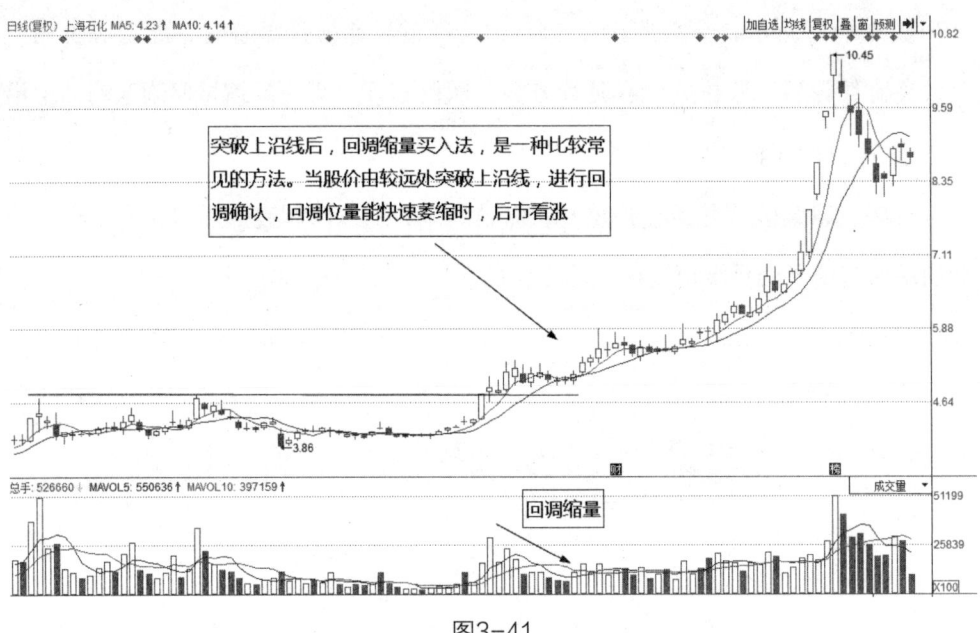

突破上沿线后，回调缩量买入法，是一种比较常见的方法。当股价由较远处突破上沿线，进行回调确认，回调位量能快速萎缩时，后市看涨

回调缩量

图3-41

二、海底捞针买入定式

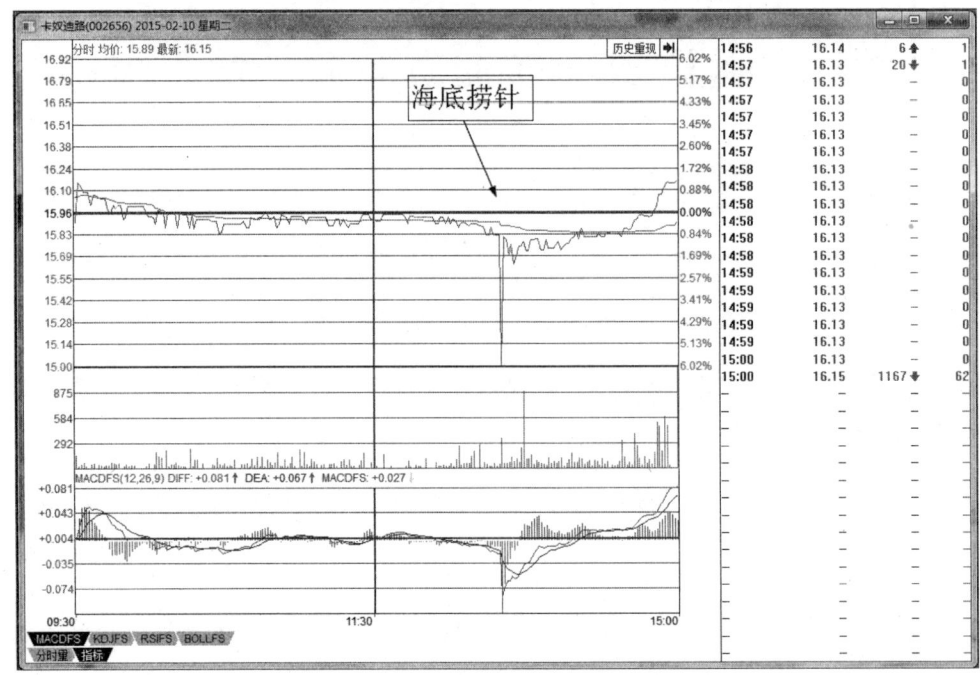

海底捞针

图3-42

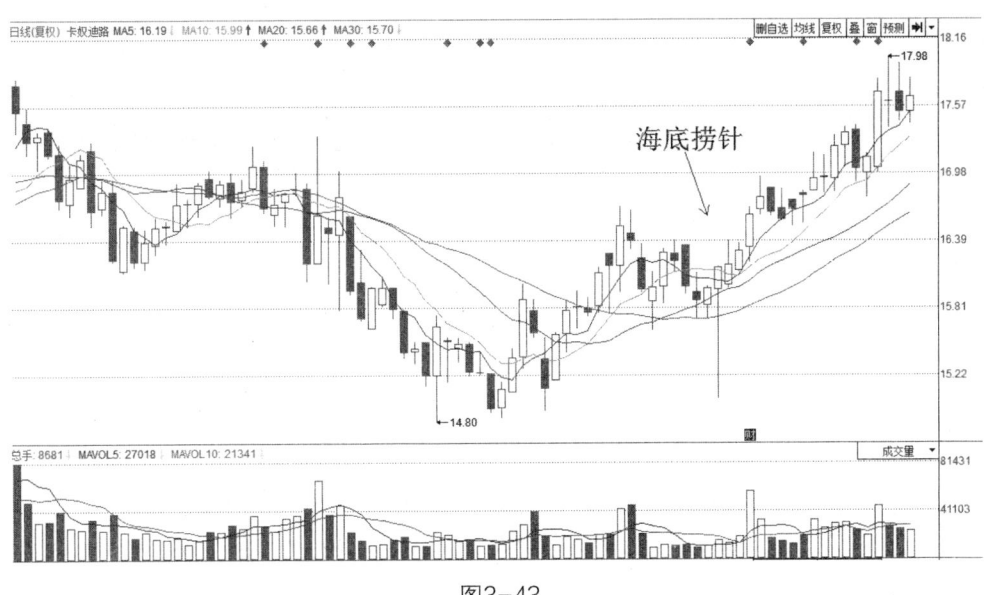

图3-43

某只股票在上涨的过程中或在相对低位时，股价突然莫名其妙快速下跌，但之后又被迅速拉起，这种走势在日K线图上会留下长长的下影线。

如图3-42和3-43所示，卡奴迪路（002656）从K线图上可以看到，在股价相对低位上，股价突然快速下跌，并且连续击破几个技术支撑位。股价快速下探后，又迅速被拉起。结合此时股价K线走势图来看，股价属于低位上涨阶段，而非处于股价上涨的高位，因此可以判断，这不可能是庄家在出货。那么，出现这种情况有两种可能：

（1）吃掉委托挂单止损。庄家为了清洗盘中积累的短线获利筹码，采用故意打压股价的手段将股价快速打压下去，从而将这些短线获利筹码震荡出局，这是庄家洗盘时常用的一种手法。

（2）庄家为了测试自己的控盘程度，通常会采用这种故意打压的手段将股价迅速打压下去。

因此，投资者在看盘的过程中，发现这种类型的个股时，就可以果断进场操作，这是短线操作的最佳买点。但要注意一点，那就是，此时股价不是处于高位区域。

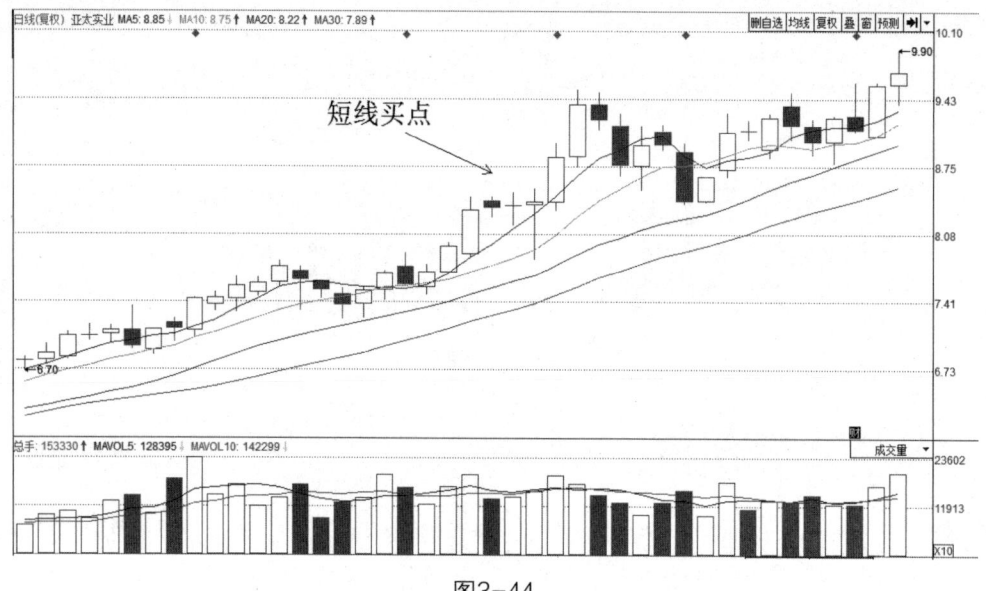

图3-44

如图3-44所示，亚太实业（000691）和上面所说的例子一样，在股价上涨过程中出现这种海底捞针的现象。不同的是，该股庄家比较温和，盘中直接快速地把股价打压下去，随后慢慢地拉升上来。

三、底部长阳买入定式

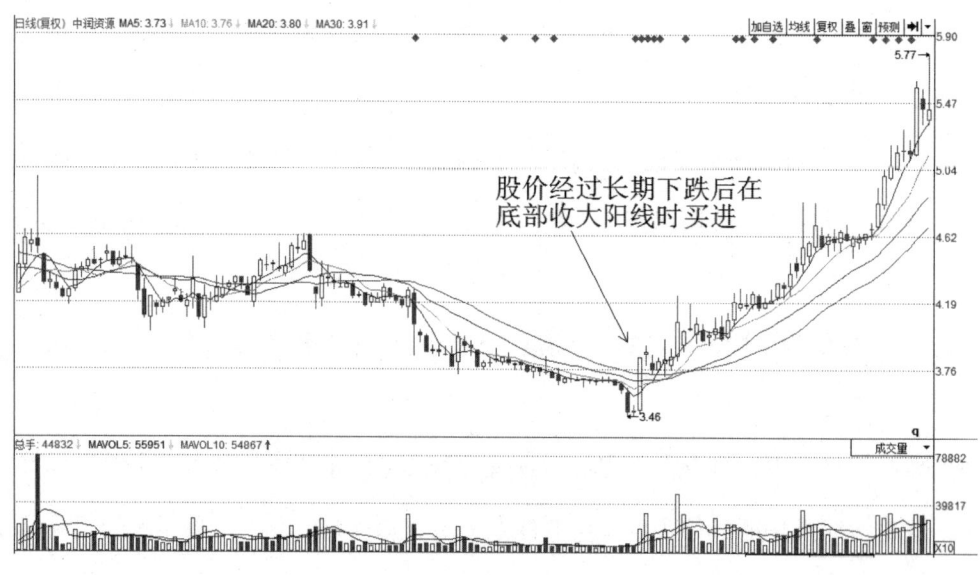

图3-45

　　如图3-45所示，中润资源（000506）股价在经历一波长期下跌之后，在底部突然出现一根长长的大阳线，这根大阳线将前4天的四根阴线全部收复，这种形态称之为覆盖线，也是股价止跌反弹的信号。特别是这种长期跌的股票，出现这种走势，至少会迎来技术性的反弹。所以，短线交易者可以趁这个机会进场参与短线操作。需要注意的是，交易者要密切关注盘中的动态，一旦反弹无力，就立刻了结，不要有恋战的心态。

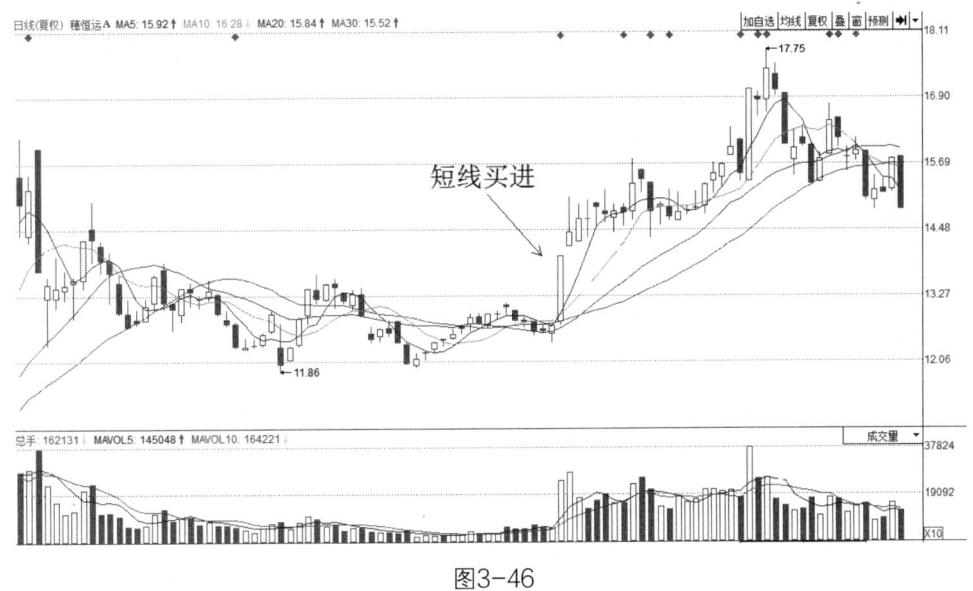

图3-46

　　如图3-46所示，穗恒运A（000531）股价在经历了一波长期下跌之后，在低位收出了一根大大的阳线，并且成交量也巨量放大，出现这种走势，说明有资金在运作。短线交易者可以在收出大阳线的当天收盘前几分钟买进，一般来说第二天还会有个冲高的过程。如果第二天冲高过程中卖压过重，股价上涨受阻的话，就立即获利出局。

　　如图3-47所示，江铃汽车（000550）股价在前期有一波大跌，有一天在低位突然出现光头光脚的大阳线之后，短线交易者可在当天收盘前几分钟，趁机买入进场，一般来说第二天还会有个冲高的过程。如果第二天冲高过程中股价能够坚定地走强，那么后势依然会有上涨空间，短线交易者可以继续持股不动。

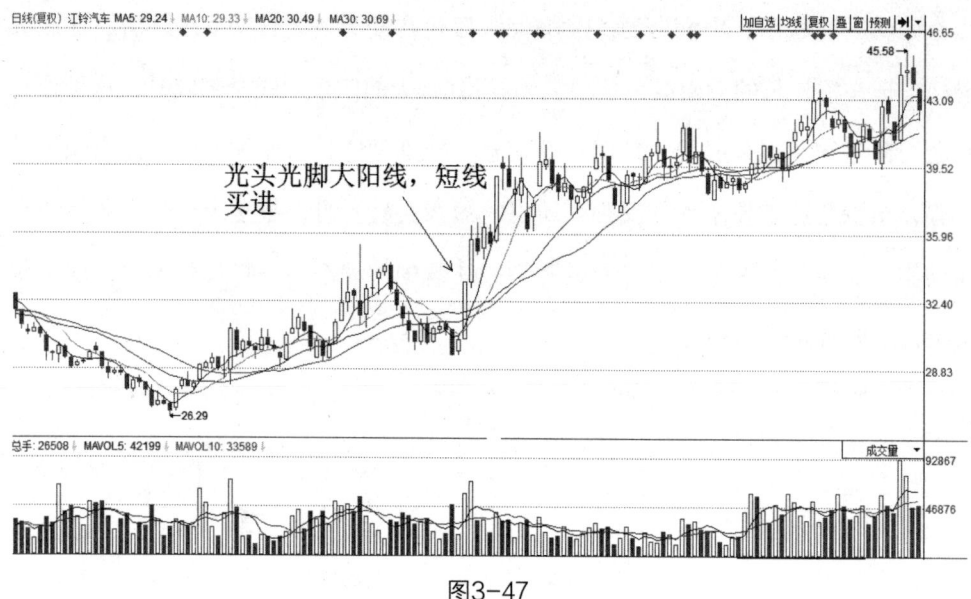

光头光脚大阳线，短线买进

图3-47

四、双重底买入定式

双重底也称W底、双底，是股票价格连续两次下跌的低点大致相同时形成的形态，一般出现在下跌末期，预示着行情即将见底回升。如图3-48所示。

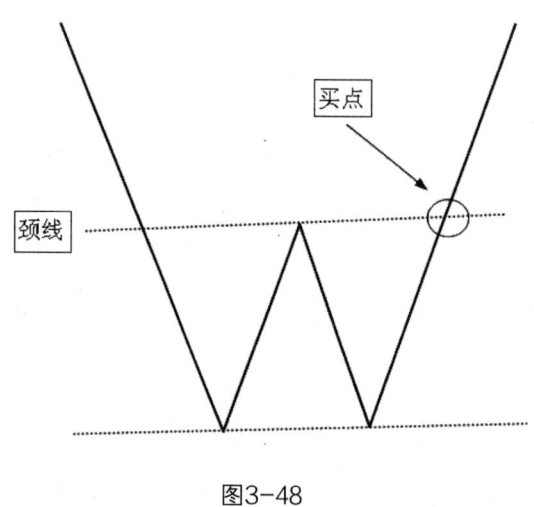

图3-48

双重底形态的形成是由于股票价格长期下跌后，一些看好后市的投资者认为价格已经很低，具有投资价值，买盘积极，股价自然回升。但是这样会影响庄家吸纳低价筹码，所以在庄家的打压下，股价又回到第一个低点附近位置，第一个低点对股价形成支撑位。

双重底形态内有两个低点和两次回升，从第一个高点可以绘制出一条颈线，价格再次向上突破时，必须伴随成交量的放大，双重底才算正式完成。如果向上突破不成功，冲高下落回调，在前面两个低点附近企稳回升，则形成三重底，超过三次下探并回升，则形成多重底，无论三重底还是多重底，其道理与双重底基本相同。如图3-49所示。

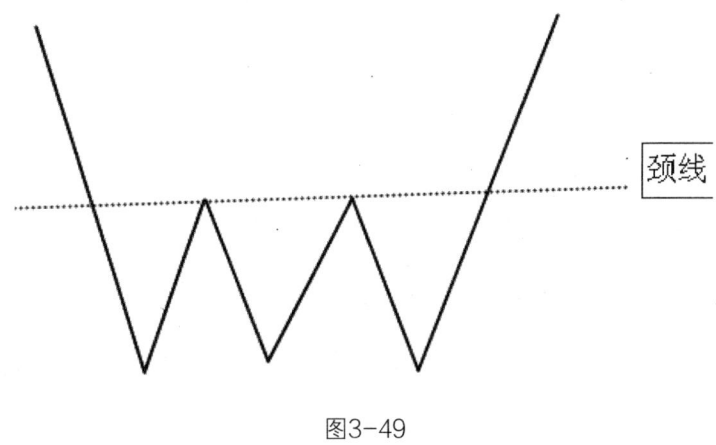

图3-49

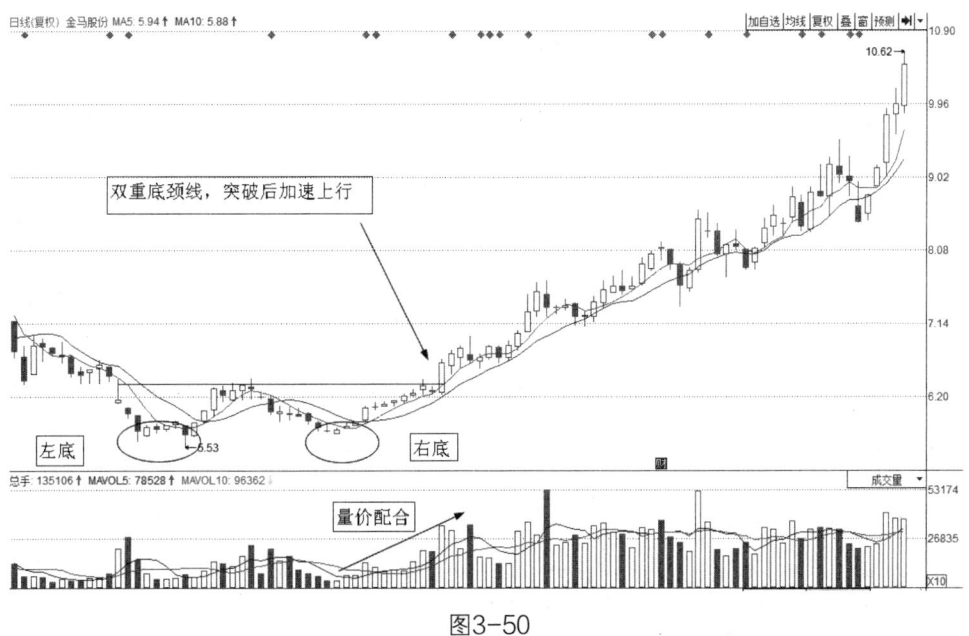

图3-50

图3-50是金马股份（000980）的日K线走势图，该股一路下跌探底，在下跌到5.53元附近之后，成功完成两次探底，形成标准的双底形态。股价在右底逐步上升，成交量也逐步放大，最终，放量突破双重底颈线，标志着双重底形态的成立。此后股价在双重底依托下强势上行。

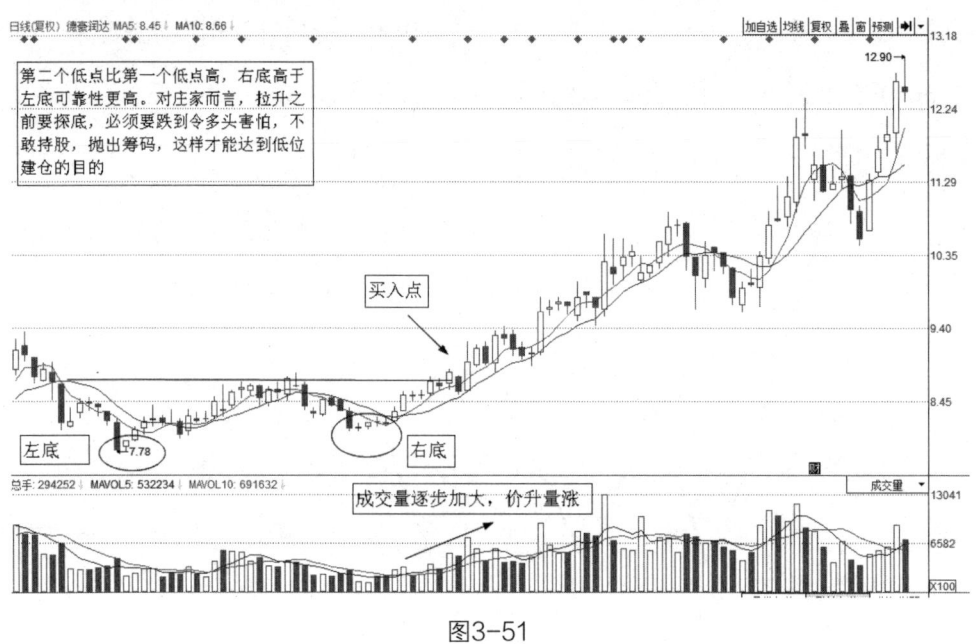

第二个低点比第一个低点高，右底高于左底可靠性更高。对庄家而言，拉升之前要探底，必须要跌到令多头害怕，不敢持股，抛出筹码，这样才能达到低位建仓的目的

买入点

左底　7.78　右底

成交量逐步加大，价升量涨

成交量

图3-51

图3-51是德豪润达（002005）的日K线走势图，该股股价一路下跌，在7.78元初步企稳反弹，后完成二次探底，在成交量的逐步配合下，价升量涨，成功击穿双重底颈线位，此后几日股价成功守住颈线位，突破有效得到确认。

股价若向颈线上攻失败，数次探底并且有效企稳，则未来走势可能演变成三重底或者多重底，此时激进型的交易者可以在下探的低点企稳确认后买进，在低点和颈线之间赚取差价，股价突破颈线后加码。

图3-52是新疆浩源（002700）的日K线走势图，经过连续快速下跌探底之后，在10.79元企稳回升，后反弹至颈线回落，再次冲击颈线回落形成三重底。这表明股价在10.79元附近支撑明显，此时，激进型交易者可以考虑提前介入，低吸赚取利润，后续如能放量突破三重底颈线，则进一步加码买进。

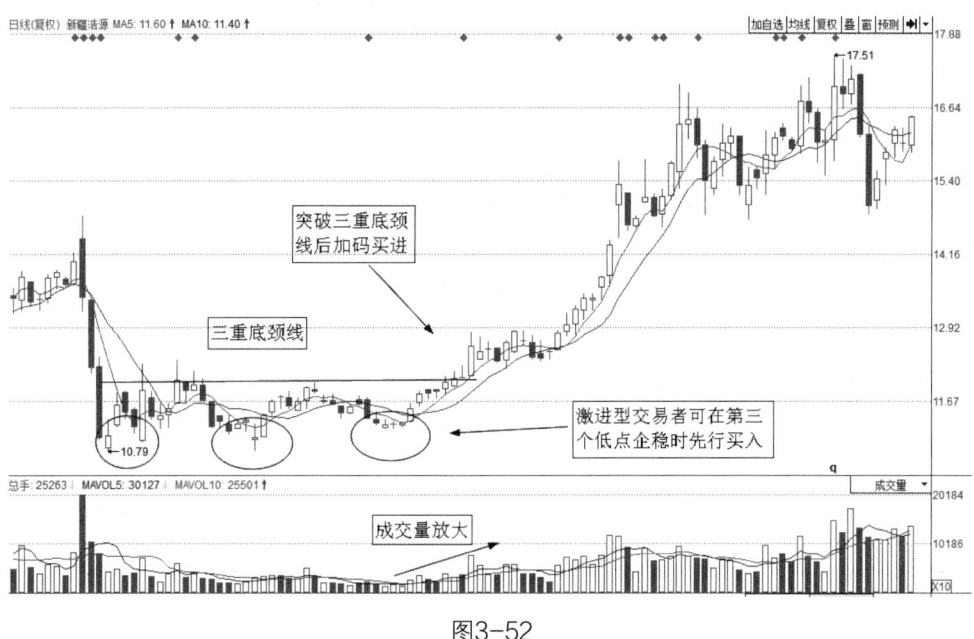

图3-52

综上所述，双重底一般出现在下跌行情的末期，为重要的看涨反转形态。股价经过连续下跌之后在某一位置企稳，抄底买盘推动反弹上涨，但反弹到一定高度之后因获利盘打压再度回落至前期低点附近，此时空方力量衰竭，无力再创新低，从而再次掉头回升并突破上次反弹高点，双重底形态就这样形成了。在实战中，必须有效突破颈线阻力位才能确认形态的形成。

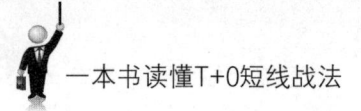

第五节　技术指标买入定式

一、KDJ买入定式

KDJ指标主要由K指标、D指标和J指标组成。其中D值是对K值得移动平均处理。

1. 运用技巧

KDJ指标的运用主要从K、D、J值的大小、KDJ曲线形态和KDJ背离等方面来考虑。

（1）K、D、J三个指标的数值范围都是0～100。通过不同的指标数值，可以判断股价是否处于超买或者超卖状态。当股价处于超卖状态时，通常K的数值小于20、D的数值小于30、J的数值小于0。股价处于超卖状态时，投资者可以考虑适当地买入股票，以免股价上涨后踏空，错失获利的机会。

（2）当K值非常小，例如0时，表明股价下跌的趋势非常大，股价总是能够创新低。这样的大趋势中，股价如果开始反转，将被视为较好的买入时机。

（3）在股价下跌到相对的底部时，K线从下突破D线时，是投资者买入的信号。当随机指标的曲线变得平缓时，通常意味着股价即将变换方向，投资者这时候要提高警惕了。

（4）KDJ指标形态反转信号。当KDJ指标线在相对的底部形成多重的底部时，是买入信号；

（5）底部的背离信号。当D线处于超卖状态时，股价不断地创新低，但是K线却出现连续抬高的底部，这样就在底部出现了背离，是买入信号。

2. 实战例子

KDJ指标是经常使用的一种指标，此种指标的优点在于反应敏感，因此，掌握此种指标的分析技巧，对于实战操作有很大的帮助。

下面，笔者就来详细分析一下KDJ指标的两种买入方法。

（1）底部金叉买点

股价在下跌中或者弱势整理时，D线、K线、J线依次由上到下排列，并且三条线处于50附近或者50以下区域当中。当股市转强、股价开始上涨的时候，K线和J线就会同时向上穿过D线，这时候就形成了股价看涨的黄金交叉形状。

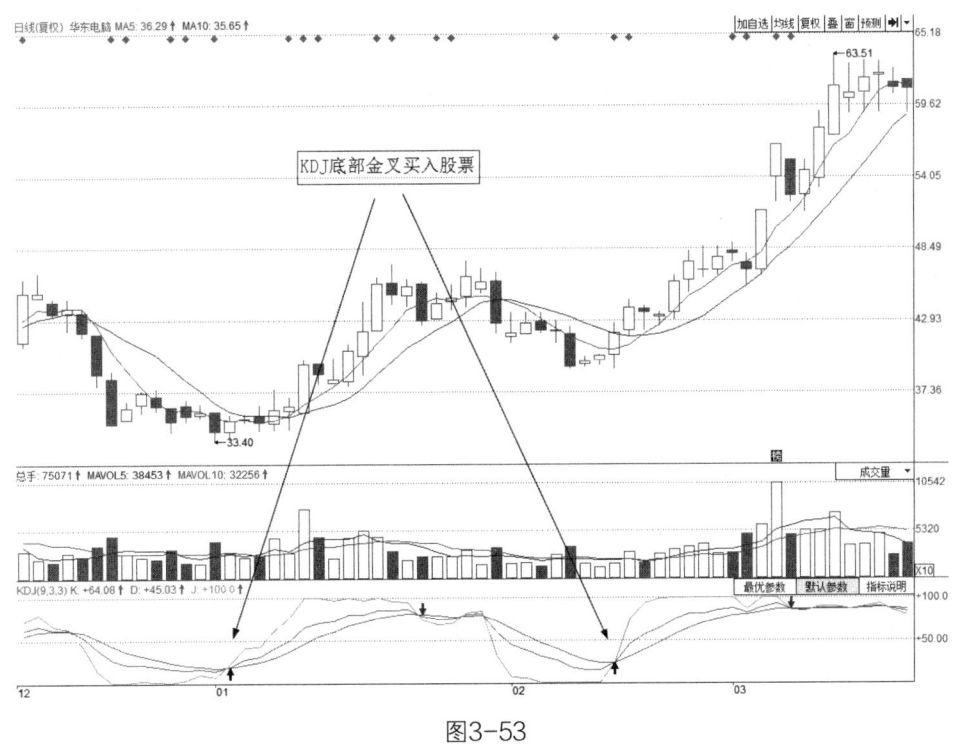

图3-53

如图3-53所示，华东电脑（600850）KDJ三条曲线下行到50以下的区域，其后股价上涨，KDJ三条线也开始上升，并且形成金叉，此时投资者买入股票是比较可靠的选择，因为股价上涨的趋势非常的明显。

（2）底部背离买点

在KDJ指标底部背离中，股价虽然也还在下跌当中，但是相对的底部已经形成，不久股价就会反转向上。不管反转的时间和幅度如何，股价向上是必然发生的事情。投资者需要注意的是进入时机的选择。在指标发生背离的时候，可以买入股票，但不必将预计的涨幅看得太高。如果股价上涨一段后出现死叉，并且开始下跌，投资者要及时止盈。避免从盈利状态变为亏损状态。

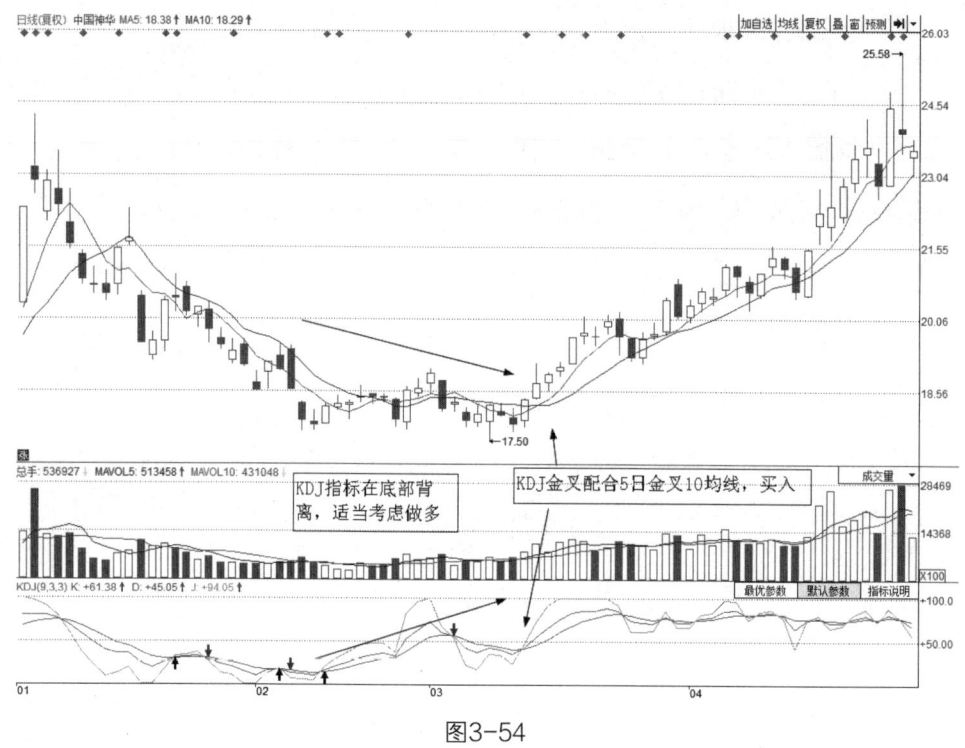

图3-54

如图3-54所示，中国神华（601088）在下跌的过程中，股价底部在不断下移，而KDJ指标并未随之下调，而是逐渐走出了上升趋势，这样底部背离就出现了。背离后投资者可以等待上涨行情的出现，当KDJ指标在底部金叉同时配合5日均线金叉10日均线，就是买入的好时机。

二、MACD买入定式

MACD被称为指数平滑异同移动平均线，它是建立在移动平均线基础上的指标，相对于移动平均线迟缓的反应，MACD可以在第一时间发出买卖的信号。从使用的效果上来说，MACD比移动平均线更加灵敏。MACD可以更准时地提供趋势

变化的信息，又能够让交易者抓住买卖点位。可以说MACD指标是建立在移动平均线的基础上而又高于移动平均线的指标。投资者可以充分利用这个指标来买卖股票。

1. 运用技巧

下面，笔者在此讲解如何更好地利用MACD指标来把握卖出时机。

（1）当DIF和DEA同时大于0的时候，说明市场属于多头市场，交易者可以在大部分时间里看多股价；

（2）DIF金叉DEA。如果穿越发生在DIF和DEA都大于0的时候，则是买入的信号；如果穿越发生在DIF和DEA都小于0的时候，那么，多数情况下都是股价在下跌途中的反弹，时间不长又会恢复到下跌的状态中去。特别是，DIF在0轴以下连续两次向上突破DEA的时候，说明市场可能不久就将转为上涨的行情。

（3）MACD底部背离情况。股价在下跌的过程中，连续两到三次都不断创出新低，但是MACD却不出现新的低点反而逆势上涨，这是底背离，出现此种形态，则是买入信号。底部背离的时间越长，背离的次数越多，买入的信号越准确。

（4）MACD柱状图背离情况。股价下跌而MACD柱状图并没有下降，反而上升，此时为看多买入信号；股价上涨而MACD柱状图并没有上升，反而下降，此时为看空卖出信号。

（5）DIF和MACD同步看涨情况。DIF金叉DEA，并且MACD也由负数转为正数的时候，属于看多信号。特别是DIF在大于0的时候金叉DEA，看多的信号比较强烈。

2. 实战例子

下面，我们通过几个实例来看看如何在实际操作中运用MACD卖出法。

（1）底部金叉买点

MACD的金叉形态发生在股价反转的初期，DIF曲线从下向上顺利穿越DEA曲线，就形成了股价反转的金叉形态。就DIF曲线和DEA曲线所处的位置，金叉反转可以分为0轴以下的金叉、0轴附近的金叉和0轴以上的金叉。

0轴以下的金叉。MACD在0轴线以下出现金叉形态，是弱势当中出现的金叉，反映了股价在下跌过程中，出现反弹形成的金叉，并不一定表示股价会改变下跌的方向。但是，如果连续出现两次黄金交叉，情况就大不一样，股价即将终止下跌。特别是金叉发生的位置不断抬高的话，股价反转向上的概率是相当高的。

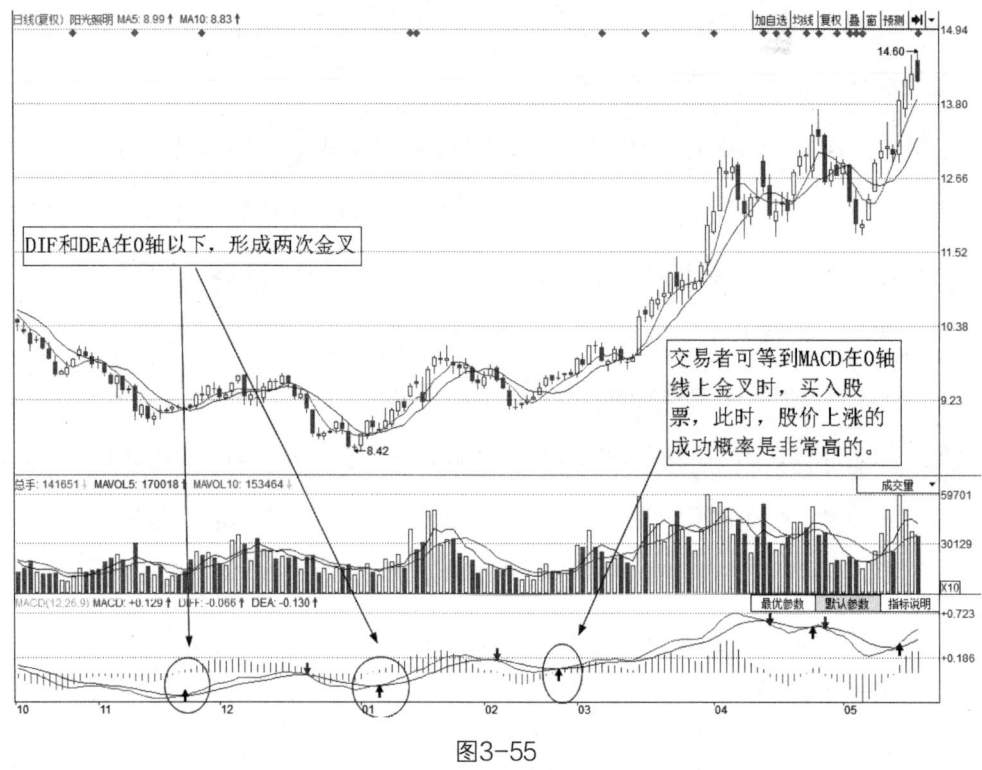

图3-55

如图3-55所示，阳光照明（600261）在股价下跌到相对低位后，DIF在0轴线下连续两次穿越DEA，形成两个不断抬高的金叉形态，单个金叉可能说明不了什么问题，但是底部的双金叉就有很强的支撑作用。当MACD金叉再次发生在0轴线上时，交易者可以买入股票，此时的成功率是非常高的。

零轴附近的金叉。股价上涨过程中，途中小幅度的下跌通常都会造成MACD指标向下，当MACD在0轴附近，形成了0轴附近的黄金交叉时，通常都是买入股票的最佳时机。

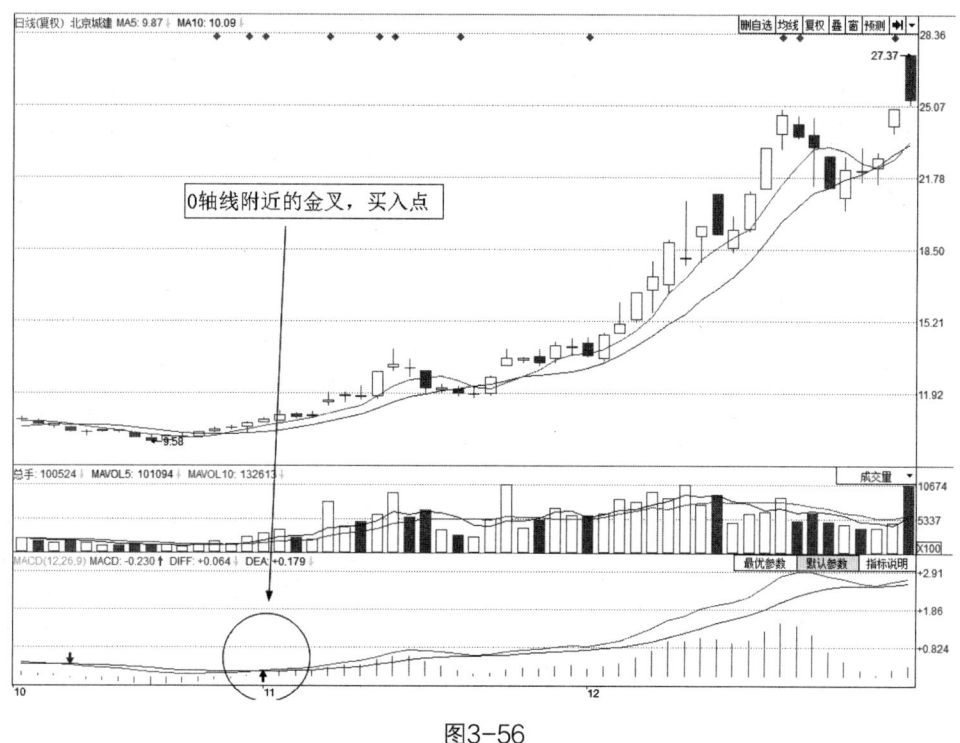

图3-56

如图3-56所示，北京城建（600266）在上涨的初期，股价进行小调整，调整的同时MACD指标也向下调整，待股价再次上涨时，MACD指标在0轴附近形成金叉，此时是交易者买入股票的最好时候。股价和指标向下调整只是为再次上涨积蓄能量，调整后的股价上涨动能会越高。涨幅也会越大。

零轴以上的金叉。股价在长期上涨过程中，出现短时间的回调，MACD指标曲线DIF和DEA也随之向下回调。但股价调整后不久又开始反弹，这时MACD指标也只是略微向下调整就形成了黄金交叉。出现金叉后，交易者便可以买入股票。

如图3-57所示，通葡股份（600365）的股价在连续上涨的过程中，出现短时间的下跌调整走势。调整时间不是很长，下跌的程度也不深，之后股价就开始上冲。图中显示的MACD指标也只是小幅小跌就出现上涨的金叉，交易者此时可以买入股票。股价上涨一段时间后，出现第二次回调，这次回调的时间仍然不长，可买入股票。

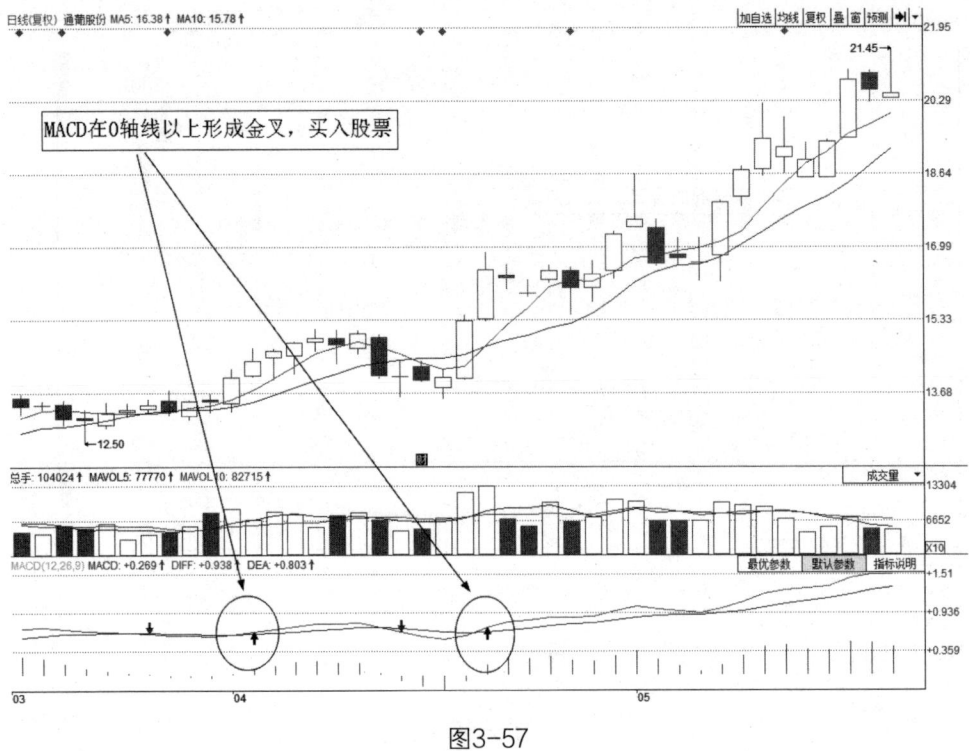

图3-57

（2）底背离买点

在价格下跌到底部的过程中，股价创新低，而MACD指标不跌反涨，这时就是底背离。

顶部和底部背离几乎可以发生在所有的技术分析指标中，MACD也不例外。股价在下跌时，MACD指标不降反而向上突破就是底部背离。指标在底部发生背离的时候，说明股价的底部即将形成，此时，交易者应该做好买股票的准备。当然，即使发生底部背离的情况，交易者也应该等到股价底部真正形成之后再买入。因为很多时候底部发生背离后，股价还会继续下跌。

如图3-58所示，海德股份（000567）的股价虽处于下跌企稳行情中，而MACD指标却在向上，这就是MACD的底背离特征，说明股价即将见底。交易者可以在MACD指标位于0轴上，且形成金叉时大量买入股票，此时是交易成功率比较高的时候。

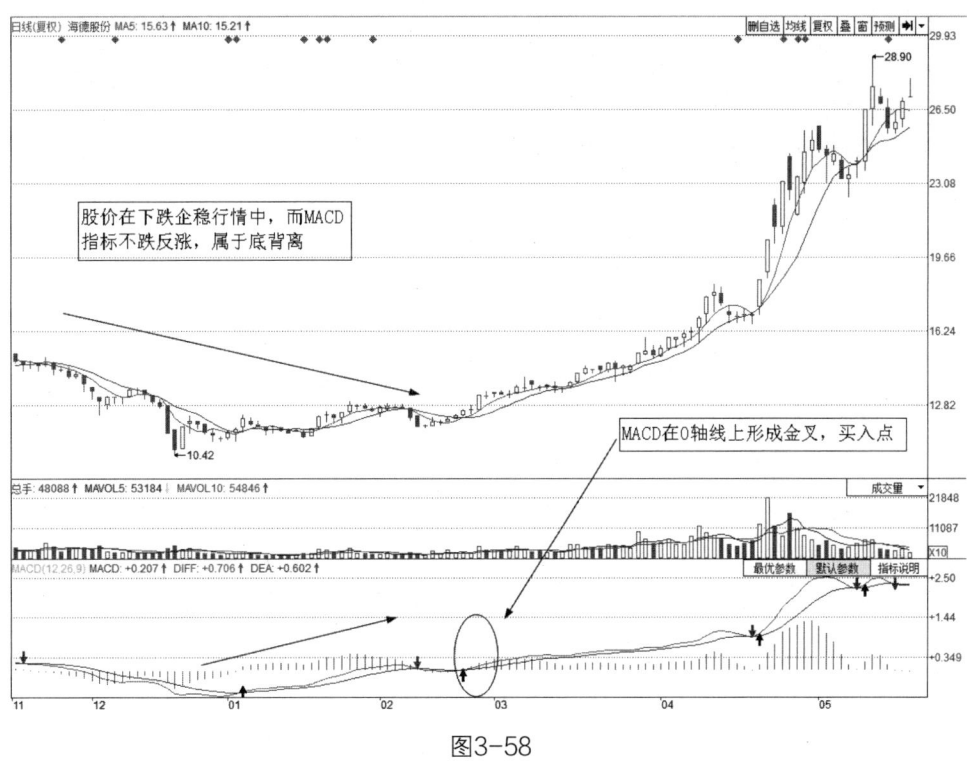

股价在下跌企稳行情中，而MACD指标不跌反涨，属于底背离

MACD在0轴线上形成金叉，买入点

图3-58

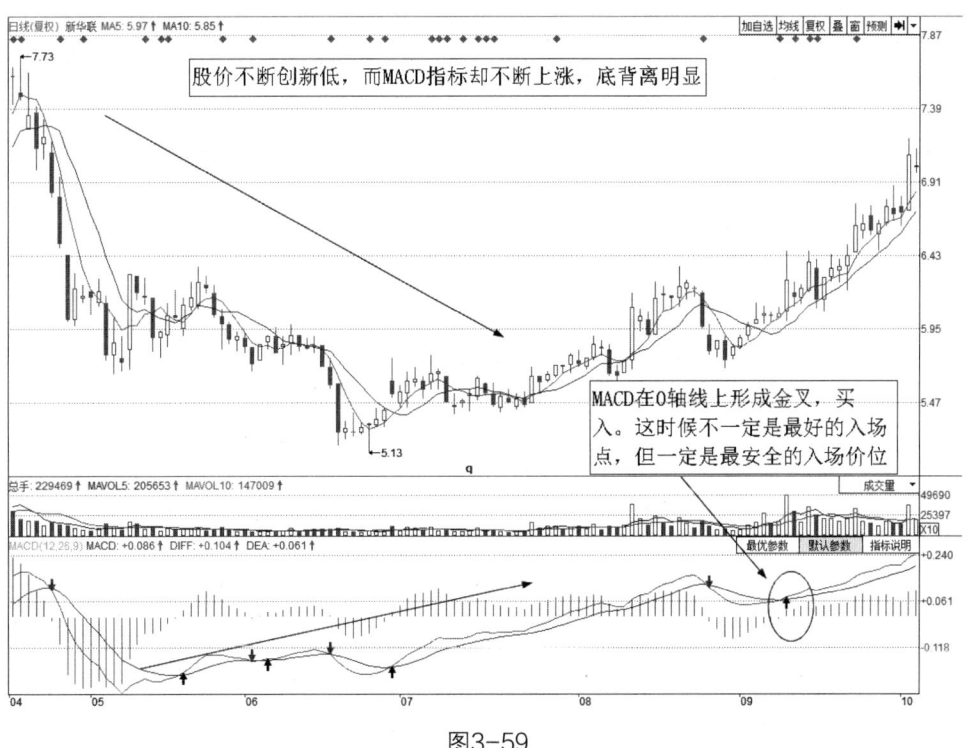

股价不断创新低，而MACD指标却不断上涨，底背离明显

MACD在0轴线上形成金叉，买入。这时候不一定是最好的入场点，但一定是最安全的入场价位

图3-59

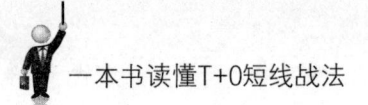

如图3-59所示，新华联（000620）在下跌趋势中，股价由7.73元下跌到最低5.13元，下跌幅度高达33%。再看MACD指标，随着股价每一次低点的出现，MACD都在不断地上涨，最终股价的底部不断下移而MACD却不断上移，这时候新华联的股价和MACD指标形成严重的背离。在背离发生的初期，只是说明底部正在形成当中，至于何时能够形成真正的底部，在底部形成之前股价还将下跌多少，都是未知数。交易者最好在股价开始上涨、MACD指标上升到0轴线上后，并且形成金叉时，买入股票。这时候可能不一定是最好的买入点，但一定是最安全的买入价位。

MACD指标是市场上绝大多数股民熟知的分析工具，以上便是利用MACD指标把握买入时机的实例研判，读者朋友们应该明白，指标不是万能的，关键在于我们要怎么去正确运用它们。MACD是趋势类指标，在横盘震荡时期不适用。它主要反映股票的方向、趋势的强弱、顶与低。所以，希望读者朋友们在实战中灵活运用和熟练掌握。

三、RSI买入定式

RSI被称为相对强弱指标，属于振荡指标。最早应用于期货市场中，后来因为其效果比较好，强弱指标的理论和实践极其适合于股票市场的短线投资，于是被用于股票升跌的测量和分析中。RSI根据市场上升和下降趋势间的力量比较来判断市场价格的走势，可以说RSI是一种领先指标。

从指标的应用上来看，RSI指标是相对比较复杂的。该指标几乎囊括了包括数值大小衡量、形态特征、曲线交叉和顶、底背离等多种研判方式，从RSI指标的应用上就可以了解其他相关指标的运用方式，可以说RSI指标是一种综合性比较强的指标。

RSI指标可以通过测量某一个时间段的股价上涨天数占总天数的比值，来衡量市场的多空强弱程度。从RSI数值的变化中，投资者可以观察多空双方力量的消长，为决策做好准备。

RSI的应用方法同移动平均线MACD等指标有很多相似之处。 RSI数值在50以

下为空头市场，50以上为多头市场。数值在20以下为超卖状态，数值在80以上为超买状态。处于超卖或者超买状态的股票会有向相反方向运动的倾向。在股价不断创新低或者创新高的时候，RSI指标却没有继续下跌或上升，这时候就出现了背离现象。股价和指标一般不会长时间背离，背离后不久股价一般会向着相反方向运动。RSI短周期的指标曲线和长周期的指标曲线也会形成金叉和死叉的情况。金叉和死叉同样具有看涨和看跌的指示作用。

笔者将在下文中详细讲述关于RSI指标的基本运用技巧，以及如何在实例中借助RSI分析买卖时机，希望以此可以帮助广大读者朋友们。

1.运用技巧

（1）当RSI数值达到20以下的时候，为超卖区域。股价处于超卖区域时都有反弹的可能性，交易者要保持警惕，在反弹的时候抢底，此时为买入股票的好时机。

（2）数值为50的RSI是多空均衡线，50以下为弱势区域，50以上为强势区域。当股价由下向上穿越50线时，说明市场已经转为强势。

（3）股价下跌时创新低，随之RSI数值也创新低，那么后市仍然看空。若RSI没有创新低，或者向上反弹，这样就出现了底部背离。发生背离时股价有强烈反弹的需求，交易者应该密切关注股价的动向。

（4）连接RSI的两个顶部，可以得到一个向下的切线，若RSI数值向上有效突破这条切线，则是很好的买进机会。

（5）在实际应用中可以用两条计算周期不同的RSI曲线来判断股价的走势，如常用的长短期RSI周期为12天和6天。

（6）当RSI由20数值以下向上金叉的时候，是极好的买入信号。

除此之外，RSI形成双底、双顶和头肩底部、头肩顶部等形态时，同股价形成的相关形态是一样的，可以提供买卖股票的信息。

以上便是利用RSI指标分析买入时机的方法，希望读者朋友们能根据实际情况灵活运用这些方法。

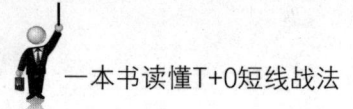

2.实战例子

掌握了基本的理论基础后，我们通过几个实例来看看在实战中我们具体是如何利用RSI指标的买进的。

（1）底部金叉买点

股价在下跌趋势即将结束的时候，RSI的短期指标由下向上穿越长期的指标线，这时候就形成了底部的金叉形态。金叉形态由当时RSI数值所处的位置可以分为50以下的金叉和50以上的金叉。在50线以下形成的金叉是弱势金叉，只有短期的RSI由超卖状态开始向上反弹穿越长期的RSI线，并且成交量放大时才更具有看涨的作用。股价在上涨过程中重新上涨会在50线上形成金叉形态。50线以上形成金叉形态后，交易者可以在股价相对低位处买进股票或者加仓。

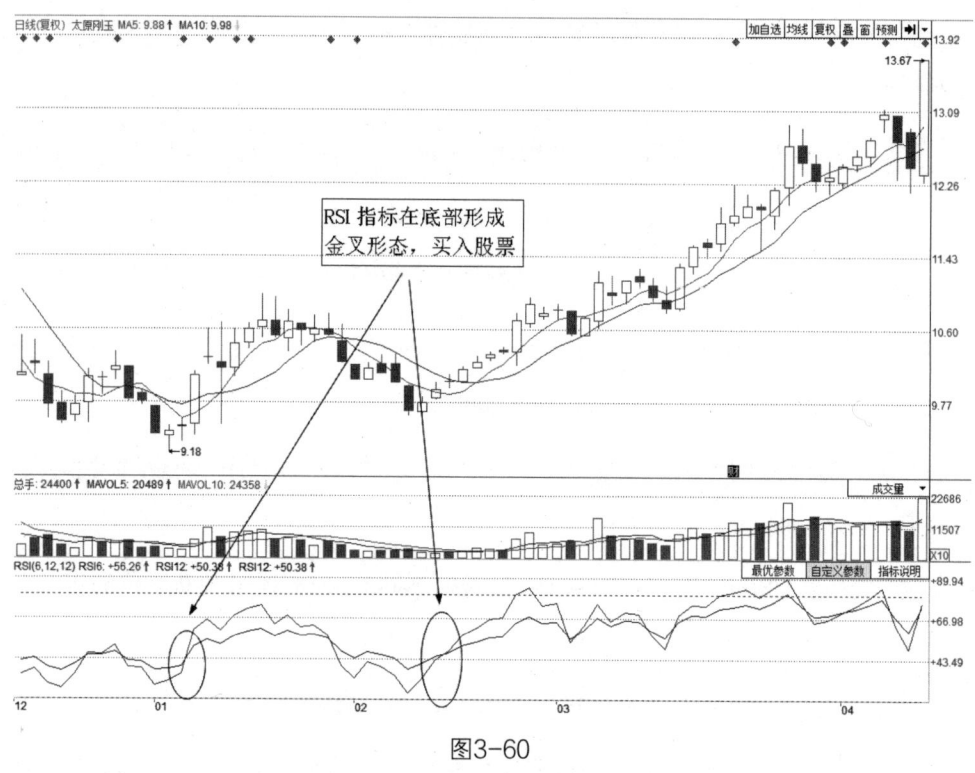

图3-60

如图3-60所示，太原刚玉（000795）有两次RSI指标金叉，交易者可以在金叉处买入股票，股价处于相对低位，若在此时介入，则可获得良好的收益。

（2）底部背离买点

股价在持续下跌中，RSL指标却开始上升，两者就在底部形成背离现象。背离虽然不能够说明股价可以立即上涨，但是可以提示交易者底部已经在形成之中。背离形态出现后，股价一般都会上涨。交易者可以根据股价所处的下跌趋势的大小来判断反弹幅度。在长时间、大幅度的下跌中所发生的底部背离，只要股价开始量价配合上涨，涨幅就是很可观的。

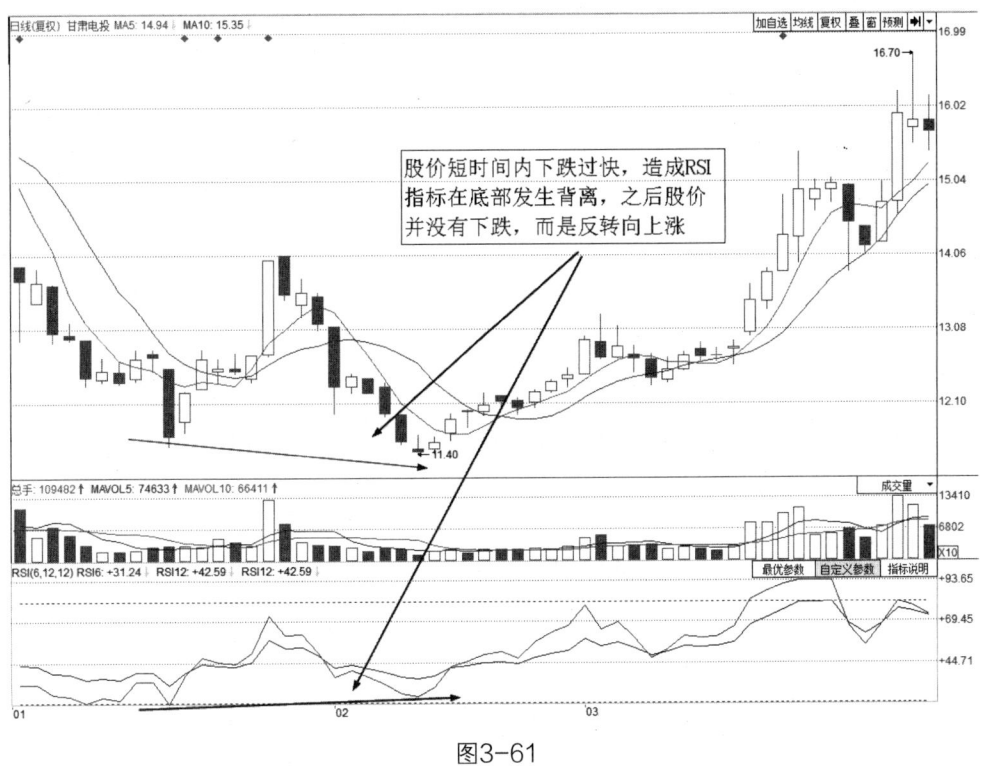

图3-61

图3-61是甘肃电投（000791）的日K线走势图，其股价在短时间内下跌，股价一波比一波低，而RSI指标却开始上升，这就是RSI指标和股价发生的底背离现象，交易者可在底背离形成RSI金叉时买入股票。

（3）底部双底或三重底买入

RSI指标线在底部形成类似于股价底部双底形态或者三重底形态时，如果股价在此时带量上涨，通常情况上涨都是比较可信的。

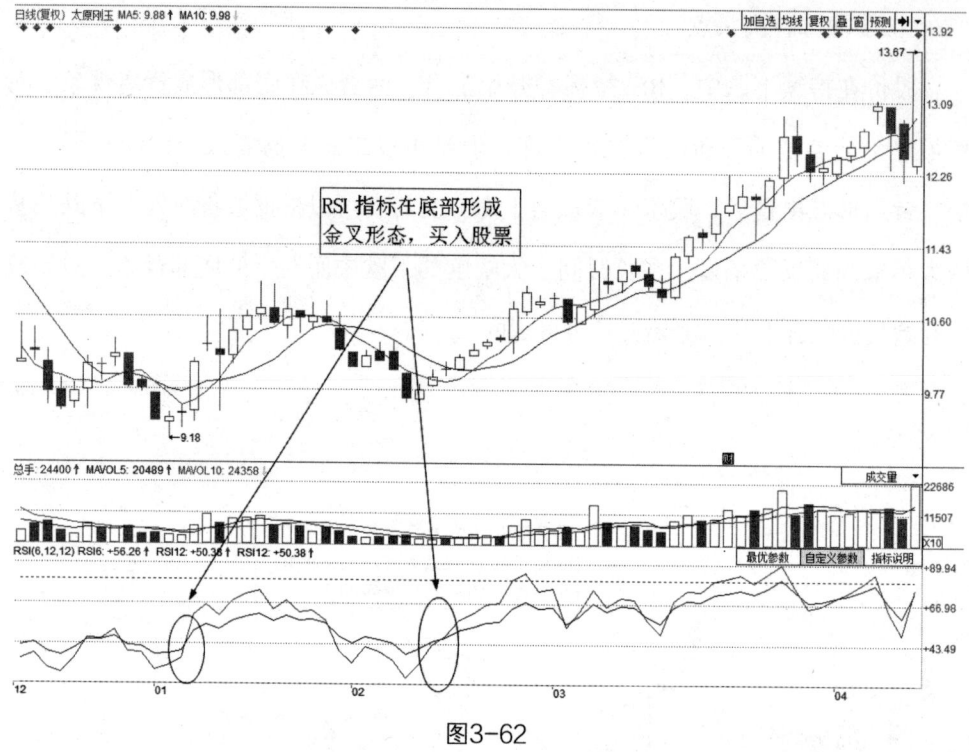

图3-62

图3-62是科华生物（002022）的日K线走势图。股价在下跌过程中，RSI形成双重底的形态。激进一点的交易者可以选择在RSI指标出现双重底形态且形成金叉之后立即买进股票。如果感觉把握不大，可以选择在RSI指标穿越50线、股价回调时买入。

四、三重金叉买入定式

如图3-63所示，美晨科技（300237）的股价在长期下跌后开始企稳筑底，而后股价缓慢上升。同时出现5日均线金叉10日均价线，5日均量线金叉10日均量线和MACD的金叉点，这是股价见底回升的信号。

股价在长期下跌后人气涣散，当跌无可跌时开始进入底部震荡。随着庄家的缓慢建仓，股价终于开始回升。刚开始的价格回升可能是缓慢的，但这种走势最终会造成股价底部抬高。当成交量继续放大推动股价上行时，5日均线自然会金叉10日均价线，5日均量线自然也会金叉10日均量线和MACD自然发生金叉点。

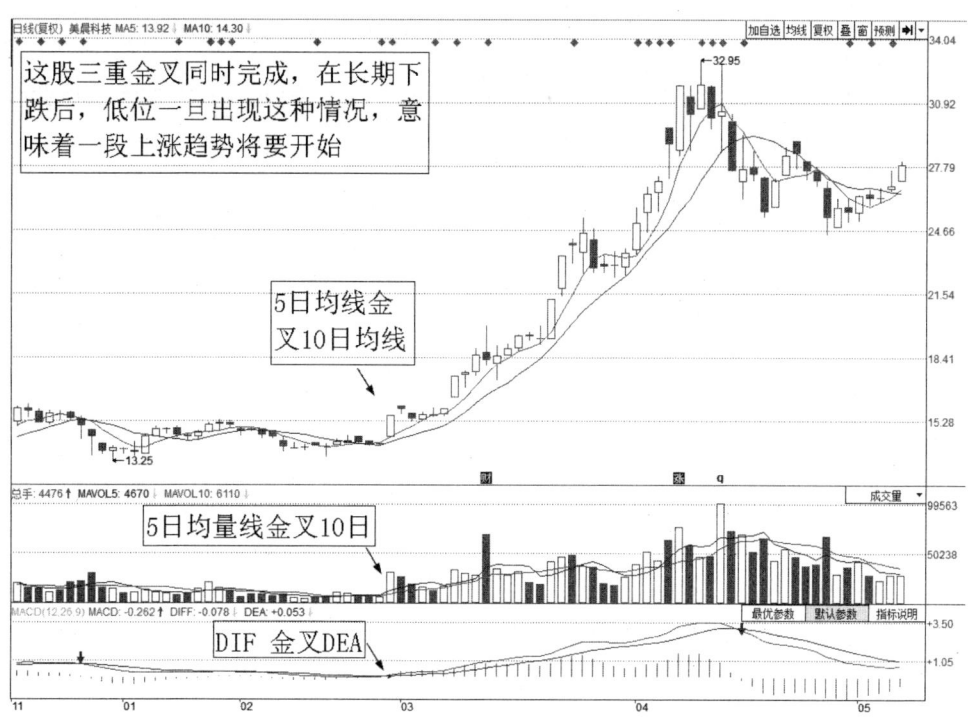

这股三重金叉同时完成,在长期下跌后,低位一旦出现这种情况,意味着一段上涨趋势将要开始

5日均线金叉10日均线

5日均量线金叉10日

DIF 金叉DEA

图3-63

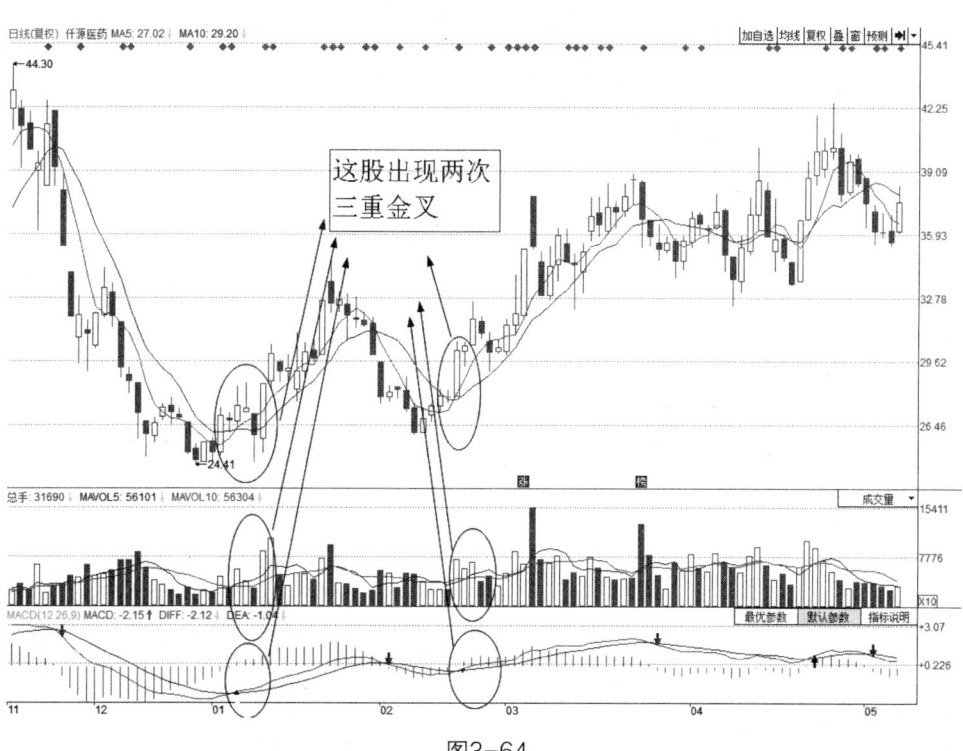

这股出现两次三重金叉

图3-64

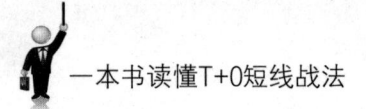

如图3-64所示，仟源医药（300254）出现两次三重金叉，条件满足，开始买入股票。随着股价的升高，底部买入的人已有盈利，这种盈利效应被传播后会吸引更多人买入该股，于是股价再度上扬脱离底部。

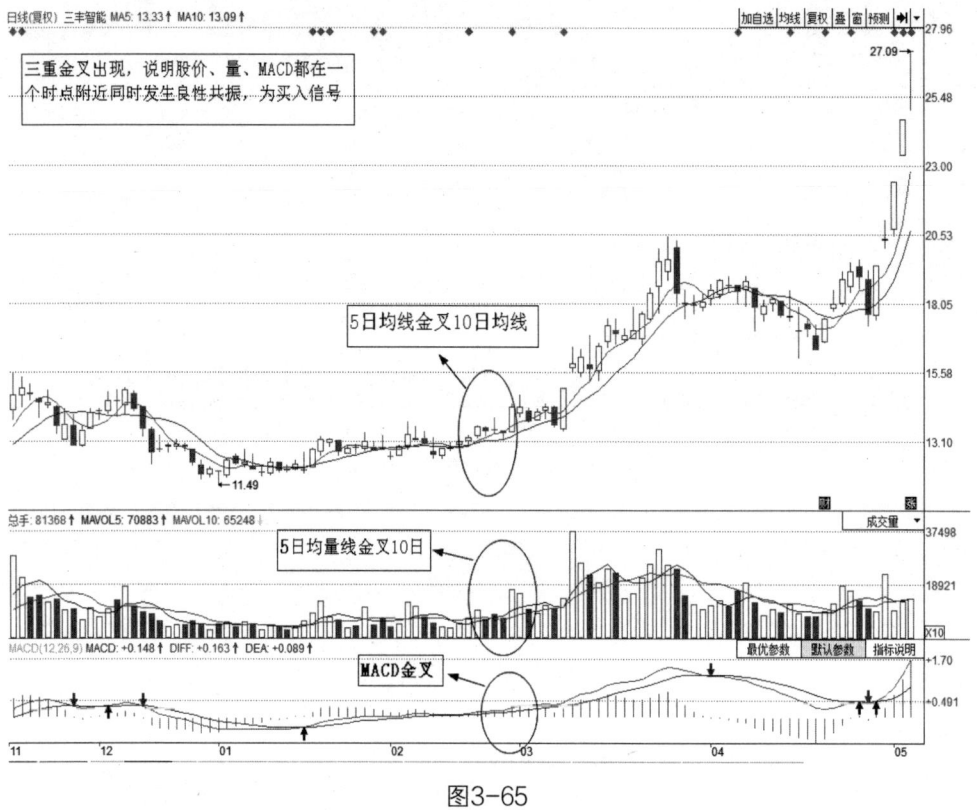

图3-65

如图3-65所示，三丰智能（300276）三重金叉说明价格、量、MACD都在一个时点附近同时发生良性共振，一般情况下都有一波上扬行情。当三重金叉出现在底部区间时，是见底回升的信号。三重金叉出现在潜收集之后的强收集时，是强势上攻的信号。

第六节 其他短线买入定式

除了以上几类短线买入定式，还有两类短线买入技法在实战中运用较为广泛，这就是跳空缺口买入定式和上升通道买入定式。

一、跳空缺口买入定式

向上跳空缺口，是指当天的最低价高于前一交易日的最高价，从而形成了一段价格空白地带。

缺口的出现是一种比较强烈的看涨信号，如果股价在上涨趋势初期或者盘整走势中出现向上的跳空缺口，说明盘中的多方力量强劲，股价上涨的动力充足，为看涨信号。

如果股价以缺口的形式，跳空突破某个重要的阻力位，那该缺口就称为"突破性缺口"。

使用技巧：

在上涨趋势中，如果出现一个向上的跳空缺口，一举突破前期的高位，那么说明盘中的多方力量强劲，股价上涨动力充沛，这是看涨信号，交易者可以在缺口出现时买进股票。

如果交易者在出现缺口的第一时间内没有及时跟进，可以在股价出现回调，但并没有向下跌破缺口时跟进。

如图3-66所示，大东方（600327）的股价在经过一段时间的回调整理后再次走强，且出现一个向上的跳空缺口，该缺口一举突破了前期的高点，说明盘中的多方力量非常强劲，股价上涨动能充足，发出看涨信号，交易者可在缺口出现时第一时间进场买进。

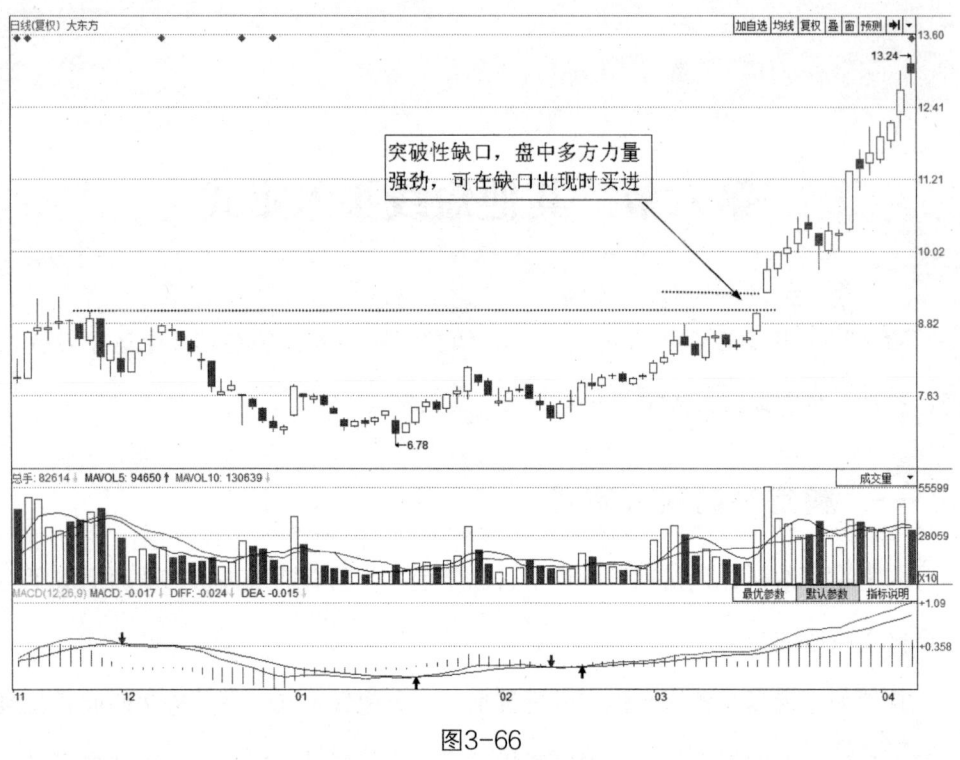

图3-66

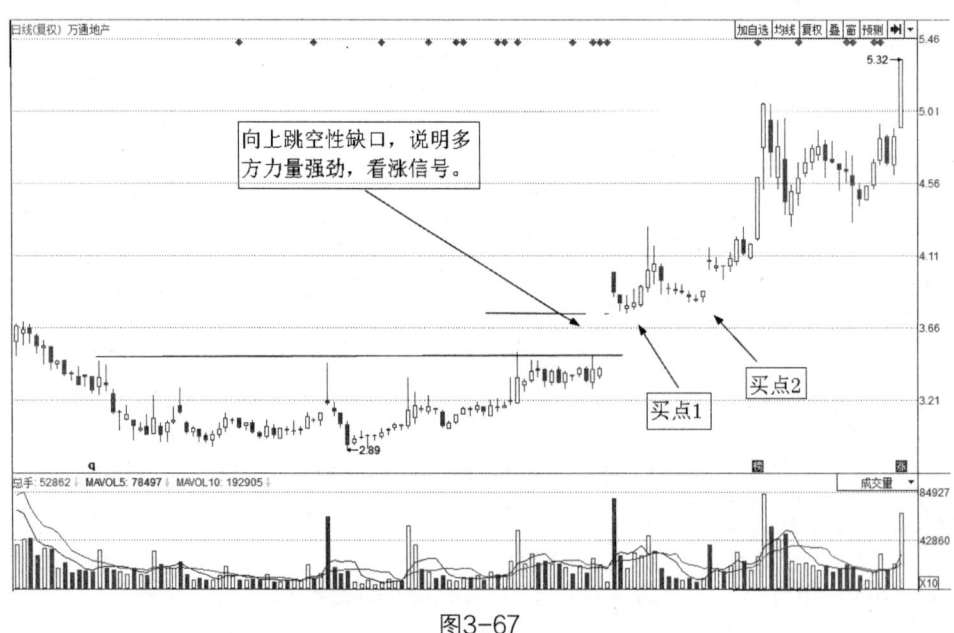

图3-67

如图3-67所示，万通地产（600246）的股价经过一段时间的整理后，逐渐
走稳，突然该股以涨停板的形式直接突破前期的平台，形成一个向上的突破性缺

口，显示空方已经没有还手之力，股价上涨势在必得，买点1出现。随后股价在冲高后出现短暂回调，但股价在缺口处获得支撑再次翘起，说明股价回调结束，将要再次进入上涨走势中，买点2出现，果断跟进。

缺口有很强的支撑或阻力作用，当股价出现第一个向上突破缺口时，缺口就成为重要的支撑地带，如果股价接下来没有回补缺口，就表明上涨趋势的彻底形成。

第一个缺口突破前期重要阻力线，可以是前期高点，也可以是阻力线、均线等。

二、上升通道买入定式

股价在上涨走势中，交易者可以通过接两个阶段性低点，得到一条上升趋势线，然后通过连接两个阶段性的高点，得到一条上升趋势线，两条上升趋势线就构成了上升通道。

上升通道是股价运行在上涨趋势中的一种反映，在通道中，往往呈现出，股价上涨成交量放大，股价下跌成交量萎缩的现象。这种走势对于短线交易者来说，是非常适合操作的。

使用方法：

当股价回调至上升通道的下边线附近时，止跌回升，表明股价在下边线处获得有效支撑，预示着股价将要再上一个台阶，交易者可以进场买入股票。

如图3-68所示，宇通客车（600066）的股价在阶段低点A处开始上涨，在随后的上涨走势中，又出现阶段低点B，通过A、B可以画出一条上涨趋势线，同时通过高点C、D画出上涨趋势线，这就得出一个上涨通道，在以后的行情中，当股价下跌到上涨通道的下边线附近时，交易者可以逢低买入股票。

短线操作不仅要把握一定的理论与操作基础知识，更要适逢其时的操作，如此便可事半功倍。在交易中吃肉喝汤，坐收渔翁之利。因此，笔者希望通过上述的短线买入时机的讲述，可以起到为读者朋友们指点迷津的作用，从而使大家

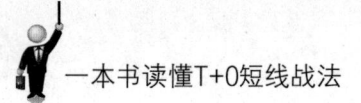

在对的时机遇上好的股票，在最恰当的介入时机完成一场理想的短线交易，皆大欢喜。

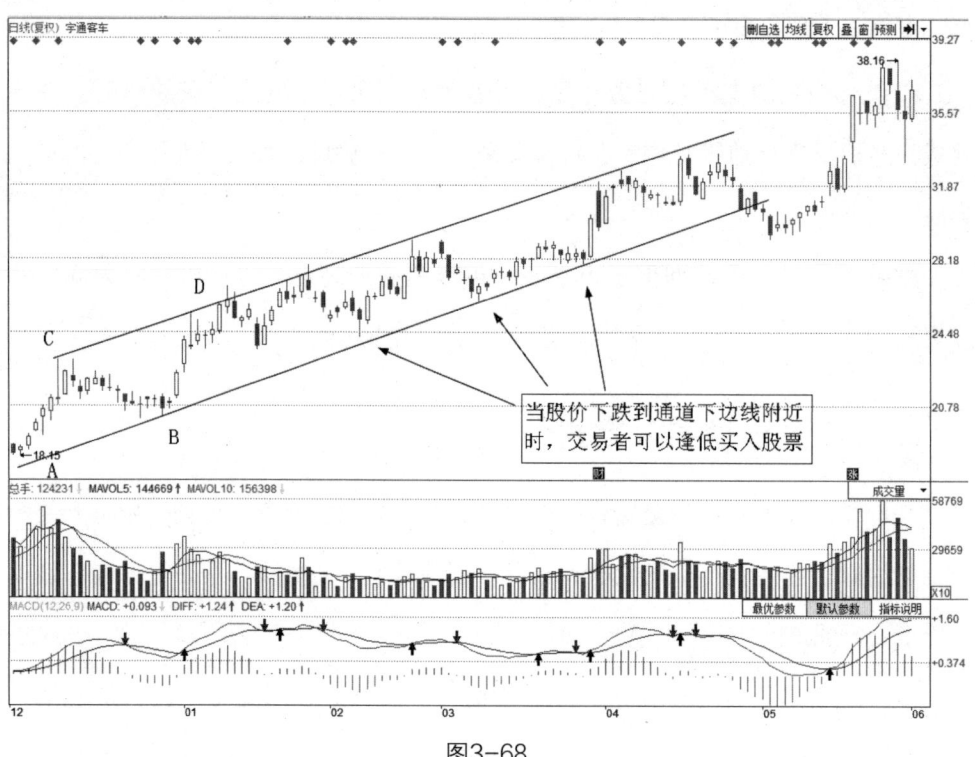

图3-68

第四章

短线卖出定式

在有买就有卖的交易市场上，买入个股需要讲究时机，同样的，交易者卖出也需要掌握恰当的时机。

股市上有句谚语：会买只是徒弟，会卖才是师傅。不少散户也有这样的体会，并非买进的股票后赚不到钱，而是由于没有把握好卖出的时机，以致少赚或被套割肉离场。由此可见，卖出时机对于短线交易尤为重要。

本章笔者就如何在实战中把握卖出时机分享一些实战心得，并据此整理成一个个的卖出定式，读者在操作中如遇到此类定式，需第一时间考虑卖出。

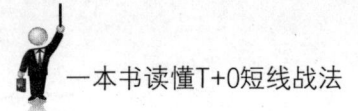

第一节　均线卖出定式

一、10日均线卖出定式

10日均线卖出定式要同时满足以下两个条件才成立：

首先，连续两日收盘价在10日均线下方；

其次，10日均线向下走空。

当股价的收盘价连续两日在10日均线的下方，意味着股价短线走弱，有可能进入调整。如果此时10日线开始转头向下，则需将手中股票抛出。

需要注意的是，这个形态是一个卖出定式，与上一章的"10日线交易系统"不是一回事，两者并不冲突，请读者朋友注意理解。

交易者对于10日均线卖出法成立条件的认识，往往会有比较明显的错误，没有把连续两天跌破10日均线和10日均线走空结合起来使用，往往在股价连续两天跌破10日均线，但10日均线依然走多的情况下，就卖出。对卖出条件的正确理解是，连续两日跌破10日线且10日均线向下走空，此时卖出定式才成立。

如图4-1所示，新南洋（600661）第一个箭头处，股价连续两日收盘价跌破10日均线，但10日均线未走空，不符合10日均线卖出法，可以继续持有。第二个箭头处，股价连续两日收盘价跌破10日均线，而且还有10日均线走空的配合，卖出条件成立，这就成功避免了后期股价下跌的风险。

如果在平时的交易中能经常关注10日均线的变动，并且在卖出条件成立后，严格执行操作纪律的话，不但回避了股价短线回调的风险，也避免了资金的损失。

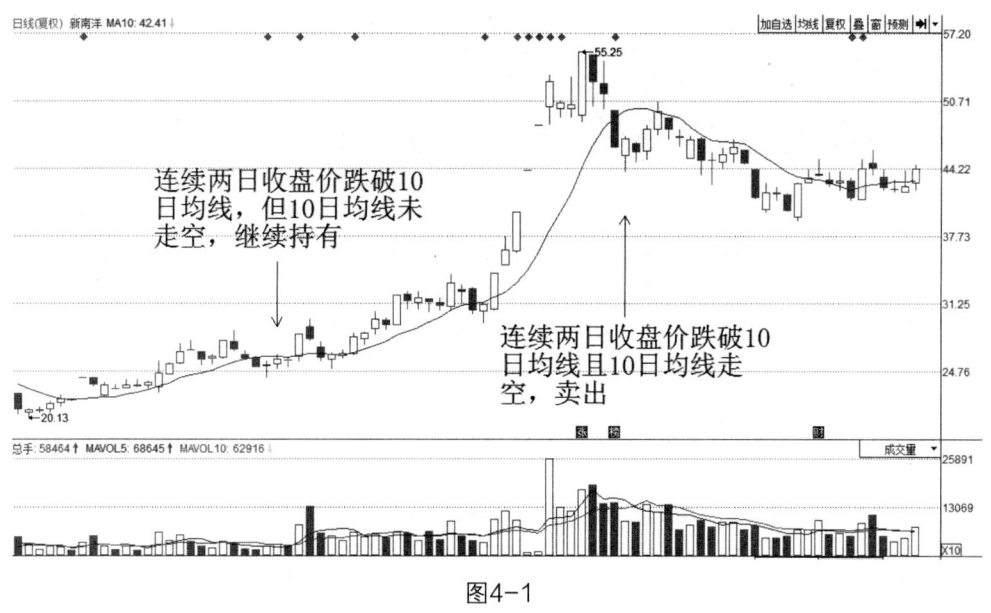

连续两日收盘价跌破10日均线，但10日均线未走空，继续持有

连续两日收盘价跌破10日均线且10日均线走空，卖出

图4-1

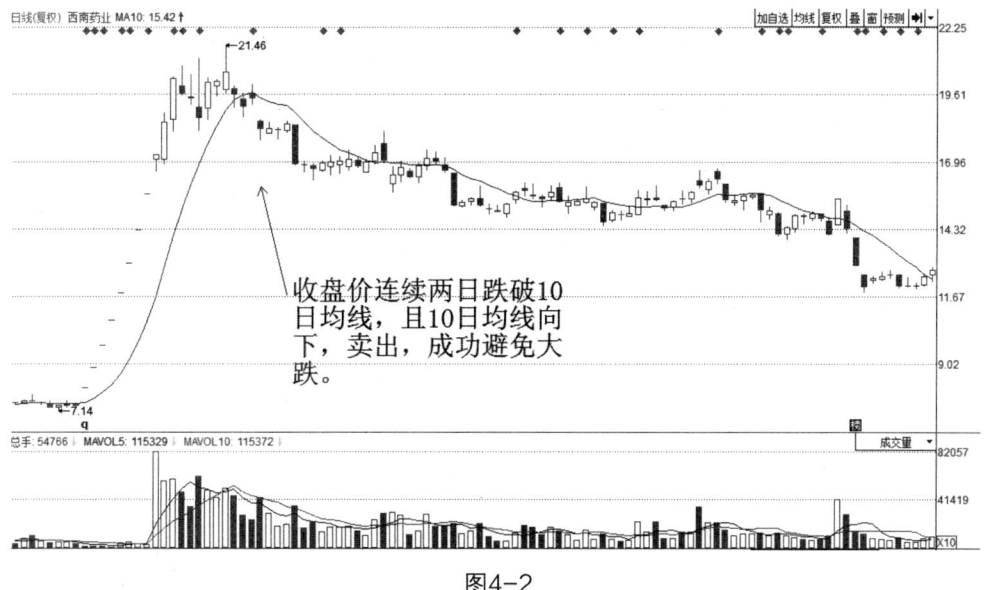

收盘价连续两日跌破10日均线，且10日均线向下，卖出，成功避免大跌。

图4-2

如图4-2所示，西南药业（600666）在箭头处满足连续两日收盘价跌破10日均线的条件，10日均线走空，此时便可卖出，如此操作，便可成功避免股价后期大幅下跌的意外损失。

在技术指标里，10日均线作为一个简单明了的买卖方法，交易者可以快速学习并掌握，就算是新股民也能轻易掌握。

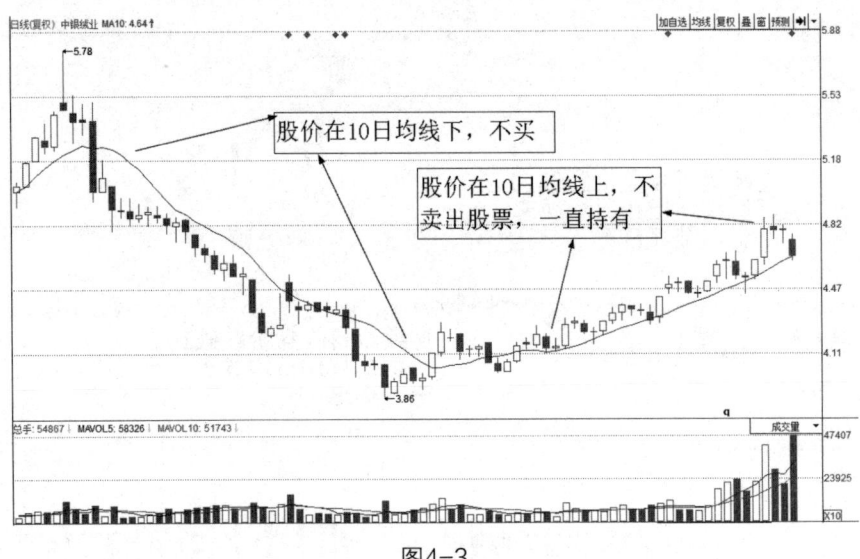

图4-3

如图4-3所示，中银绒业（000982）股价从5.78元一直跌下来，股价收盘价一直都在10日均线下方，并且10日均线走空，此时，交易者不宜考虑买进，要果断卖出。据此进行的卖出操作，简单、容易上手。

许多人都知道顺势而为的理论，做股票要顺从趋势的方向，不能太主观，而10日均线正是体现这种顺势而为的精神，当股价的收盘价在10日均线下时，可以认为短期趋势是向下的，不能买进，而要卖出。

图4-4

　　但是，交易者需要注意的是，10日均线卖出法有一个缺陷，即在震荡行情中并不适用。震荡行情中，它释放信号过于频繁，有时给出的买卖信号较多，会有小亏损出现。只要避免在震荡行情中使用，10日均线操作方法总体上是大赚小亏，若长期运用此法，则稳赚不亏。

　　如图4-4所示，蒙草抗旱（300355）的庄家手法非常凶悍，不断拉升回调，重复多次，信号频现，10日均线卖出法在这只股票中的使用致使小的亏损不断出现。因此，在这种震荡行情中，不适合用10日均线卖出法，交易者应尽量避免这种类型的股票。

　　然而，世界上并没有只赚不赔的方法，能够做到大赚小赔就可以笑傲股林。10日均线卖出法作为简单和有效的投资方法，需要交易者长期的不断实践。只有坚持这样的操作原则，才能很好的应用，发挥此法的功效。

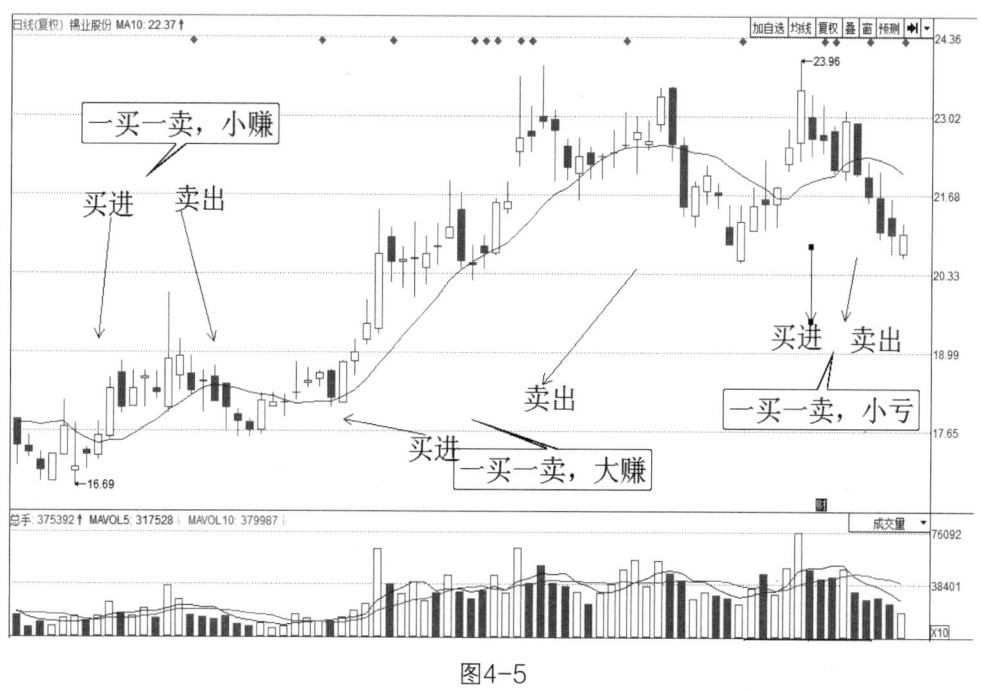

图4-5

　　如图4-5所示，锡业股份（000960）出现三次买进卖出的机会，一次小幅获利，一次大赚，一次小亏，总体来说还是大赚的。因此，只要交易者长期坚持实践此方法，严谨恪守交易纪律，整体获利水平并不低。

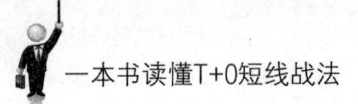

二、均线死叉卖出定式

前面讲述的是参考一条均线的卖出法，现在要和大家介绍的则是结合另一根均线，来研判卖出时机。通过观察两条均线，能更直观地发现卖出条件。5日均线死叉10日均线的卖出方法是在10日均线卖出法的基础上延伸出来的，也要同时满足以下两个条件才成立：

首先，连续两日收盘价在10日均线下方；

其次，10日均线走空。

当5日均线从上往下交叉比其周期更长的10日均线时，称为"死叉"。从字面上就可以看出，死叉是个贬义词，在实际操作中，我们就可以利用均线之间的死叉来进行相应的卖出操作。当出现死叉时，个股下跌的概率总是要大于上涨的概率。

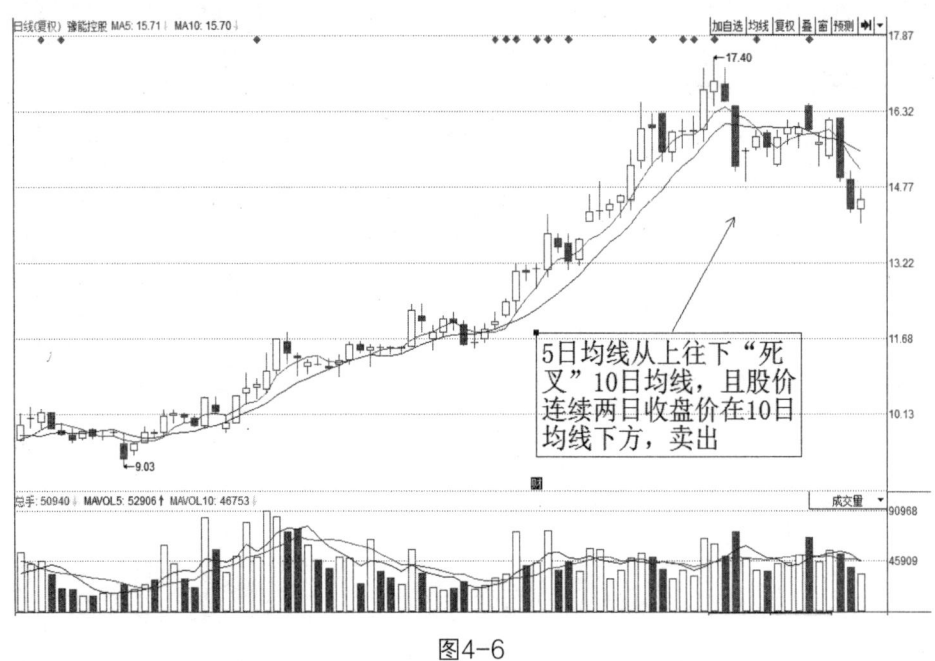

图4-6

如图4-6所示，豫能控股（001896）日K线中的两条均线分别为5日均线和10日均线，当5日均线从上往下交叉10日均线时，形成死叉，并且股价连续两日收盘价在10日均线下方，此时可以卖出。只要按照这样的金叉买，死叉卖的方法，基

本上都能获得阶段性的收益。然而，考虑到指标的滞后性，即先有股价下跌才有死叉形成，因此，在股价欲形成死叉的时候就可以进行减仓操作，而不是等死叉形成之后再卖出。

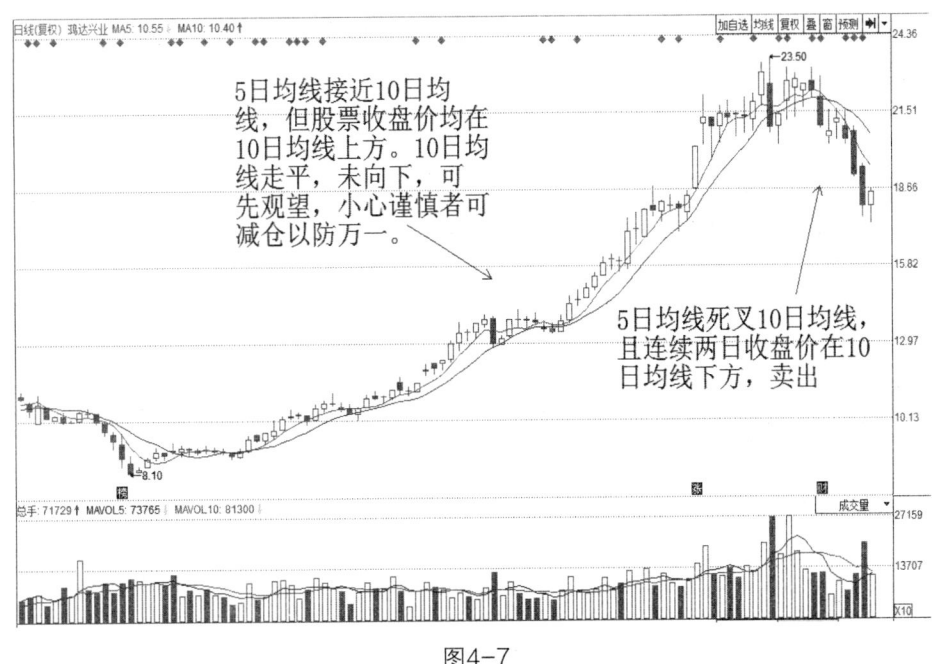

5日均线接近10日均线，但股票收盘价均在10日均线上方。10日均线走平，未向下，可先观望，小心谨慎者可减仓以防万一。

5日均线死叉10日均线，且连续两日收盘价在10日均线下方，卖出

图4-7

在此要提醒交易者的是，前面提到的两个条件要同时满足：首先，连续两日收盘价在10日均线下方；其次，10日均线走空。这样才符合5日均线死叉10日均线的卖出法。

如图4-7所示，鸿达兴业（002002）在第一个箭头处，未同时满足两个条件，所以，不符合5日均线死叉10日均线的卖出法，还未到卖出时机。第二个箭头处才是真正满足两个条件的时机，此时要果断卖出止盈。

第二节 阻力点卖出定式

一、阻力位卖出法

当股价在冲击重要阻力位时，此时便是短线卖点。

阻力位从字面意思可以看出，就是阻碍股价继续上行的位置，一直没有创新高的股票，这种阻力位必然会时时刻刻影响其运行的过程，当股价接近或到达这个位置的时候，其行情走势就会发生变化，所以，这会影响到我们交易的买卖操作。

对于股票市场上的大部分个股，我们都可以看到它在历史行情走势中形成的阶段性高点，这些阶段性高点最终都将成为股价在上升过程中需要突破的阻力位。如果前方遇到阶段性的高点，我们要采取清仓或减仓的交易策略，并不一定要等到阻力位到达时才操作。当在个股上涨的过程中，离前方阻力价位只有5%左右的上涨空间时，就要根据当时的走势进行减仓操作，甚至清仓，短线交易者一般要求进行清仓操作。

阻力位对于短线交易的意义主要表现在三个方面：

（1）回避风险。当股票运行至较为明显的阻力位时，如果出现见顶、滞涨等信号时，我们要在阻力位附近主动卖出股票。

（2）发现交易机会。当股票在放量上涨突破重要阻力位时，我们要跟进做多。

（3）估算上涨空间。当股票开始上涨时，我们通过分析下一个阻力位，能大概预估该股票的上涨空间。

在认识到阻力位对个股行情造成的影响之后，我们就要在实际操作中自觉采取相应对的策略，做到顺势而为。当股价上涨到前一阶段高点时，如果股价不能一鼓作气突破的话，那么就很有可能受到阻力位下跌。短线交易者遇到这种情况，应该先卖出或减仓，以避免股价下跌带来的风险。

从K线图上来看，每一次空头发力的位置都是比较重要的阻力位。阻力位卖出法是短线卖出法，适合短线交易者。

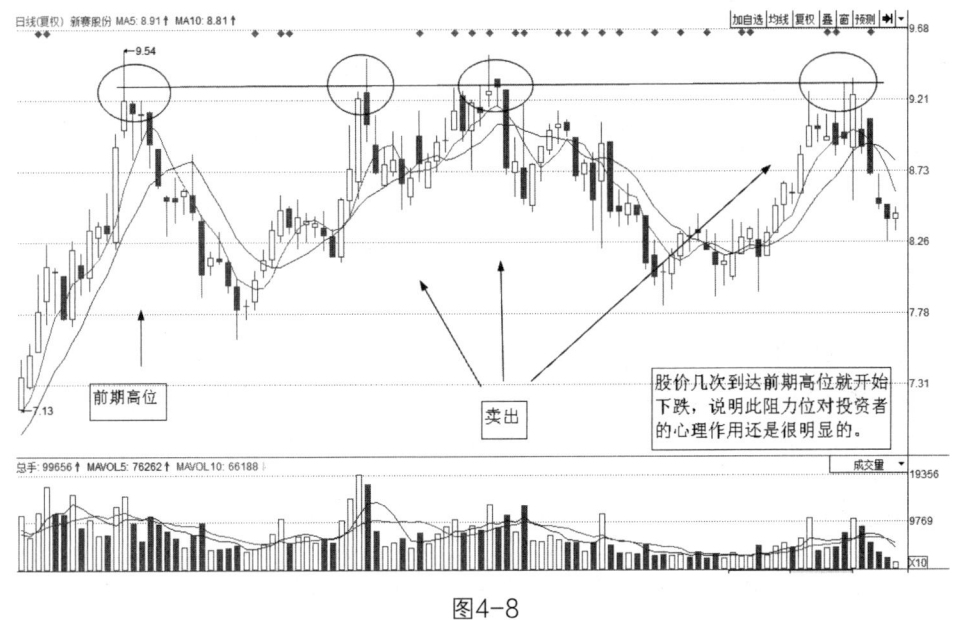

图4-8

如图4-8所示，新赛股份（600540）的股价在上涨到前期高位时，都不能有效突破，在3个箭头处都遇阻回落，这就说明前期高位，这个重要位置有很大的阻力。作为短线交易者应该先回避这个前期高位可能会带来的下跌风险，宜先卖出手中的筹码。

阶段性的高点是我们要重点进行分析并要掌握的阻力位，通过观察股票的行情走势，我们会发现一个现象，即很多阶段性高点会对个股的走势形成压制性的格局，这就是阻力位对当前个股走势造成的影响。寻找这种阻力位的方法就是将过往发生的走势中的阶段高点先找出来，然后大致确定每个高点往上的空间距离，再将当前股票走势与阻力位通过比较，可得出上升的空间。当然，最初由于不是很熟悉，可能要花很多时间，但随着对行情、个股走势的认识不断深化，还有经验的不断增加，所花费的时间会大大缩短。当然，进行这种分析的前提是其走势没有创新高。

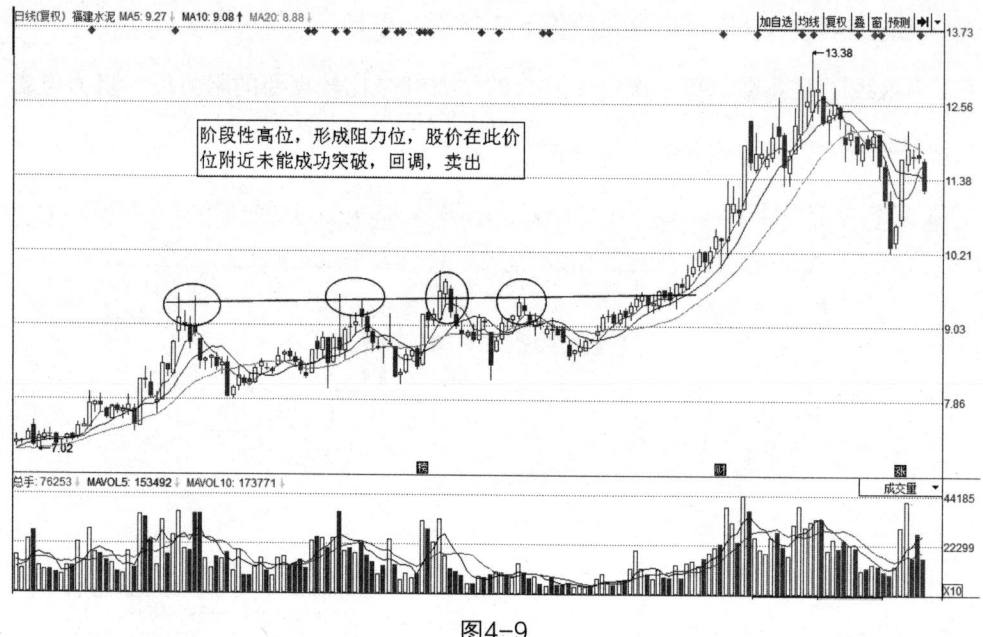

图4-9

图4-9是福建水泥（600802）的日K线走势图，从图中我们可以发现一些非常重要的庄家操盘细节，股价每次遇到前期高点时，都冲高遇阻回落，不管这是有意为之还是无意形成的，就可以发现其实庄家的操盘遵循着常规的方式。

通过对福建水泥走势的分析，我们可以看到阻力位，或者说相对阻力位对于操盘的重要指示作用，它能告诉我们什么时候卖出，这种空间分析能力，是我们要了解和掌握的。

在进行买卖股票操作之前，我们要清楚阻力位，估算好上方的上涨空间，在股价临近这些阻力位时，作好卖出股票的准备。当然，对于阻力位，我们要辩证地看待，在没有突破之前，其产生的是阻碍作用，而在突破之后，则会产生较好的交易机会。

阻力位卖出法相对其他卖出法来说，要显得略微简单一些。要判断一个位置是否有压力，主要是依据前期高点处来判断。

如图4-10所示，大连圣亚（600593）股价上升至前期顶部区域时，回落概率

极大，这就说明前期高位，股价不能一鼓作气突破，这个重要位置也面临很大的阻力。短线交易者应该先回避这个顶部区域可能会带来的下跌风险，此时最好卖出手中持有的筹码。

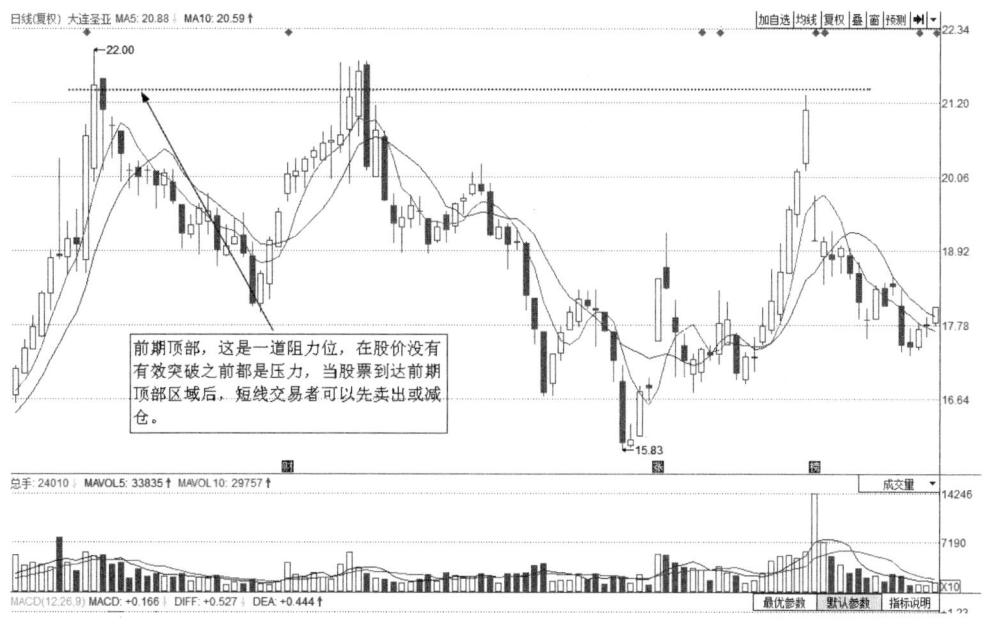

图4-10

短线交易的特殊性决定了阻力位是我们关注的重要参考指标，阻力位卖出法对我们短线操作卖出时机是具有重要的意义，因此，我们要对阻力位进行了解和认识。

阻力位卖出法和双重顶卖出法十分接近，下面我们来介绍下双重顶卖出法。

双重顶是形态理论中最常见、最实用的形态之一，在股票技术分析中，形态理论是一个重要组成部分，它通过对股票运动时形成的各种价格形态进行分析，研究股价所走过的轨迹，并且结合成交量的变化，推断出股票的走向，进而决定采取什么样的行动。

双重顶是一种看跌形态，股价连续两次上攻均在同一水平附近遇阻回落，说明股价在此区域上涨乏力，同时多方的力量消耗巨大，此时空方如果发动反击，

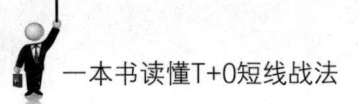

多方基本没有回击的能力。

　　双重顶也称双顶或M头，是K线图中较为常见的反转形态之一，该形态由两个较为相近的高点构成，其形状类似于英文字母"M"而得名。股价在第一次上涨遇阻回落后出现一个回调低点，在此低点画出一条水平线，就可以得出双重顶的颈线。

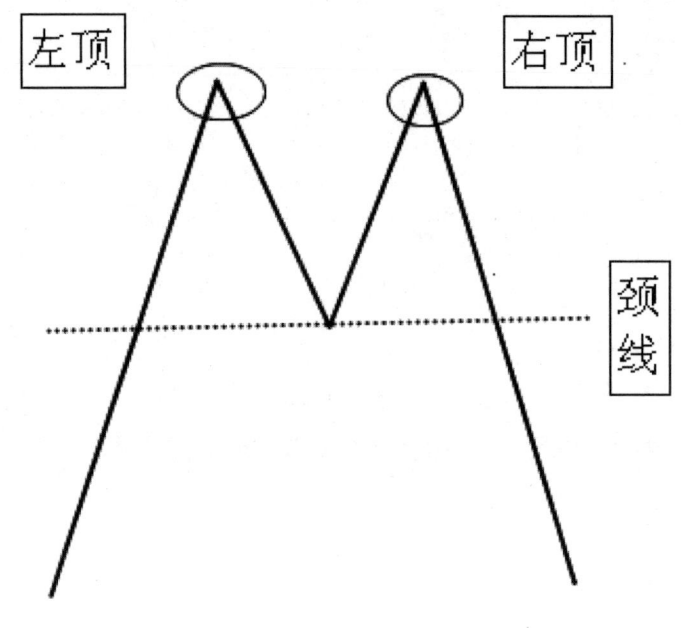

图4-11

　　如图4-11所示，股价在连续上涨的过程中，当上涨至某一价格水平时，股价开始掉头回落，下跌至某一位置时，股价再度反弹上行，至前高左顶附近之后第2次下跌，并跌破第一次回落的低点，也就是跌破图中的颈线，股价所走过的痕迹像M，意味着双重顶形成。

　　双重顶形态是在股价上涨至一定阶段之后，形态上出现两个顶峰，分别是左顶和右顶。在第一个左顶形成回落的低点，通过这个位置画条水平线，就是我们经常所说的颈线。当股价再度冲高至右顶，回落并跌破颈线时，双顶形态正式宣告形成。

　　图4-12是通策医疗（600763）的日K线走势图。股价一路上升后，至56元左

10

右无力创新高，回落调整形成左顶。当股价回落至49.5元位置时股价开始回复上涨，升至右顶处56.50元时，受阻而回，股价跌破颈线。

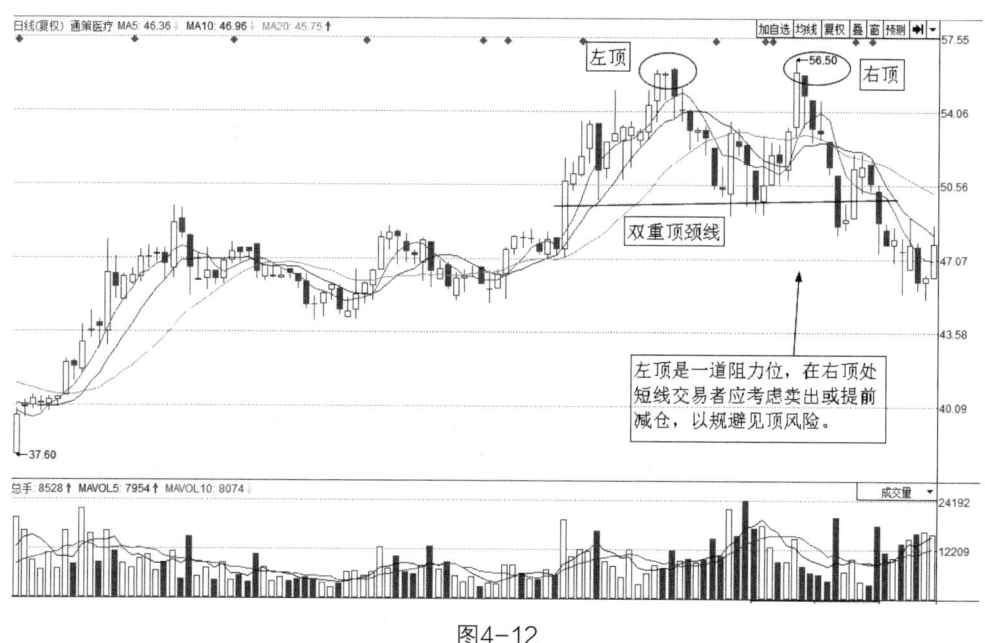

图4-12

使用技巧：

（1）当股价第二次上涨遇阻回落时，说明多方力量已经消耗殆尽，股价随时可能进入下跌走势，此时交易者可以根据MACD、KDJ等指标的死叉来判断第一卖点。

（2）当股价向下跌破双重顶的颈线时，说明股价将要进入下跌走势，此时还没用卖出股票的交易者应该及时清仓离场。

如图4-13所示，迪马股份（600565）的股价上攻，但在前期高点附近遇阻回落，表明盘中的多方力量不足，卖点1出现。随后该股股价一路下跌，继续走弱，同时MACD指标在零轴线上出现死叉，预示着短期内股价将要走弱。待股价跌破颈线时，卖点2出现，还未清仓的交易者应该及时卖出股票，避免深跌割肉。

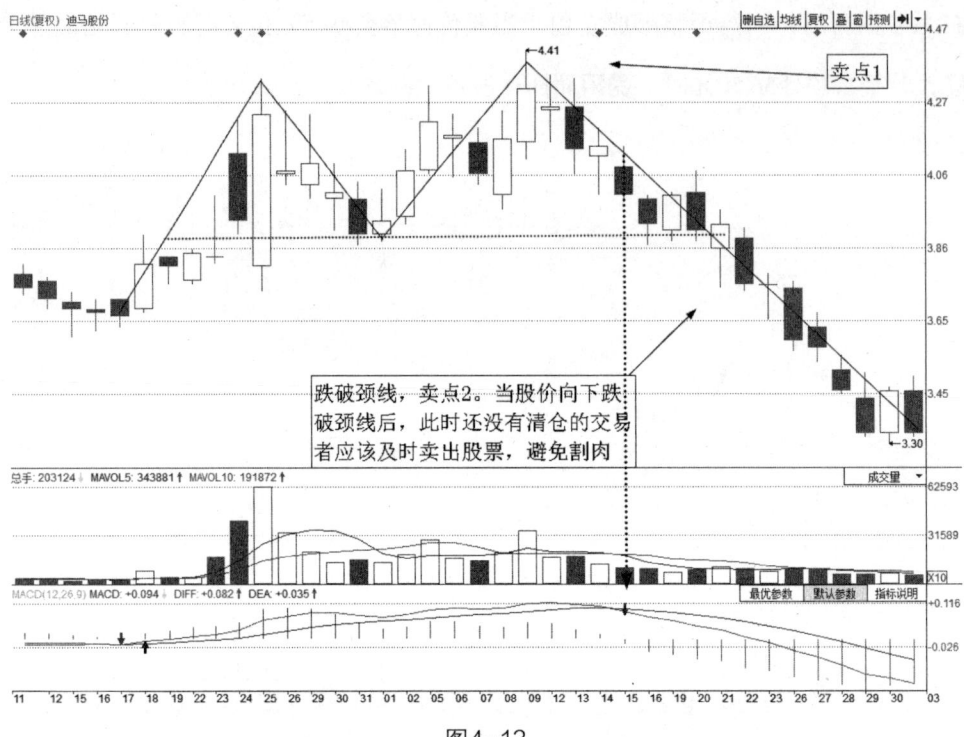

图4-13

二、上升通道卖出定式

股价在上涨走势中，交易者可以通过连接两个阶段性低点，得到一条上升趋势线，然后通过连接两个阶段性的高点，得到一条上升趋势线，两条上升趋势线就构成了上升通道。

上升通道是股价运行在上涨趋势中的一种反映，在通道中，往往呈现出股价上涨成交量放大，股价下跌成交量萎缩的现象。这种走势对于短线交易者来说，是非常适合操作的。

当股价上涨至上升通道上边线附近时，遇阻回落，说明股价在上边线处受到压制作用，预示着股价在短期内，将要进入下跌走势，交易者应该及时获利了结。

如图4-14所示，宇通客车（600066）的股价在上涨过程中，出现两个阶段性的低点A、B，交易者可以通过A和B两点连成一条上升趋势线，再把阶段性的两个

高点C、D连成一条线，便可构成一条上升通道。交易者就可以根据股价与上下边的相对位置进行买卖操作，如图中四个箭头处，就是卖点。

图4-14

交易者在上升通道内，可以进行高抛低吸操作，也可以结合其他震荡指标，比如KDJ、BOLL、RSI等，综合作出判断，进而更为准确地把握通道内部的买卖点。

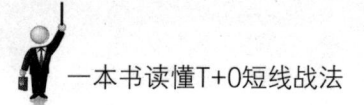

第三节　破位卖出定式

一、跌破趋势线卖出定式

一般来说，股价跌破上升趋势线就意味着上升趋势已经结束，需卖出止盈出局。通常越陡峭的趋势线越容易被跌破，短线可及时止盈。

当然实际的走势可能没这么简单，因为趋势线也是随时在变化，需要随机应变。只有有效跌破上升趋势线，短线才考虑卖出。所谓"有效"，即跌破之后股价站稳在趋势线之下，盘中以下影线跌破，或者跌破之后拉回，都非"有效"。

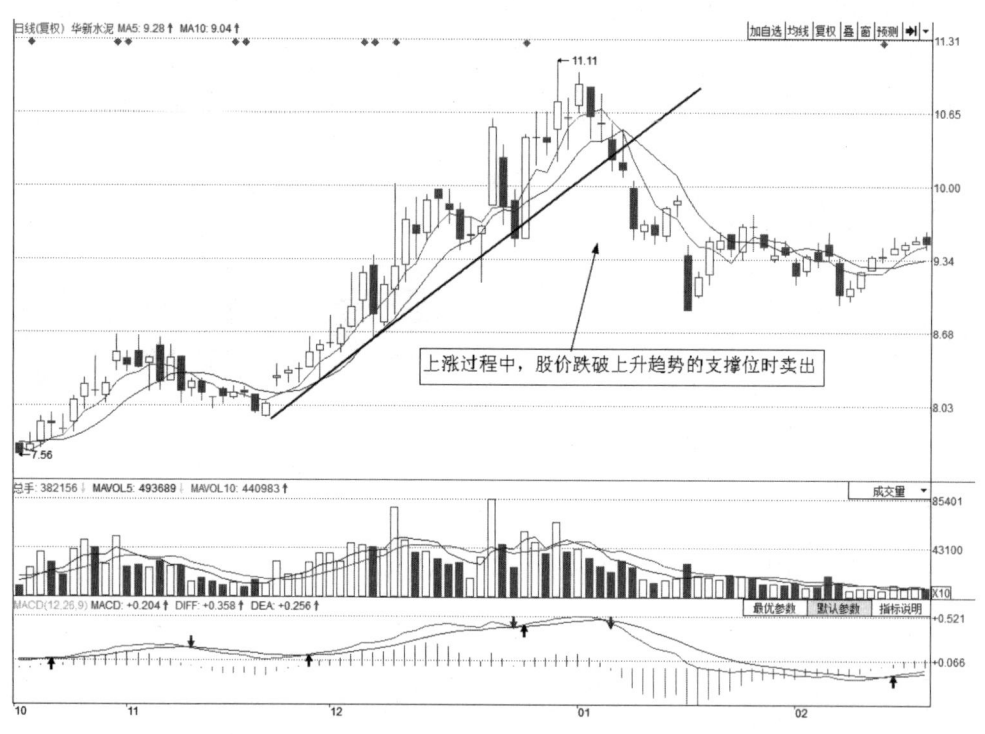

图4-15

在走势图上，当个股股价形成上升走势的通道时，每当股价有效跌破上升通道的下轨线时，都是短线的卖点。

如图4-15所示，华新水泥（600801）在上涨趋势中，股价重心不断地上移，股价也不断地上升。把股价上涨过程中回落时的低点连成直线，就形成股价上涨趋势通道的下轨线，这根下轨线就是股价上涨过程的支撑线。当股价每次回调到这个下轨线受到支撑时，就说明此时资金买入比较积极，股价会继续上涨；相反，如果股价在回调到这个下轨线时，没有得到有效的支撑而继续下跌的话，说明场外资金进场积极性不大，此时的承接力度不大。所以，短线交易者应该立刻卖出，回避股价继续下跌带来的损失。

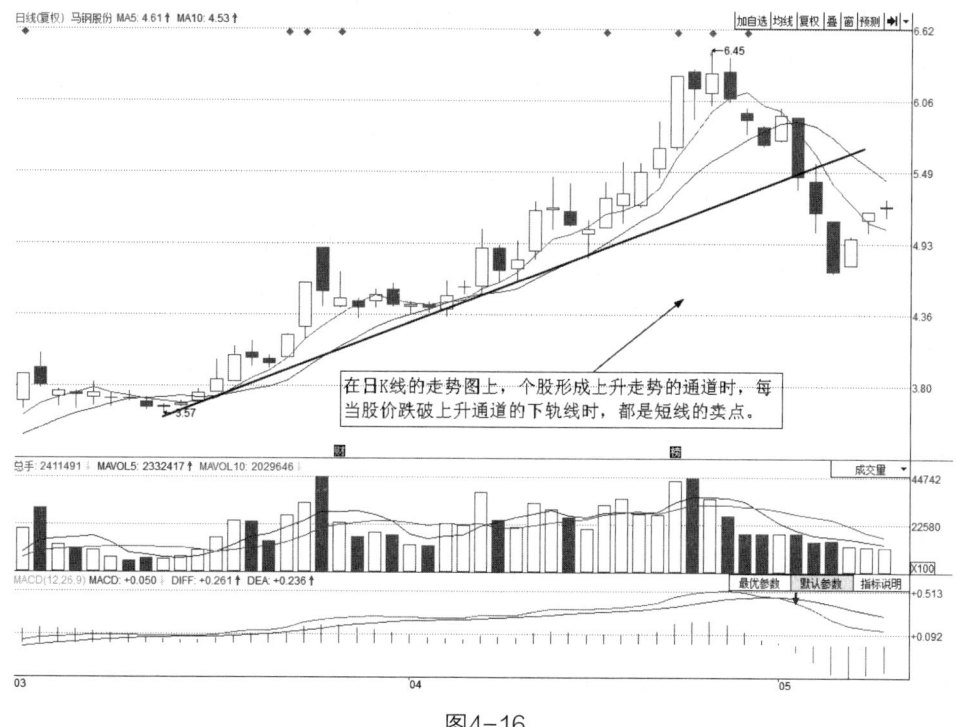

图4-16

如图4-16所示，马钢股份（600808）的股价处于上涨趋势中，当股价运行在上涨通道中并且回落的话，那么它回落到上涨通道的下轨处，如果没有获得有效的支撑，或者直接击穿上涨趋势的支撑位置时，交易者就应该卖出股票，避免股价下跌带来的损失。

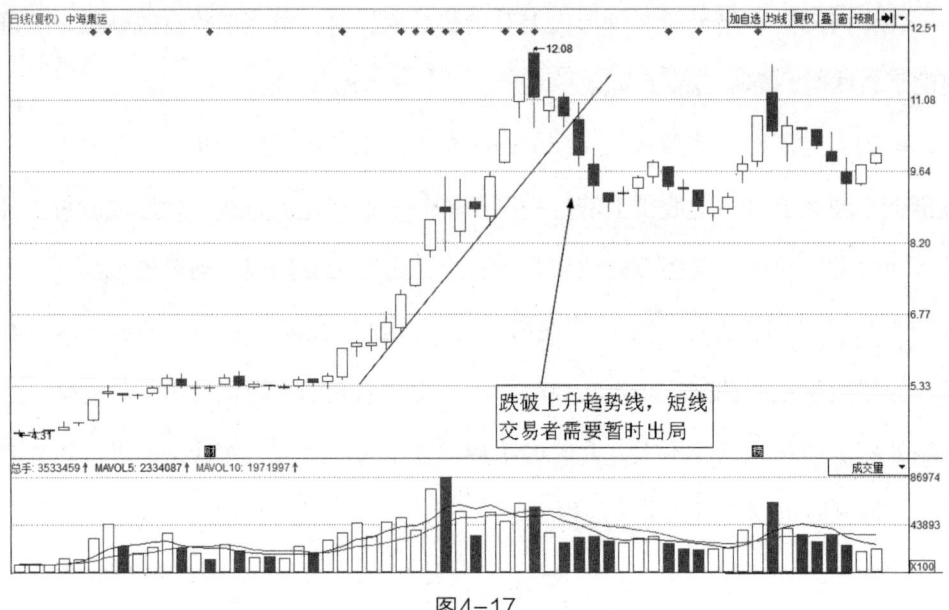

图4-17

如图4-17所示，中海集运（601866）自低点反转上行，我们可以连接两点，形成一条上升趋势线，上升趋势线形成后，短线交易者可以根据趋势线的支撑逢低买进或者持有股票。当然，上升趋势线不可能永远支撑有效，总有跌破的一天，那有效跌破时就是卖出的时机，比如在图中箭头处的长阴线，跌破上升趋势线，基本上可以确认该上升趋势线已经被破坏，短线交易者需要暂时卖出股票，出局观望。

根据趋势线操作有一个较为麻烦的问题，就是趋势线也是不断变化中的，需要根据实际走势不断调整，操作也要相应变化。一般来说，股价上升走势是由慢到快的，我们可以依次画出角度越来越陡的上升趋势线。最后当股价跌破快速上升趋势线的时候，意味着短线行情结束。

如图4-18所示，中海海盛（600896）的股价涨涨跌跌，上涨的趋势不定，根据不同的涨势特征，我们可以画出三条不同的趋势线。在趋势线没有改变之前可以按常规操作，最后股价跌破上升趋势线时卖出股票，完成一个完整的交易系统。

本例子告诉我们一个常识，趋势线不是一成不变的，需要根据实际走势及时调整，制定相应的操作策略。

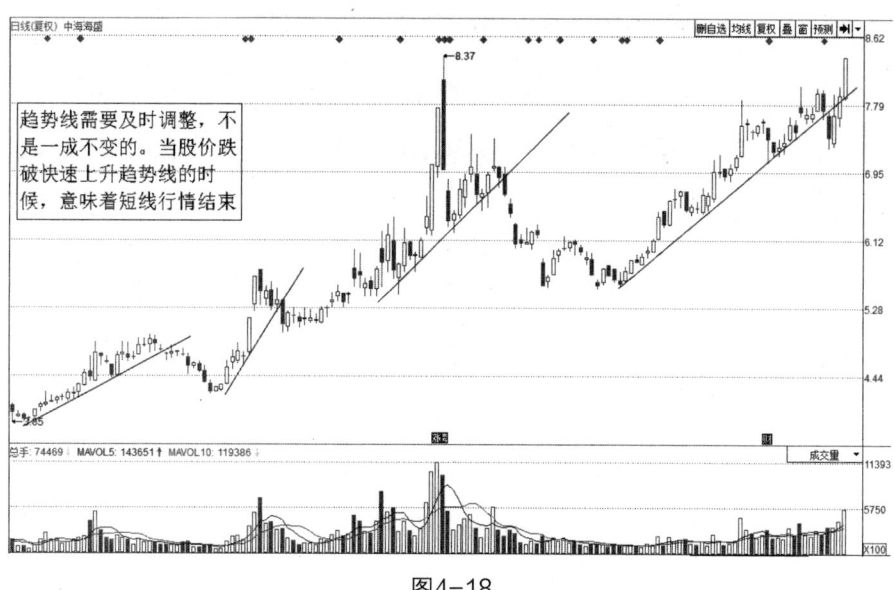

图4-18

二、三角形卖出定式

当股价向下跌破三角形整理形态的下沿线时，说明整理走势结束，股价将要进入下跌走势，此时交易者应该及时卖出手中的股票，以免遭受损失。

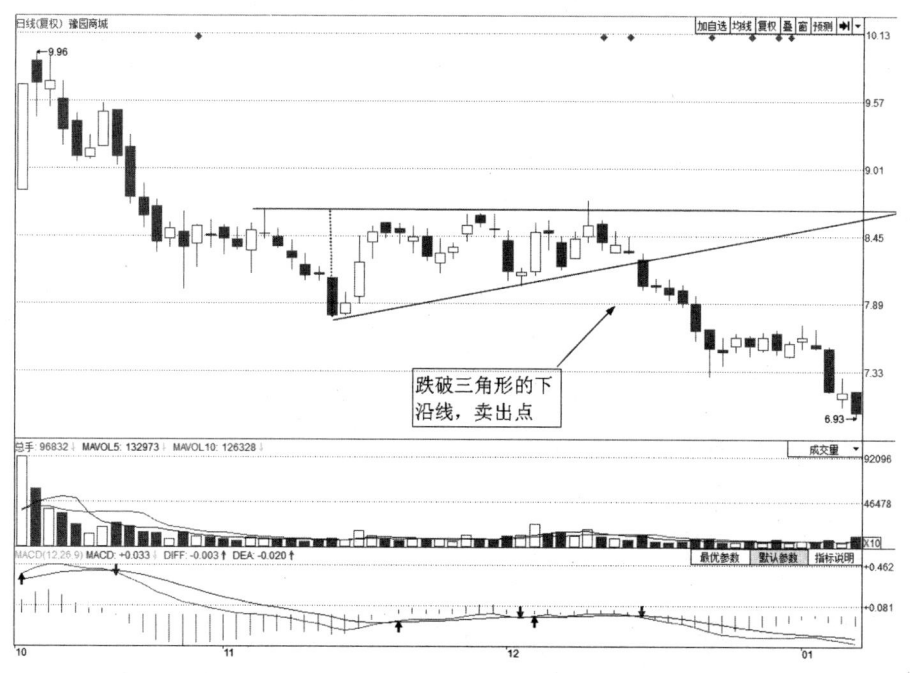

图4-19

如图4-19所示，豫园商城（600655）的股价在下跌走势中，进入震荡整理的走势，且形成三角形的形态，当该股的股价向下跌破三角形整理形态的下沿线，说明整理走势结束，股价将要沿着原来的下跌走势运行，卖点出现，交易者应合理把握时机，趁机抛出，防止被套牢。

三角形也经常出现在头部，头部三角形的正式形成要等到股价有效跌破三角形的下边线时，就意味着趋势反转，需清仓出局了。

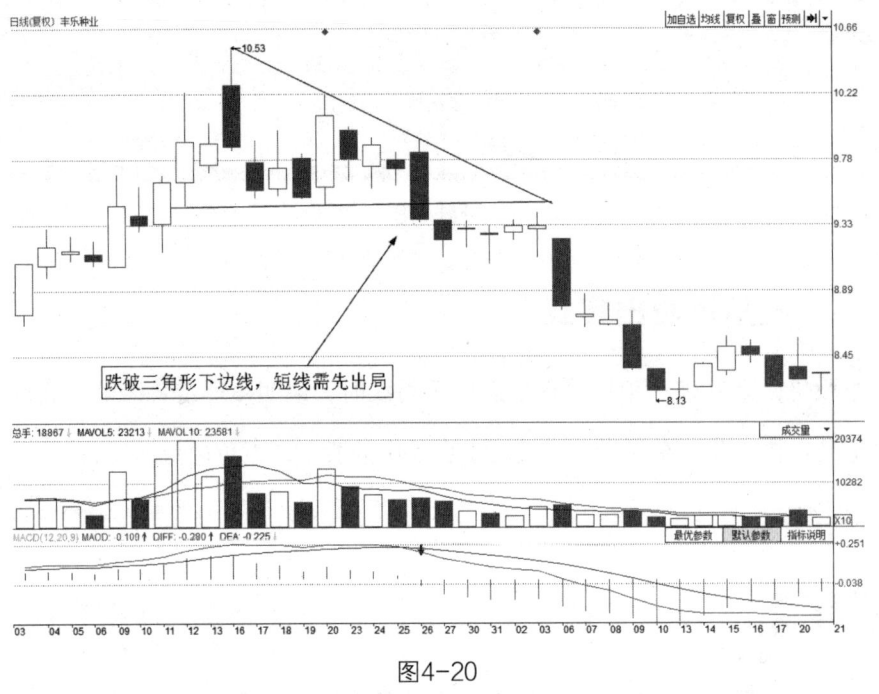

图4-20

如图4-20所示，丰乐种业（000713）在运行中走出了一个三角形的模样。这个三角形很难确认性质，整个过程呈缩量的状态，有洗盘的特征，所以很多人可能会把它当做上涨中继平台，可是该股跌破三角形的下边线，形成头部三角形时，短线交易者就需先清仓出局观望。

三、楔形卖出定式

楔形，是指股价在整理过程中，将阶段高点和阶段低点进行连线后，两条线的方向相同，但是角度逐渐收缩，就像楔子一样的形态。K线走势逐步下降的楔形整理形态，是"下降楔形"。

楔形，也是一种中继形态，当楔形整理形态结束后，股价将要延续之前的下跌走势，继续运行。

我们来看看楔形卖出法的使用技巧：

当股价向下跌破楔形整理形态的下边线时，说明整理走势结束，股价将要进入下跌走势，发出看跌信号，此时的交易者应该及时清仓离场，持币观望。

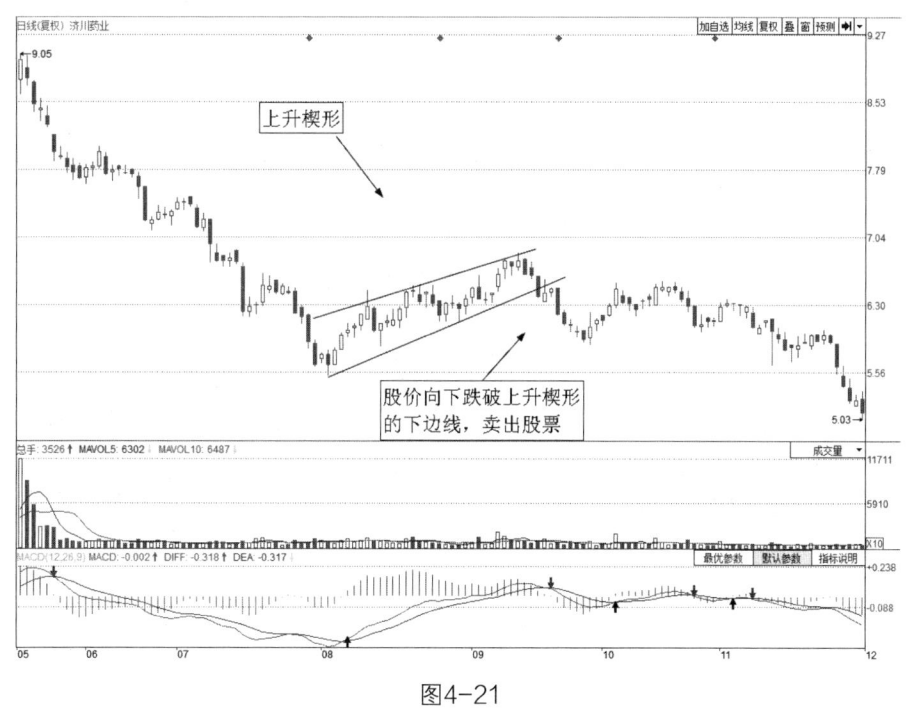

图4-21

如图4-21所示，济川药业（600566）的股价在下跌趋势中，进入震荡整理走势，且形成上升楔形的形态。当该股股价向下跌破上升楔形整理形态的下边线时，说明股价的整理走势结束，股价将要延续之前的下跌走势运行，交易者应及时卖出股票。

买进股票后，把它卖个好价钱是人人都梦寐以求的，把握卖出时机的方法还有很多，笔者提出上述几种时机只是抛砖引玉，交易者可以在实战中不断摸索，掌握既适合自己又符合市场的卖出方法，提高投资收益。

第四节　技术指标卖出定式

一、KDJ卖出定式

"KDJ"指标主要原理就是用目前股价在近阶段股价分布中的相对位置来预测可能发生的趋势反转。它反应比较敏感，是一种进行中短期趋势分析研判的比较好的技术指标。

下面，笔者在此讲解如何更好地利用KDJ指标来把握卖出时机。

1. 运用技巧

KDJ指标的运用主要从K、D、J值的大小、KDJ曲线形态和KDJ背离等方面来考虑。

（1）K、D、J三个指标的数值范围都是0～100。通过不同的指标数值，可以判断股价是否处于超买或者超卖状态。当股价处于超买状态时，通常K的数值大于80、D的数值大于70、J的数值大于100；股价处于超买状态时，投资者要适当地减仓，以避免高位的风险。

（2）当K值非常小，例如为0时，表明股价下跌的趋势非常大，股价总是能够创新低。这样的大趋势中，股价如果开始反转，将被视为较好的卖出时机。

（3）趋势的反转信号。在股价上升到相对的顶部时，K线从上突破D线时，是卖出的信号；当随机指标的曲线变得平缓时，通常意味着股价即将变换方向，投资者这时候要提高警惕了。

（4）当KDJ指标线在顶部形成多重的顶部时，是卖出的信号。

（5）顶部的背离信号。当D线处于超买状态时，股价不断创出新高，但是K线却出现连续下降的底部，这样就在股价的顶部出现了背离，是卖出的信号。

2. 实战案例

下面，我们通过几个实例来看看如何在实际操作中运用KDJ卖出法。

（1）顶部死叉卖点

股价上涨到顶部开始盘整，并且有逐渐走弱的趋势。虽然股价没有大幅度的下跌，但是多方力量已经明显不足，下跌是迟早的事情。股价下跌时，K线和J线向下突破D线形成死叉，这是投资者卖出股票的时机。

KDJ高位形成死叉，卖出信号

图4-22

如图4-22所示，华塑控股（000509）的股价在高位整理时，KDJ指标中的K线和J线向下突破D线，形成死叉，配合5日均线死叉10日均线，此时交易者卖出股票，就可以避免以后的下跌行情。

（2）顶部背离卖点

长期上涨的行情中，股价在高位继续向上的动力会在空方的打压下逐渐消退，而出现下跌的行情。但是很多时候股价是不容易下跌的，反而在下跌前还会呈现出弱势的上涨现象。即使股价上涨，指标也会出现向下的背离现象。背离的结果就是股价逐渐形成顶部反转形态，股价将进入到下跌趋势当中。

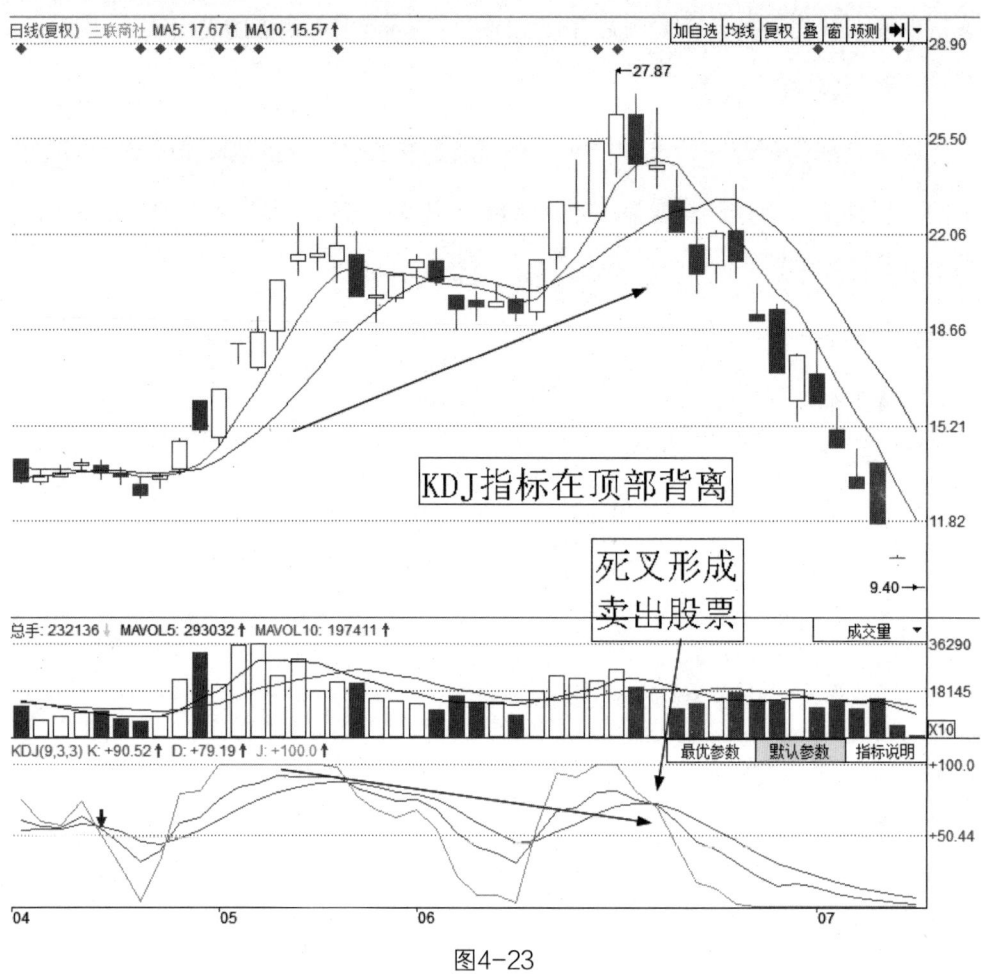

图4-23

如图4-23所示，三联商社（600898）股价在上涨当中，多方力量在逐渐衰弱，而空方力量逐渐强大起来，股价虽然在向上涨，在创新高的同时，KDJ指标出现了相对的高点，但是还是低于之前KDJ指标线的高点，这样KDJ指标就和股价的走势形成背离的现象。投资者可在KDJ死叉同时配合5日均线死叉10日均线时，卖出股票，才能保住利润，避免由盈利变为亏损。

顶部死叉卖点和顶部背离卖点是KDJ的两个重要卖出信号，这是交易者应该重点掌握，并且要学会在实战中灵活运用。从以上运用技巧和实战例子的分析上，我们可以看到，KDJ指标并没有想象之中那么复杂难懂，只要把握三条

线的交叉形态以及交叉时机，基本上就可以把握个股的走势，从而更好地帮助交易者做出正确的研判，在危机尚未爆发前，让交易者成功逃脱，不至于被套。

KDJ指标的优点，在于反应的敏感性。因此，KDJ指标是技术分析人员经常使用的一种指标，同时，也是普通交易者需要在实战中掌握利用的重要指标。希望本节的介绍能帮助读者朋友们在实战中，起到四两拨千斤的作用。

二、MACD卖出定式

1. 运用技巧

（1）当DIF和DEA同时小于0的时候，说明市场属于空头市场，交易者可以在多数时间里看空市场。

（2）DIF死叉DEA。如果下跌发生在DIF和DEA都小于0的时候，则是卖出的信号；如果下跌发生在DIF和DEA都大于0的时候，那么多数情况是股价在上涨途中的回调，时间不长股价又会开始上涨。特别是DIF在0轴以上连续两次向下死叉DEA的时候，说明市场可能不久就将转为下跌的行情。

（3）DIF顶部背离情况。股价在上涨的过程中，连续两到三次都不断创出新高，但是DIF却不出现新的高点反而逆势下跌，这是顶背离，这是卖出信号。顶背离的时间越长，背离的次数越多，卖出信号越准确。

（4）DIF和MACD同步看跌情况。DIF死叉DEA，并且MACD也由正数转为负数的时候，属于看空信号。特别是DIF在小于0的时候死叉DEA时，看空的信号比较强烈。

2. 实战案例

下面，我们通过几个实例来看看如何在实际操作中运用MACD卖出法。

（1）顶部死叉卖出

股价在长期上涨过程中，出现下跌调整的行情后，MACD指标也会出现死叉现象，即DIF曲线从上向下穿越DEA曲线，形成死叉形态。MACD形成死叉后，后

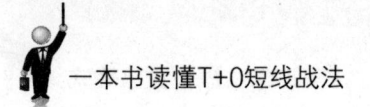

市看空的概率是比较大的。如果在股价上涨的顶部出现MACD指标死叉形态，那么下跌就是毫无疑问的了。

　　如图4-24所示，中百集团（000759）在上涨过程中出现相对顶部，股价由此下跌，从图中可以看出，MACD形成死叉状态，这是比较好的卖出股票时机。

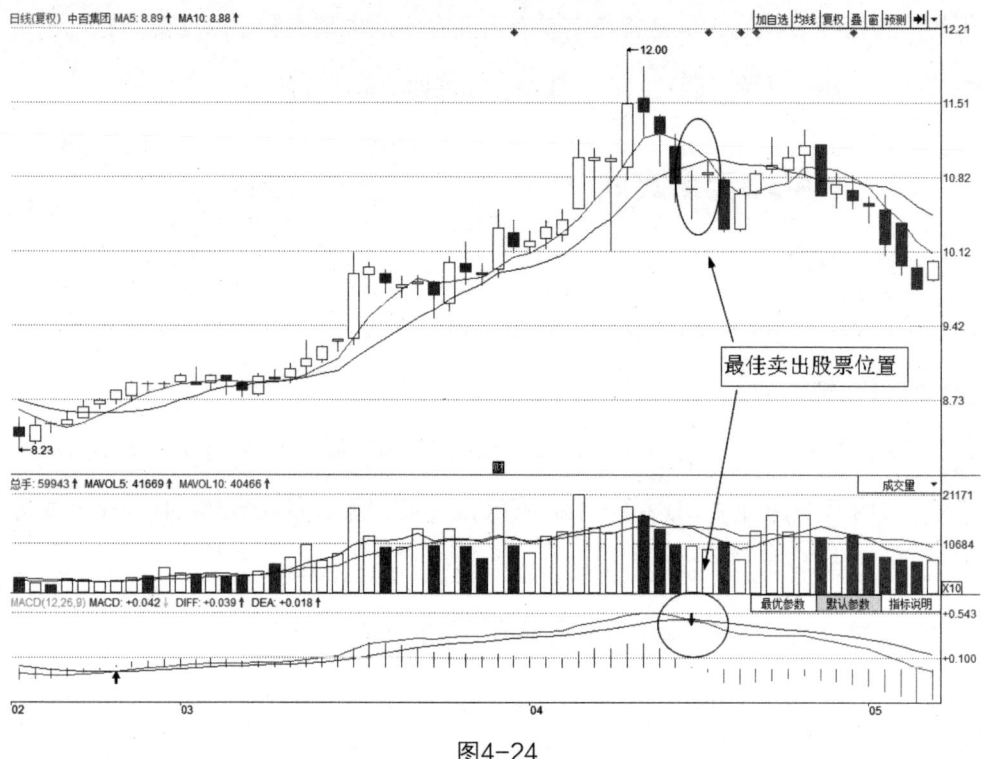

图4-24

　　图4-24中的中百集团（000759）符合0轴线上的强势"死叉"，当MACD指标在远离0轴线上区域向上运行很长一段时间后，DIF线开始向下突破DEA线，这是MACD指标的第一种"死叉"。它表示股价经过很长一段时间的上涨行情后，一轮比较大的跌势将展开。对于这一种"死亡交叉"，预示着股价的上升行情结束，该股的另一个下跌趋势可能已开始，因此，投资者对于MACD指标的这种"死亡交叉"应格外警惕，应及时逢高卖出全部或大部分股票，特别是对于那些前期涨幅过高的股票更要加倍小心。

　　图4-25是广东鸿图（002101）的日K线走势图，当白色DIF线自上而下穿越黄

色DEA线，MACD出现绿色柱状线时，是卖出信号。当柱状线颜色发生改变，出现绿柱线时，表明市场上的空头力量开始强于多头力量，股价将开始一段下跌行情，是一种比较明显的卖出信号。

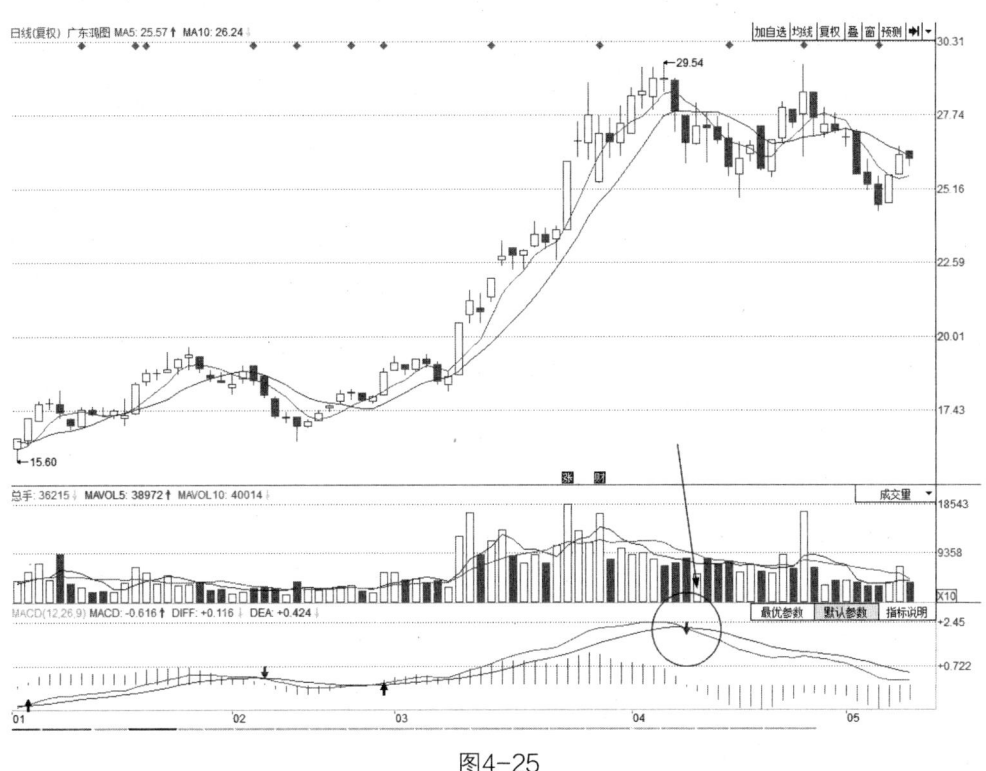

图4-25

（2）顶背离卖出

价格上升到顶部的过程中，股价创新高，而MACD指标不增反降，这时就是顶背离。

如图4-26所示，中化国际（600500）的股价持续上升，而MACD指标走出一波比一波低的走势时，意味着顶背离出现，预示着股价可能在不久出现转头下行，可在死叉时卖出。

当股价持续走高，而MACD指标却出现一波低于一波的走势时，意味着顶背离现象的出现，预示着股价将很快结束上涨返身下跌。

股价经过长时间的上涨，上涨的空间已经非常小，再次向上创出新高的能量已经减弱。股价虽然仍然小幅度上涨，但是MACD指标同股价走出相反的趋势，开始由高位向下跌，高点不断下移，这样就形成顶背离形态，此时是卖出股票的好时机。即使MACD指标第一次背离时没有卖出股票，第二次背离的时候也应该卖出了。因为一般情况下顶背离都不会超过两次，如果交易者在第一次顶背离时没有卖出股票，第二次就必须卖出，否则很可能因为来不及卖出股票而在高位被套牢。当然，谨慎的交易者可以在MACD指标第一次背离时，先减仓卖出部分股票，等股价再次背离的时候卖出所有股票。

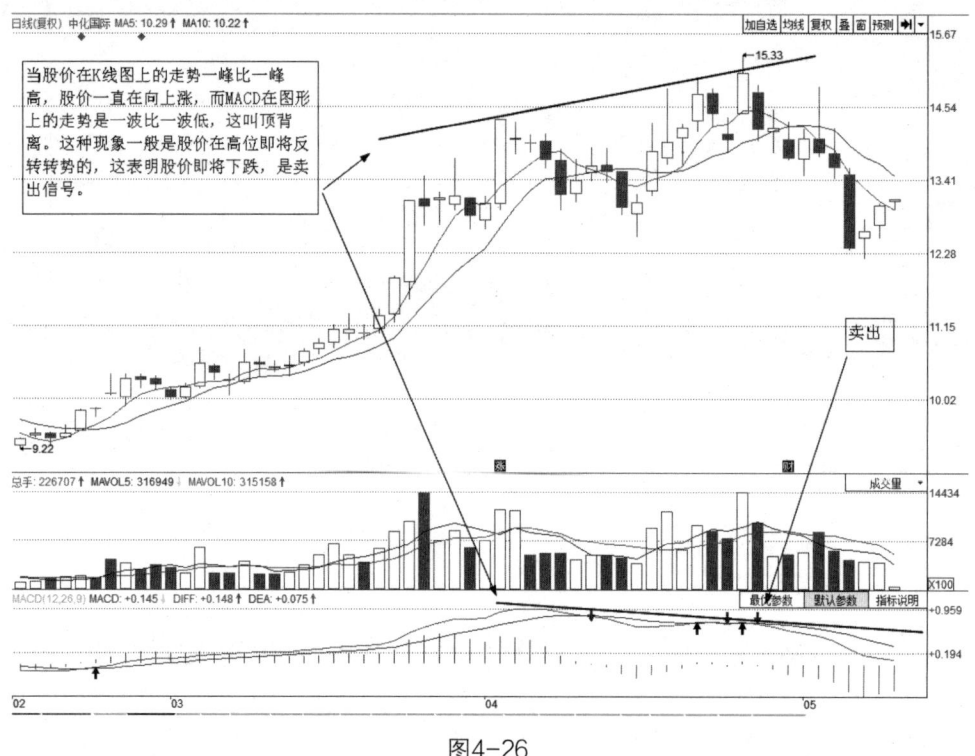

图4-26

如图4-27所示，亚太实业（000691）在上涨图中出现两次MACD指标和股价背离的情况。这说明多方力量有变弱的趋势，等空方力量复苏，股价将会见顶下跌。每次背离都是卖出股票的大好时机，在选择卖出价位方面，谨慎一点的交易者可以在指标出现顶背离后，立即卖出股票。激进一点的交易者可以在MACD指标下跌到0轴附近时，再卖出股票，此时是卖出股票的好时机。

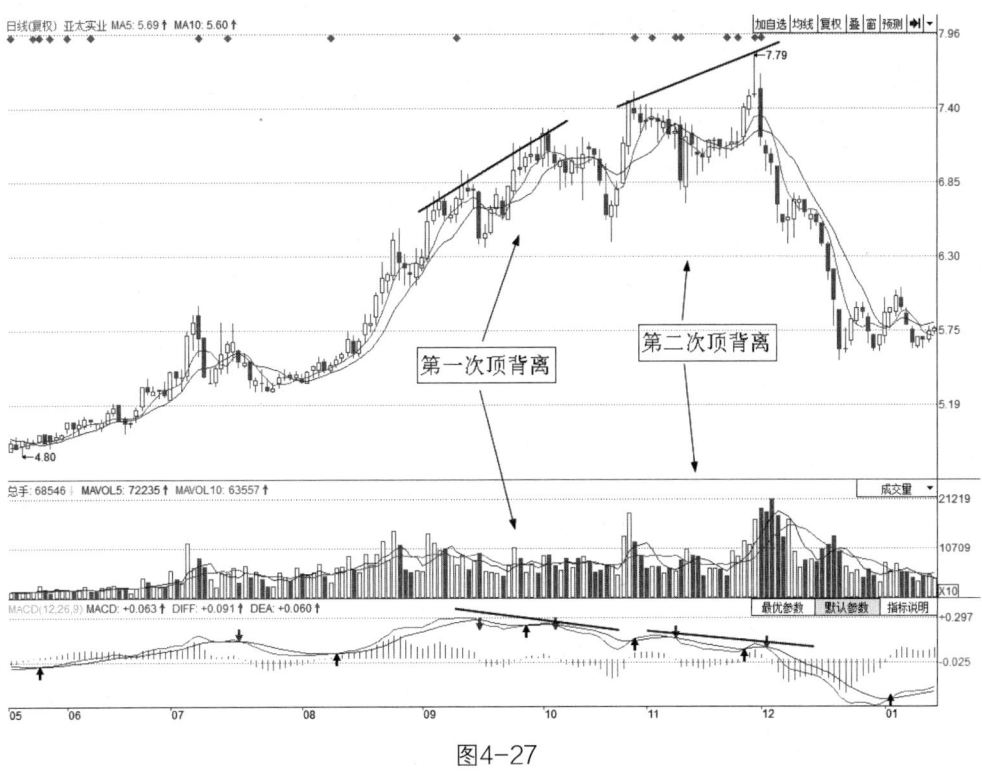

图4-27

3. MACD指标的缺点

当然，MACD指标除了有利条件外，它也拥有属于自己的不可避免的缺陷，这需要引起读者朋友们的注意。当股价波动没有明显的上升或下降趋势，而是保持水平方向的整理时，此时DIF线与DEA线的交叉将会十分频繁，同时，MACD柱状线的收放也将频频出现，颜色也会常常由绿转红或者由红转绿，此时MACD指标处于失真状态，使用价值也相应降低。

MACD是趋势指标，不适合在横盘盘整震荡整理时使用。股价盘整的时候形成的死叉不能盲目地卖出。因为盘整时MACD指标经常是不可靠的，屡次出现金叉和死叉并不能说明股票就要上涨或下跌。

股价横盘震荡整理时，MACD指标会失真。股价在横盘整理的时候，DIF会经常金叉DEA或者死叉DEA，而MACD也经常在绿柱和红柱间变化，这时候发出的买卖信号是非常不准确的。只有在持续的行情中，MACD指标才足够的准确。

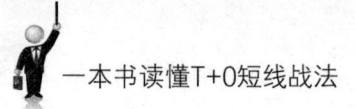

三、RSI指标卖出定式

在短线买入定式里，我们提到了RSI的买入法，那么，作为一种判断行情的指标，RSI相应的也可以被用来作为判断短线卖出时机的参考。

下面，请跟随笔者一起看看RSI卖出法的运用技巧。

1. 运用技巧

（1）在实际应用中，可以用两条计算周期不同的RSI曲线来判断股价的走势，如常用的长短期RSI周期为12天和6天。

当RSI（6）由80以上向下穿越RSI（12）的时候，是极好的卖出信号。

数值为50的RSI是多空均衡线，50以下为弱势区域，50以上为强势区域。RSI由上向下穿越50线时，说明市场已经转为弱势。

（2）股价上涨时创新高，随着RSI数值也创新高，那么后市仍然看多。若RSI没有创新高，数值下跌，就出现了RSI顶部背离。顶部发生背离后，股价随时都有下跌的危险，持股的交易者要做好止盈的准备，否则股价下跌时的损失会很大。

（3）连接RSI的两个底部，可得到一个向上的切线，若RSI数值跌破切线段，则为不错的卖出机会。

（4）当RSI数值达到80以上的时候，为超买区域。股价处于超买区域时都有下跌的可能性，持股的投资者要注意提前止盈以免被高位套牢，此时为卖出股票的好时机。

以上便是RSI指标的运用技巧，我们从中可以看到，RSI可以辅助我们更好好地掌握卖出时机。不过，任何分析工具都是双刃剑，有优点就必有缺点，因此，笔者在这里要告诫大家，应用RSI的分析不能掉进公式化、机械化的泥潭中，因为任何事物都有特殊情况，RSI超过95或低于15也并不出奇，不要一低于30就入市买进，高于70就抛售，应当结合其他图形进行具体的综合分析。

所以，建议读者朋友们在实战中，利用长期的RSI均线与RSI线的关系来作为买卖信号判断，以掌握正确的买卖时机，合理介入，取得理想的收益。

2. 实战例子

在了解了RSI卖出法的应用技巧后，我们通过几个实例来具体了解下如何在实战中运用这一指标，把握恰当的卖出时机。

（1）顶部死叉卖出

在股价上涨乏力前，RSI短期指标线会自上而下穿越RSI指标线，这时就是顶部的死叉形态。在RSI50线以上形成的高位死叉对股价下跌的象征性意义更大一些。股价在持续的下跌中，会在小幅反弹后继续下跌，这时在RSI 50线以下就会形成死叉形态。50线形成死叉一般说明股价还会持续下跌。

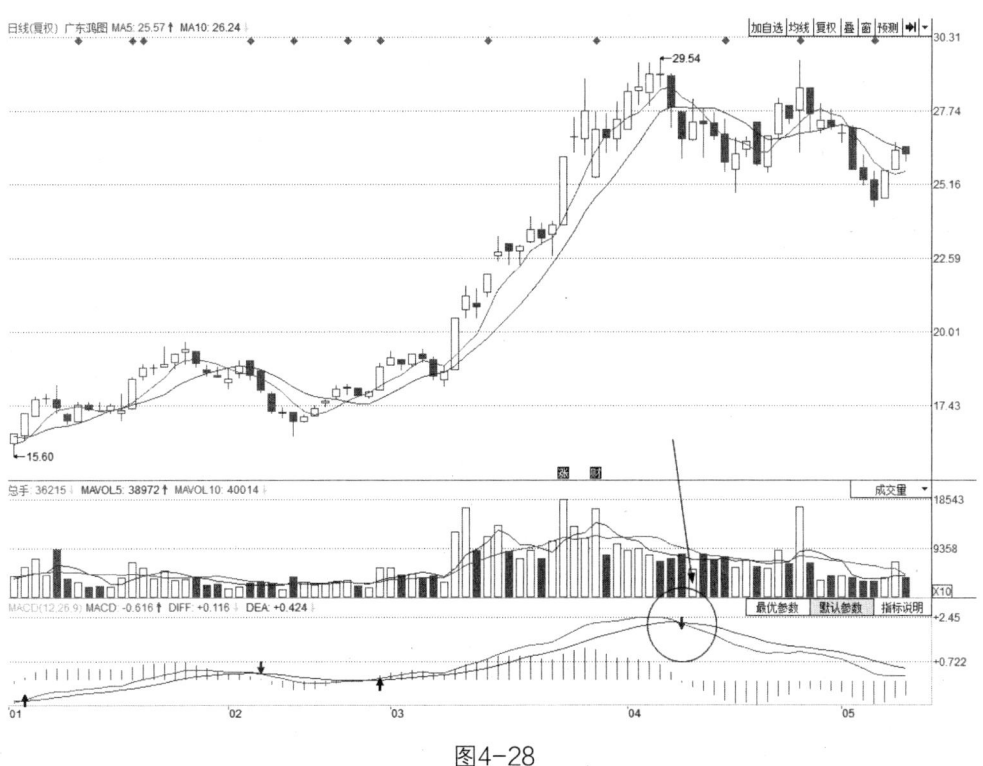

图4-28

图4-28是酒钢宏兴（600307）的日K线走势图，股价大幅度上涨之后，RSI指标显示出严重的超买状态。6日RSI线自上而下穿越12日RSI线，高位死叉形成。配合5日均线死叉10日均线，此时，交易者可以抓住时机卖出股票。

（2）顶背离卖出

　　股价在上涨末期虽然也在吃力上涨，但是RSI指标已经不能够再创新高。股价继续上涨而RSI指标已经调头向下是股价见顶的绝好信号，交易者减仓或卖出只是时间问题。若顶背离的时间比较长，幅度比较大，这个时候，交易者最好卖出股票。

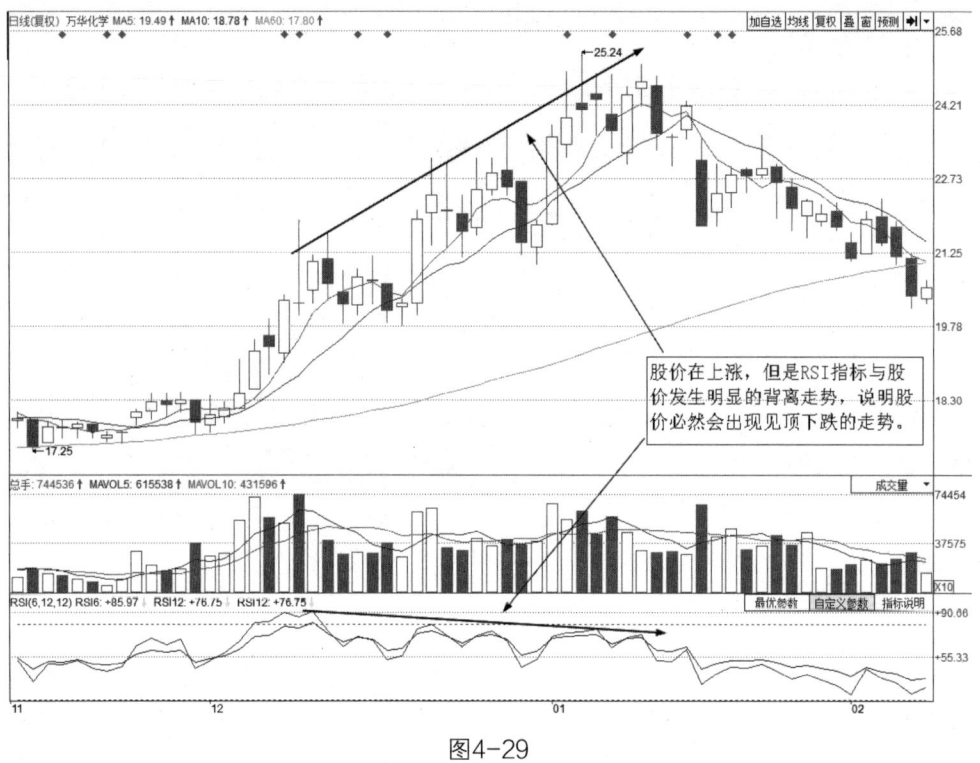

图4-29

　　图4-29是万华化学（600309）的日K线走势图，从图中我们发现，股价在连续的上涨过程中，一波比一波高，而RSI指标却在下跌，一波比一波低，发生明显的背离走势。6日RSI线和12日RSI线纠缠在一起，此时，交易者可减仓卖出股票。当5日均线死叉10日均线时，则是最佳的卖出股票的时机，交易者应果断平仓，不得有丝毫犹豫徘徊，以免被深深套牢，损失惨重。

　　通过上述的运用技巧和实例分析，我们看到，作为一种判断行情的指标，可以使人们更好地掌握卖出时机。

四、三重死叉卖出法

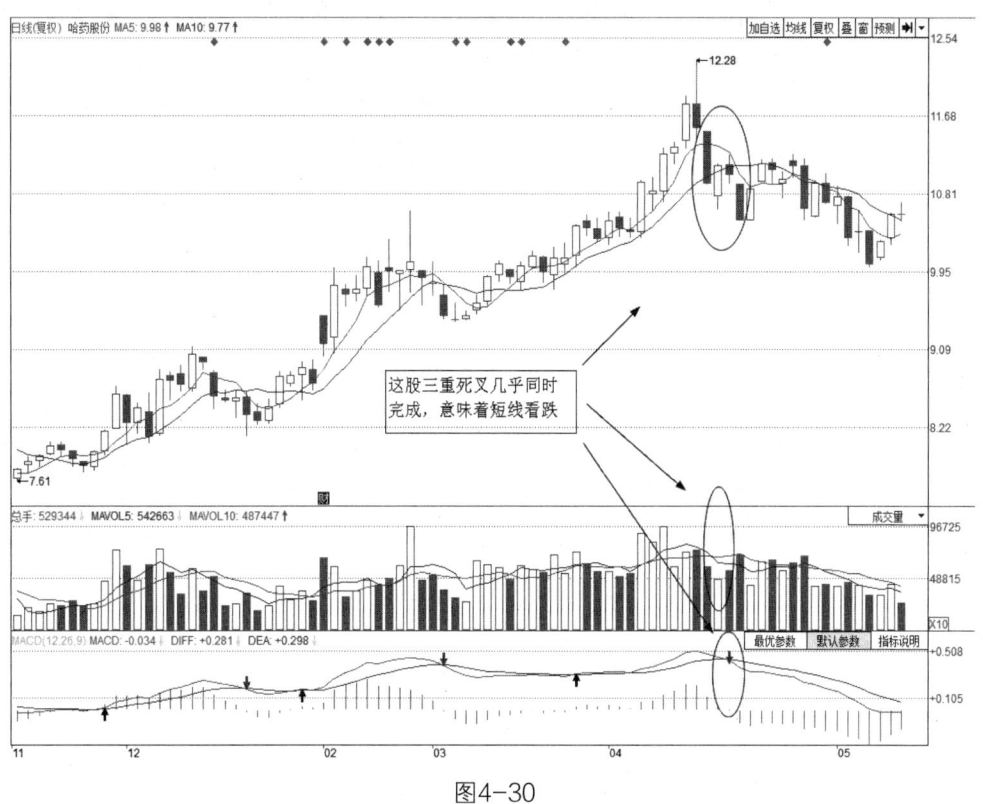

图4-30

如图4-30所示，哈药股份（600664）股价在长期上涨后开始缓慢下跌，几乎出现5日、10日均价线、5日、10日均量线和MACD的死亡交叉点，这是股价卖出的信号。刚开始的价格回落可能是缓慢的，但这种走势最终会造成股价加速滑跌。当股价滑跌时，5日、10日均价线、量均线和MACD自然发生死亡交叉。随着股价的下跌，顶部买入的人已有亏损，这种亏损效应传播后会带动更多人卖出该股，于是股价再度下跌。

如图4-31所示，彩虹股份（600707）同时出现5日均线死叉10日均价线，5日均量线死叉10日均量线和MACD的四叉点，这意味着后市不妙，此时交易者应坚决卖出股票。

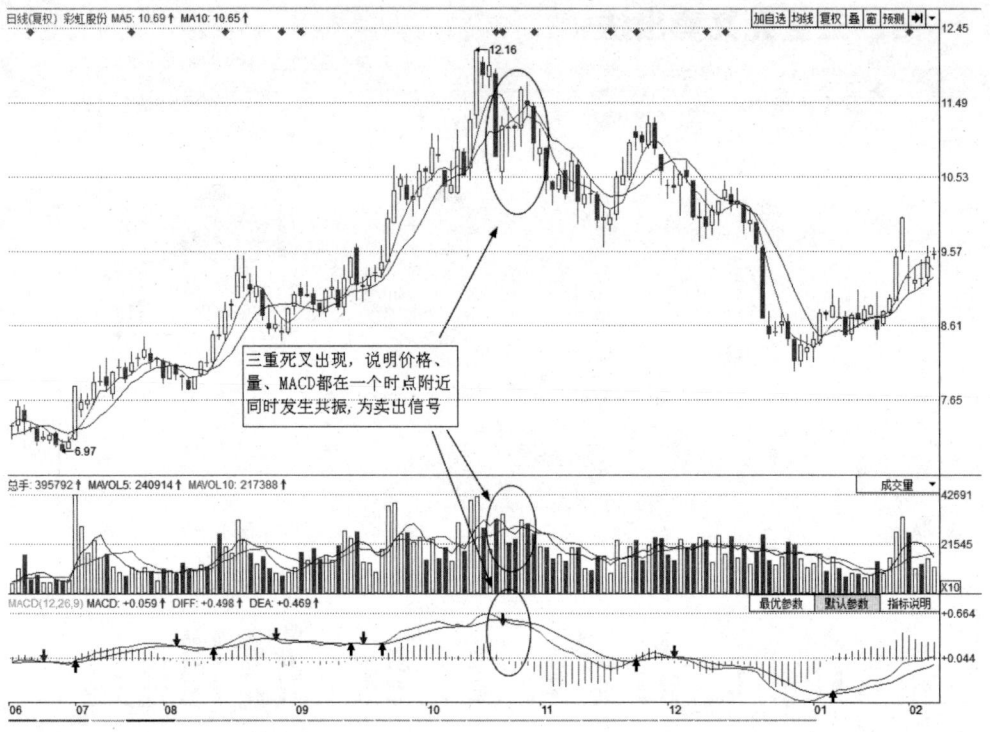

三重死叉出现，说明价格、
量、MACD都在一个时点附近
同时发生共振，为卖出信号

图4-31

第五节　其他卖出定式

一、涨停板卖出定式

股价在高位时，盘中出现涨停，但在盘中多次出现被打开的走势，且呈现放量，此时应该果断卖出。

出现这种情况，说明股价的强势状况没那么坚挺，或者说股价上涨的意志并不是那么坚决。如果说这种走势出现在股价已经大幅度上涨的后期，那么很有可能是庄家在诱多出货。庄家通过这种拉涨停的方法，吸引场外资金的关注，让场外资金进来接盘，从而达到自己出货的目的，替自己接盘。因此，交易者必须谨慎分析，防止被庄家这种诱多出货的计谋所迷惑，导致账户遭到损失。

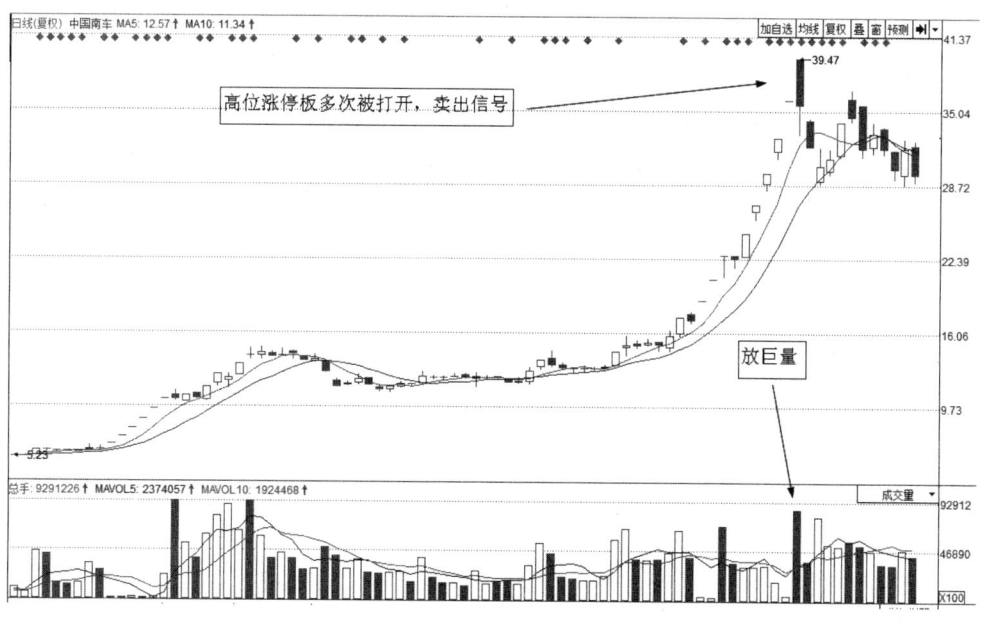

图4-32

如图4-32所示，中国南车（601766）上涨过程非常猛，短短十几天，股价就从16元拉升到39.47元，途中连续拉升约10个涨停板，在高位箭头处的涨停以涨停开盘，主力利用早盘的人气，涨停开盘，其目的是把大量的交易时间用来出货，不断倒单，在同一时间内，撤单、挂单相同的数量，这样在盘口就显示不出撤单的痕迹，而庄家的单子将会后移，把散户的单子顶上去，这样庄家才能疯狂在高位出货。

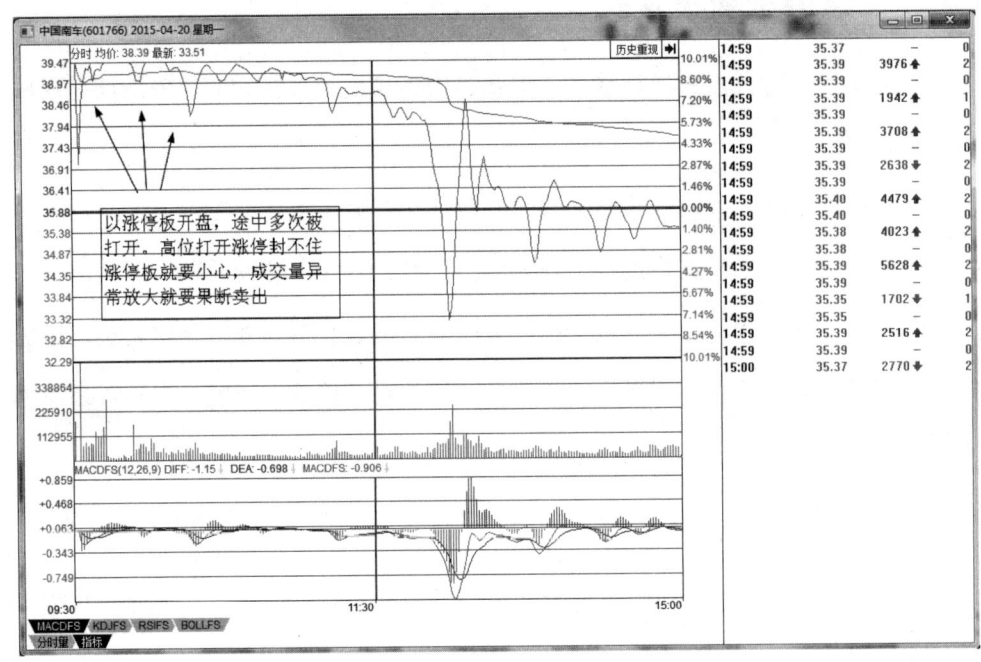

图4-33

图4-33是图4-32箭头处当天的分时图，中国南车（601766）开盘就把股价拉到涨停板，吸引大家的眼球，途中多次打开涨停板，让大家纷纷去追，主力趁机把筹码抛给新追入的人。收盘时全天放出巨量。这便是我们所说的高位天量出货。次日再跳空低开低走，以跌停板收盘，短短两日内跌幅就达30%。

如图4-34和图4-35所示，光大证券（601788）的股价从9.56元，一路上升至34元，翻了三倍多，在图中箭头处由涨停板跌至跌停板，而且伴随着天量，这是卖出信号。

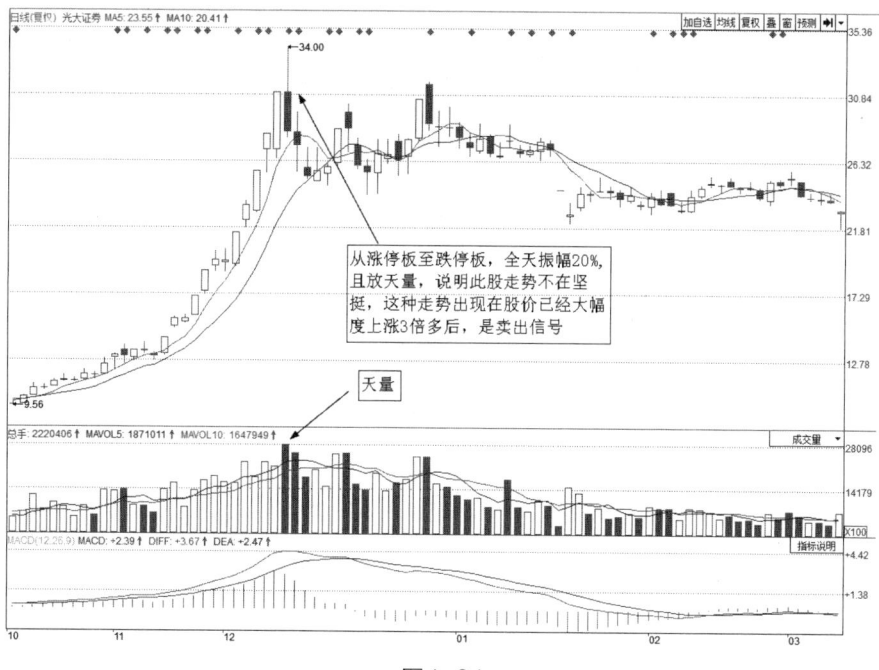

图4-34

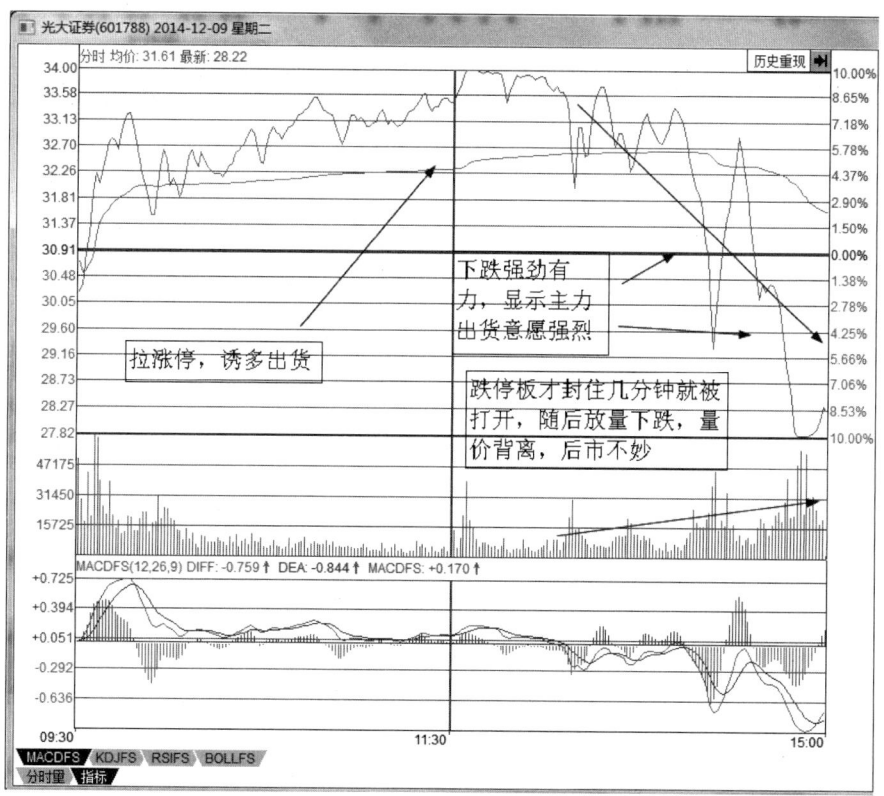

图4-35

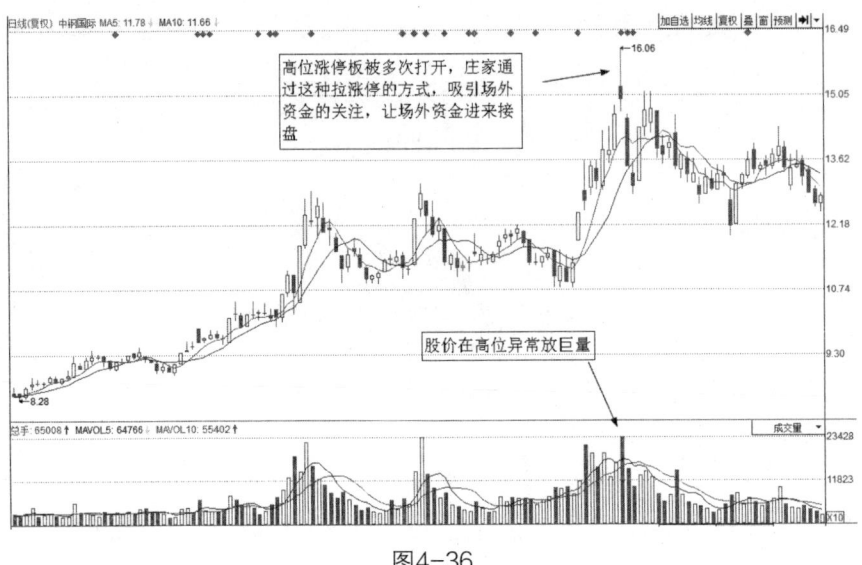

图4-36

如图4-36所示，中钢国际（000928）的股价已由8.28元上涨到16.06元，已有一倍的涨幅，当前股价就整体而言，已经处于相对高位巨量区域，反复打开涨停板且放量，是主力反复出货行为，因此建议短线交易者暂时离场观望为妙。

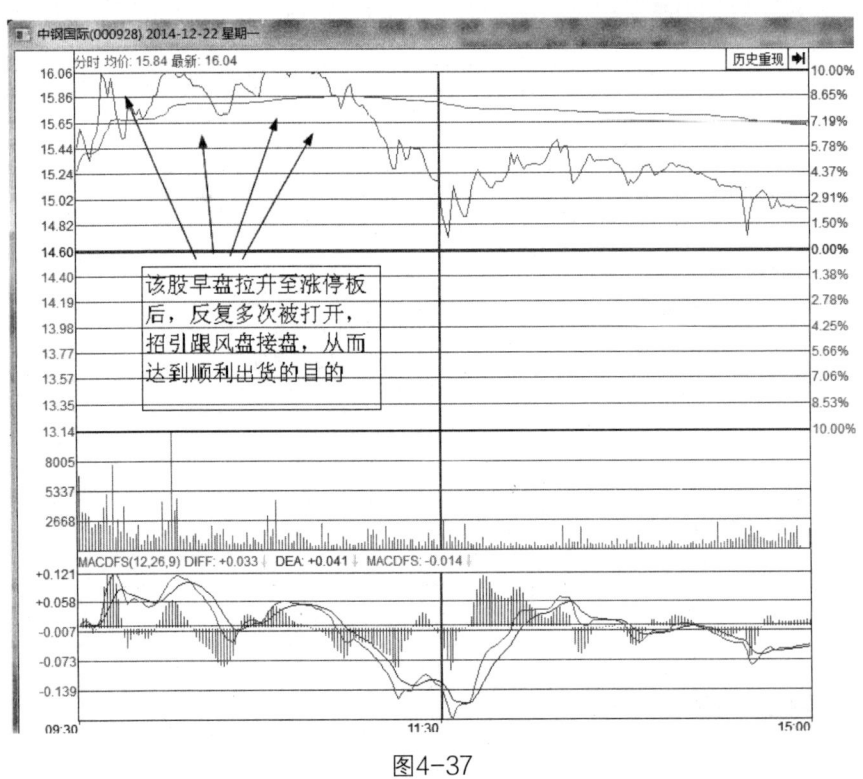

图4-37

图4-37是图4-36箭头处当天的分时图，中钢国际（000928）显示该股早盘就封住涨停板，期间反复被打开，成交量密集，最终股价以一路下跌收盘。不难看出，这是庄家通过反复打开涨停板，以吸引散户跟风接手，从而拉动庄家出货，顺利达到庄家资金想要快速出货的目的。此时，交易者要分外当心，冷静决策，避免一时冲动被眼前利益所迷惑，看不透事实，中了庄家的圈套，这就得不偿失了。

二、放量长阴卖出法

在上升途中，放量长阴线都将形成对后市的压力。长阴线是空头集中发力攻击的表现，由于股价的下跌，也自然滞留了一些反应迟钝的筹码，对后市的上涨会形成巨大的压力。

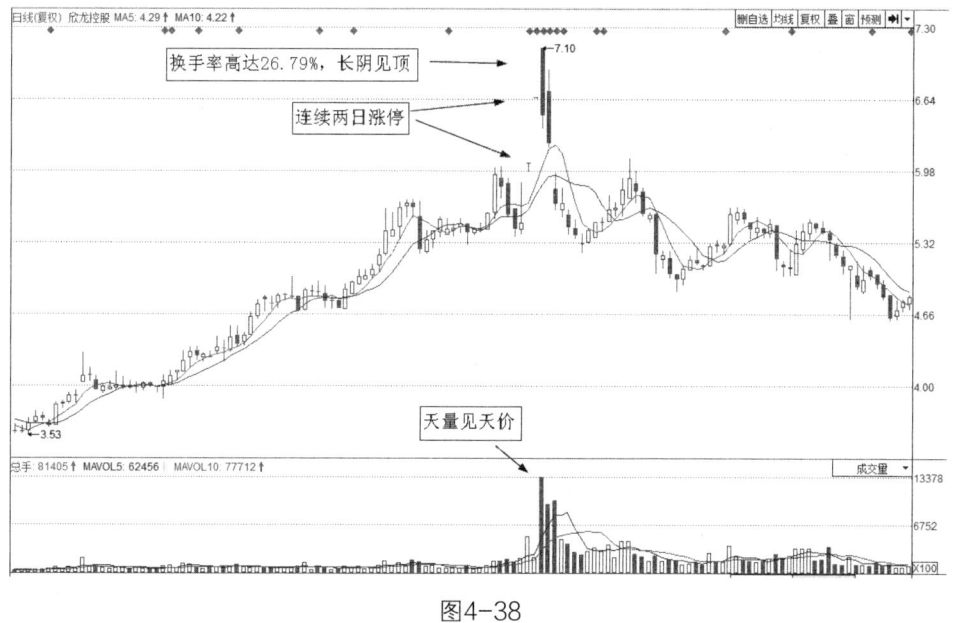

图4-38

如图4-38所示，欣龙控股（000955）的股价在连续上涨之后，还发动一波升势，连续两日涨停板，次日股价借势高开，然后震荡走低，放巨量收出实体较长的阴线，这是典型的顶部信号，往往预示着中期级别的调整就此开始，遇到这种情况，短线交易者应果断落袋为安。

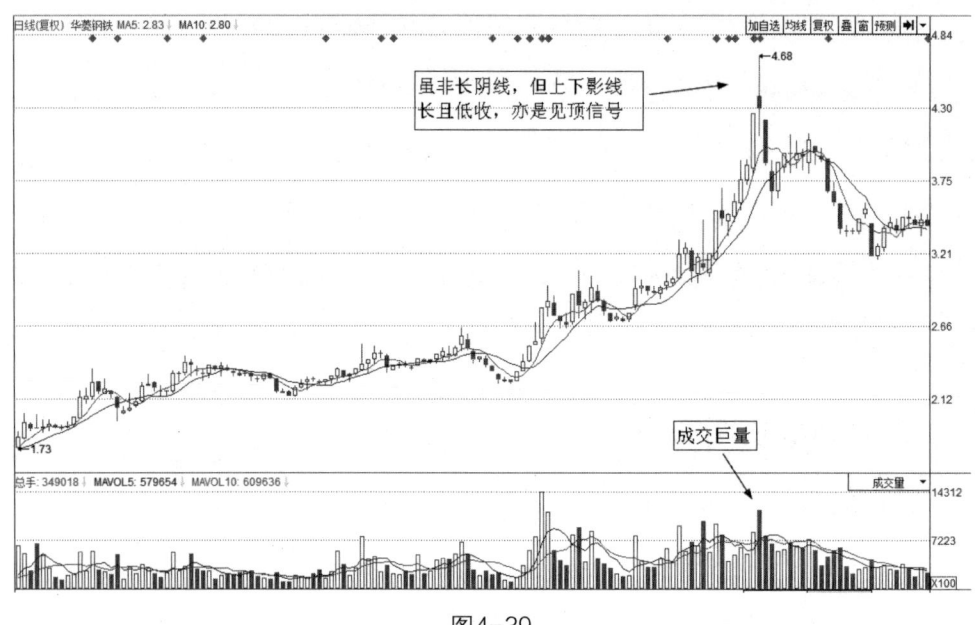

图4-39

如图4-39所示，华菱钢铁（000932）的股价在连续大幅度上涨之后，在箭头处前一日，放量涨停，次日股价冲上涨停板，后迅速回落，以阴线收盘，上下影线较长，振幅达到14.12%。这种K线虽然实体不长，但上下影线足够长，且放出巨量，亦是明确的见顶信号。这时，短线交易者应及时卖出。

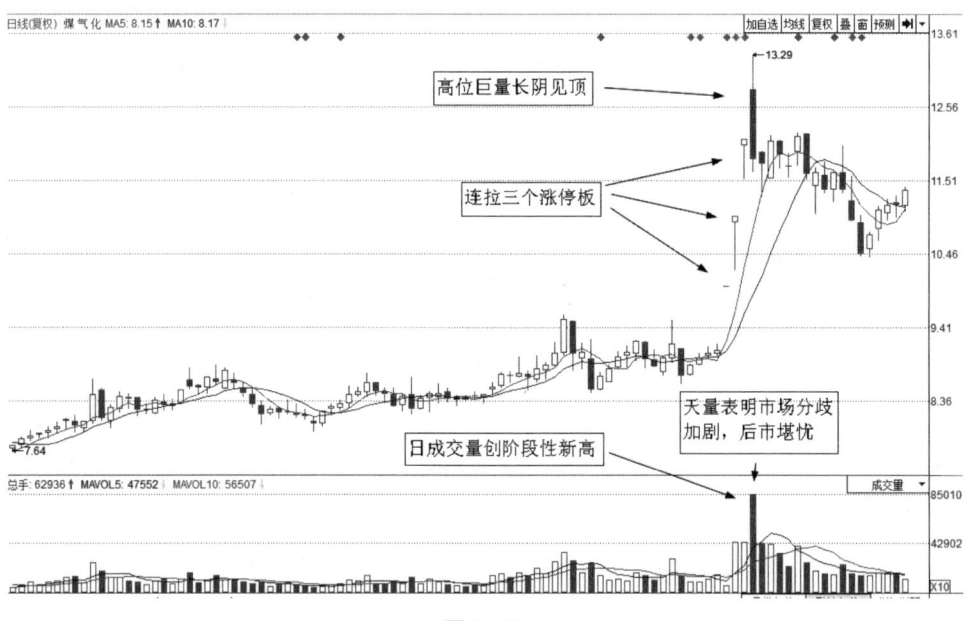

图4-40

如图4-40所示，煤气化（000968）连续拉了三个涨停板之后，继续上涨冲高至涨停板，但没站稳几分钟，涨停板便被迅速放量打开，随后一路下跌，直至以一根上影线较长的大阴线收盘，说明多头上攻乏力，空头已深入多头大本营，当天振幅为13.99%，换手率高达15.66%。

巨量长阴出现在股价连续暴涨之后，其见顶信号强度更强。遇到此种情况，短线交易者应果断卖出离场，规避调整风险。

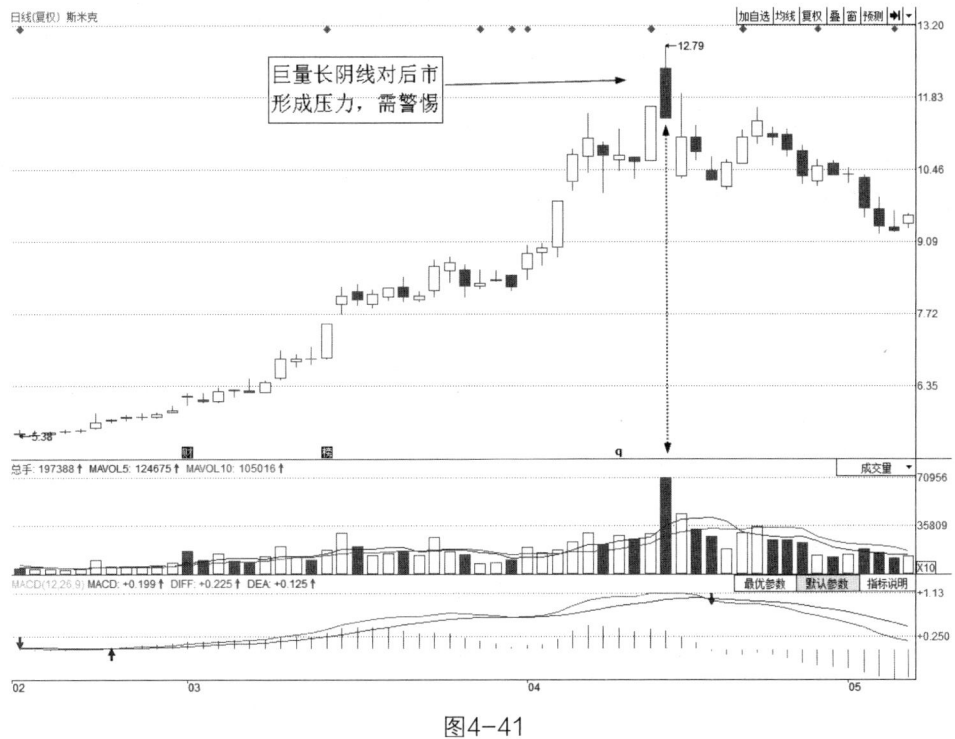

图4-41

如图4-41所示，斯米克（002162）在相对高位走出了一根巨量的长阴线，阴线实体加上巨大的成交量对后市还是形成了较大的压力。这种压力不仅仅是心理上的，同时也是技术上的，该股高开低走，盘中追进的交易者可以说都被一网打尽，成为套牢盘。下图是当日高位巨量的长阴线的分时图。

如图4-42所示，斯米克（002162）的股价高开高走，冲击涨停板，但涨停板两次被放量打开，随后股价下跌放量。说明庄家抛盘开始杀出，放量杀跌股价回落，继续下跌的可能性很大，交易者需逢高出局。

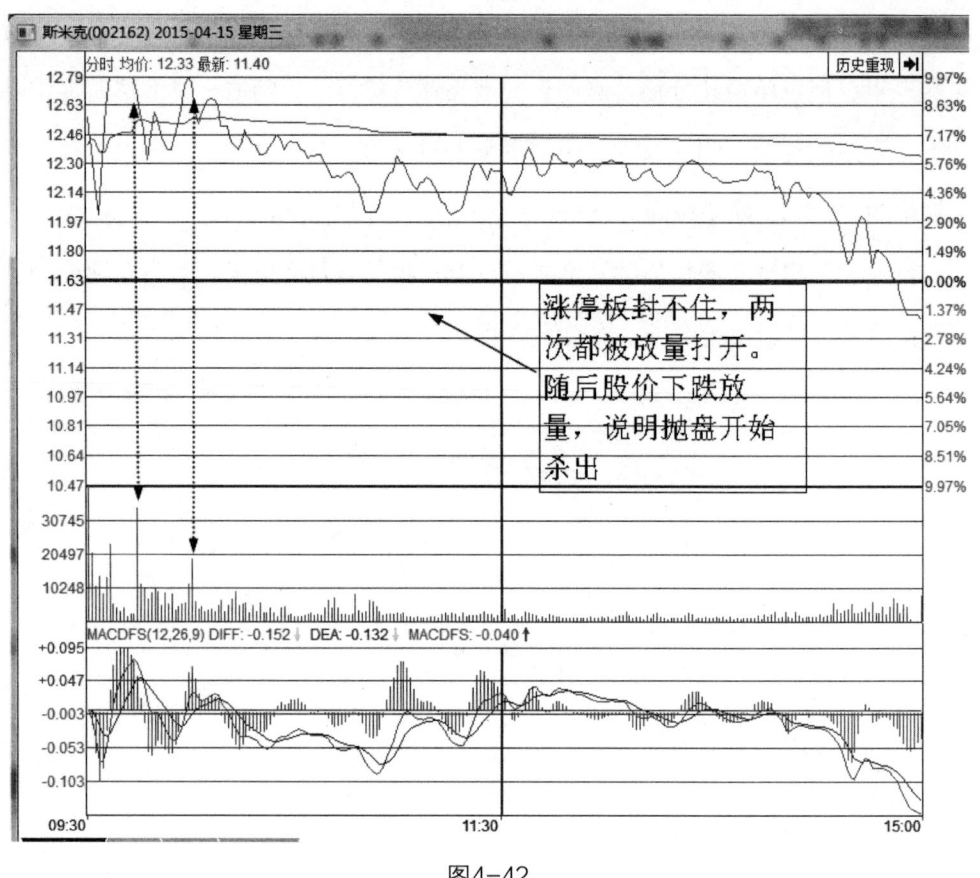

图4-42

从以上实例中，我们了解了如何利用高位放量长阴卖出，笔者就此总结以下几点操作技巧：

（1）股价在高位区域出现这种高位放量长阴的走势时，交易者一定要十分谨慎，更不要在这种情况下看到股价出现回落就贸然买进。

（2）稳健型的交易者应该在出现高位放量长阴当天清仓出局。

（3）出现这种走势的第二天，如果股价低开的话，那么一开盘投资者就应该果断地卖出，不要对后市抱有什么幻想，此时参与的风险要远远大于收益。

（4）出现高位放量长阴之后，如果股价继续震荡向上，那么也应该时刻谨慎，一旦股价上涨无力，交易者就要立刻出局。

三、跳空缺口卖出法

向下跳空缺口，是指当天的最高价低于前一交易日的最低价，从而形成一段价格空白地带。

在上涨走势末期或者横盘走势中，若出现向下的跳空缺口，显示出盘中的空方力量强盛，是看跌信号。

当股价在上涨趋势或者横盘走势中出现向下的跳空缺口，说明盘中的空方力量开始主导股价的运行，如果出现跳空后多方没有能够组织起有效的反击，那么股价的下跌走势基本已定，此时交易者应该及时清仓离场。

图4-43

如图4-43所示，天通股份（600330）出现向下的跳空缺口，预示着空方力量的增强，空方占据了优势，此时，股价进入下跌的概率极大，交易者应该第一时间卖出股票，回避风险。

向下跳空缺口是空头强力打压的表现，缺口期间必然会留下较多的想卖出而没有卖出的筹码。所以，后市反弹，这个缺口留下的套牢盘将解套，自然形成较大的压力。特别是一些破位的向下跳空缺口，具有极大的杀伤力，对后市的反弹也是重要的压制和威胁，交易者需注意。

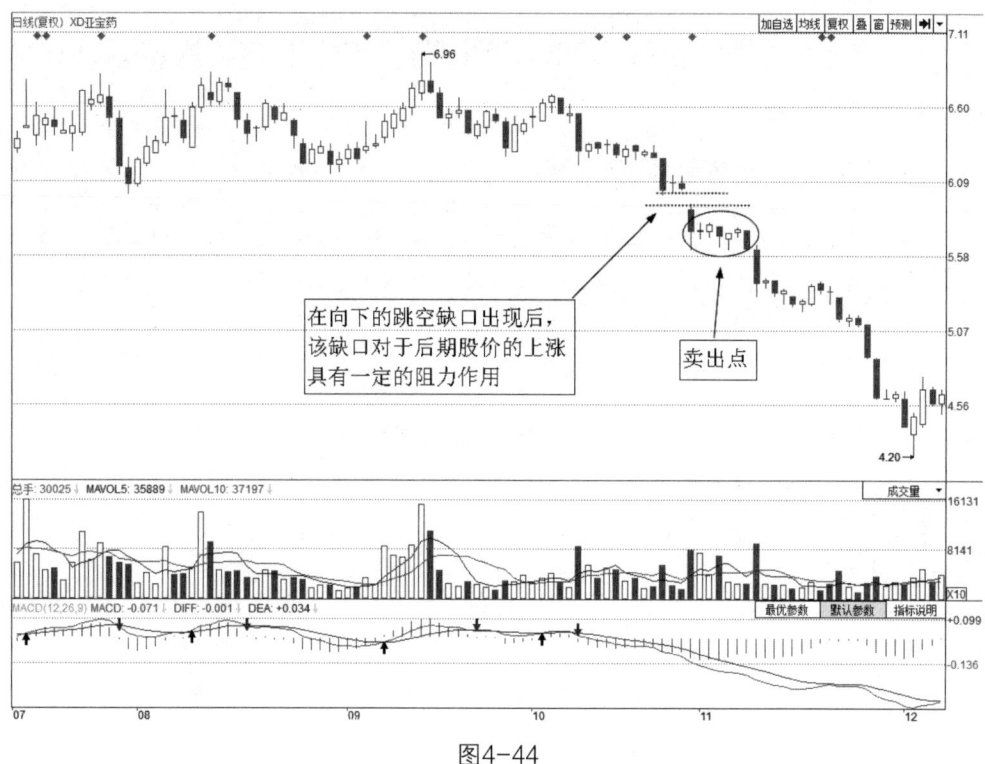

图4-44

如图4-44所示，亚宝药业（600351）的股价横盘整理两个多月后，出现向下的跳空缺口，说明整理走势结束，盘中的空方力量强势，随后的几个交易日，该股出现横盘走势，但并没有回补缺口的意愿，表明盘中的多方力量反击相当微弱，应及时清仓卖出股票。

第五章

超短线暴利：T+0

目前我国沪深证券交易所实行的是"T+1"的交易制度，但是短线操作时，可以灵活利用"T+1"制度来实现"T+0"交易。"T+0"交易是一种超短线模式，运用得好可实现短线暴利。

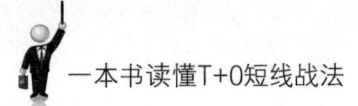

第一节 "T+0"的原理及运用

一、"T+0"的概念

"T+0"，是一种证券（或期货）交易制度。凡在证券（或期货）成交当天办理好证券（或期货）和价款清算交割手续的交易制度，就称为"T+0"交易。通俗说，就是当天买入的证券（或期货）在当天就可以卖出。"T+0"交易曾在中国证券市场实行过，因为它的投机性太大，为了保证证券市场的稳定，现我国上海证券交易所和深圳证券交易所对股票和基金交易实行"T+1"的交易方式。即当日买进的，要到下一个交易日才能卖出。同时，对资金仍然实行"T+0"，即当日回笼的资金马上可以使用。而上海期货交易所对钢材期货交易实行的是"T+0"的交易方式。目前我国股票市场实行"T+1"清算制度，而期货市场实行"T+0"。

从"T+0"到"T+1"，其中的历史演变一波三折：

1992年5月，上海证券交易所在取消涨跌幅限制后实行了"T+0"交易规则。

1993年11月，深圳证券交易所也取消"T+1"，实施"T+0"。

1995年1月1日起，基于防范股市风险，为了保证股票市场的稳定，防止过度投机，沪深两市的A股又由"T+0"回转交易方式改回了"T+1"交收制度，一直沿用至今。

二、"T+0"的实现原理

目前沪深两市的A股，一直沿用"T+1"交收制度，那么，我们怎么在"T+1"交收制度下，操作出日内"T+0"呢？诀窍就出现在资金回笼上，当天卖出的股票确认成交后，返回的资金当天就可以买进股票，"T+0"就在这样的背景

下应运而生。只要交易者在买卖股票的方式上做一些调整就能够实现，比如说，首先半仓资金买入股票建仓，接下来的第二个交易日中，交易者就能够有机会止盈获利，还有机会利用剩余的半仓资金完成二次建仓的动作，这样，日内"T+0"操作就做到了。

把股票的"T+1"交易方式转变为日内"T+0"的交易方式，这对交易者的吸引力大大增加，交易者会有更多的盈利机会去获得利润，要想使用日内"T+0"，交易者必须首先用部分资金购买股票，才能在接下来的交易日中采取"T+0"的交易方式。

本节就基于"T+0"的基本知识，来为读者朋友们详细介绍何为"T+0"的技巧。

三、"T+0"的运用技巧

"T+0"操作技巧根据操作的方向，可以分为顺向的"T+0"操作和逆向的"T+0"操作两种。两者操作技巧极为相似，都是利用手中的原有筹码在盘中交易，两者的区别在于：

顺向是指"先买后卖"，也就是说先补仓后减仓，交易者持有一定数量底仓的股票，在当天相对低位附近买进一定数量的股票，在上涨之后将当日多买进的股票卖出，实现低买高卖。顺向"T+0"操作需要交易者手中必须持有部分现金，如果投资者满仓被套，则无法实施交易。

举例来说，你已经在昨天以10元每股买入1 000股深高速（600548），今天早上深高速低开低走，跌到9.5元，但你知道深高速今天会继续涨回10元。如果干巴巴地等着，利润是有限的，这时，你可以先在低位以9.5元买入1 000股，然后在股价回到10元的时候，将昨天买入的1 000股卖掉。如此一来，你手中1 000股还是1 000股，但是你却从中赚取（10-9.5）×1 000=500元的利润（交易费与手续费忽略不计）。

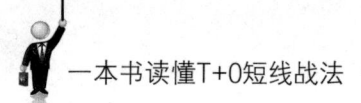

顺向"T+0"操作的适应范围：

（1）低开低走，但认为后市会涨。

（2）平开且走平，但认为后市会涨。

（3）已经有盈利，但认为还有上涨空间，同时又害怕有风险的时候。

（4）害怕第二天会出现利空而低开，所以在盘中运作一番，最后留着过夜的筹码不会太多。

下面，我们来看几个例子，可以从中总结出如何进行实现顺向"T+0"操作。

1. 低开回升

股票价格低开的情况比较常见，此时正是交易者短线买进股票的机会。交易者在价格低开的情况下买进股票，股价冲高就可以卖出前一日买进的股票，完成一个顺向"T+0"的操作过程。

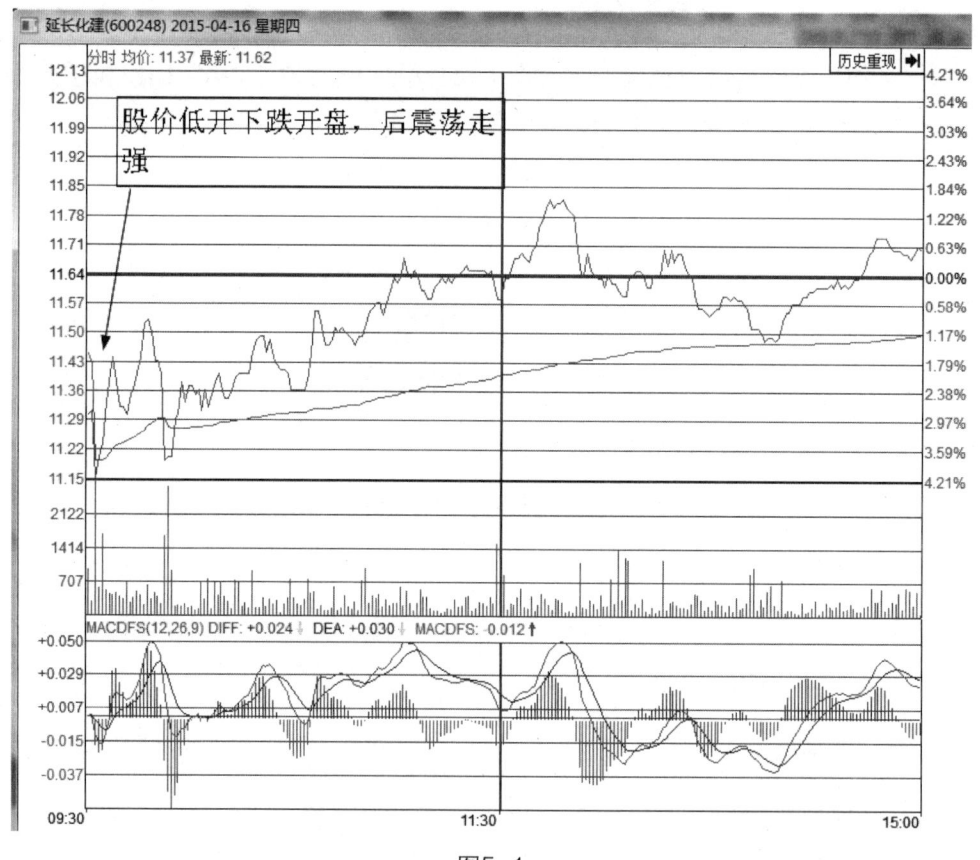

图5-1

图5-1是延长化建（600248）的分时图走势，该股开盘就出现低开下跌的走势，显然是交易者短线建仓的机会。在"T+0"的交易方式中，先买和先卖都是可以的，关键在于抓住理想的价位来操作，这样才能达到理想的买卖效果。股价既然在开盘阶段出现下跌，交易者就可以将这个价位当作短线低点买入股票。在有底仓的情况下，尾盘可卖出股票，实现顺向"T+0"。

从股价的走势来看，开盘后下跌已经是延长化建当日盘中的低点。谨慎的交易者如果对于开盘价格的下跌不满意，那么可以分两次买入该股，便能够获得比较好的价格。

2. 盘中探底回升

盘中探底回升的情况，多见于庄家洗盘的时候，主力在盘中持续打压股价，导致个股盘中深度杀跌。当股票价格在盘中创新低的时候，多方抢筹拉升股价，交易者在盘中抄底和尾盘价格高位时卖出操作很容易实现。

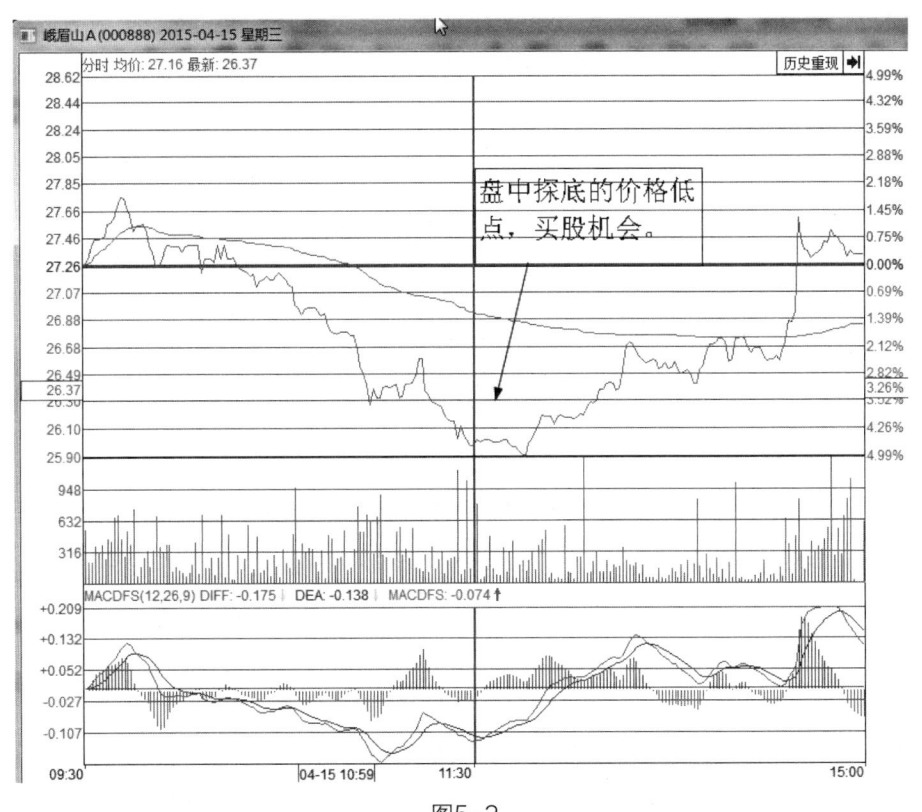

图5-2

图5-2是峨眉山（000888）的分时图，该股上午盘中持续下挫，股价在盘中累计下跌到4.99%，最佳买点在盘中U形底中。下午盘中震荡走高，可在尾盘卖出前期持有的股票，完成一个"T+0"操作。交易者在股价低点和相对高位卖出，同一日完成，这样就不会放过价格双向波动提供的利润。

3. 低开下挫尾盘拉升

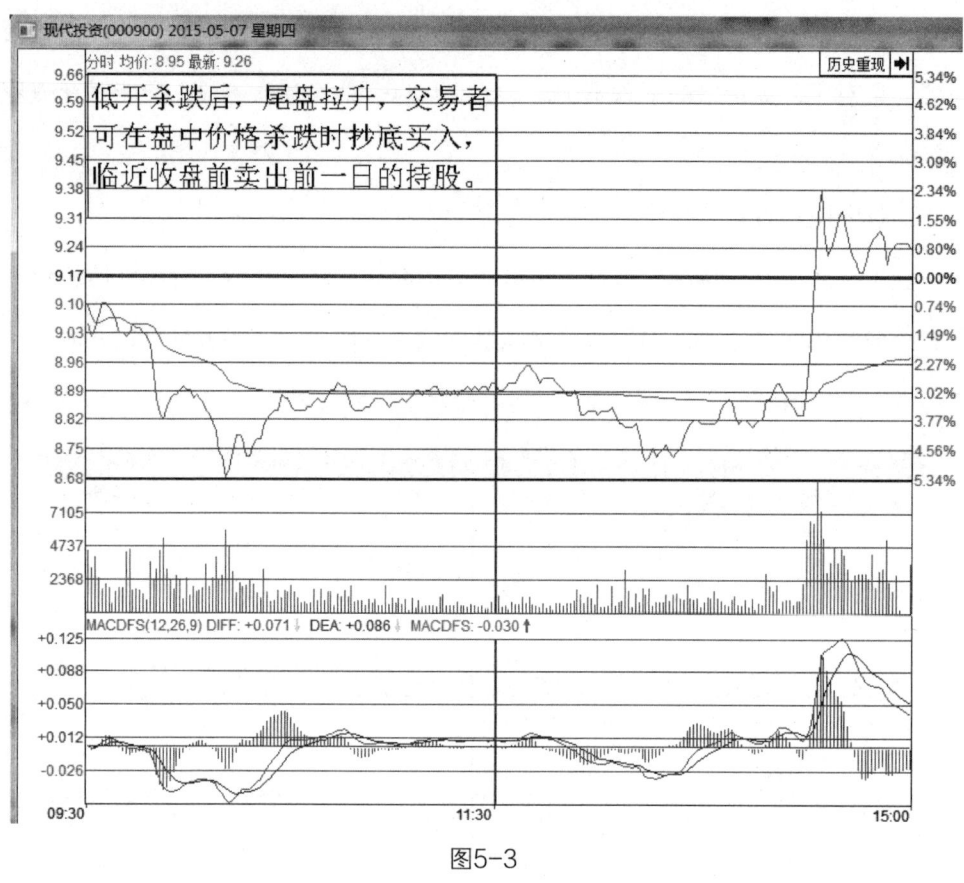

图5-3

图5-3是现代投资（000900）的分时图，该股小幅低开且持续下跌，交易者可等待股价创新低时抄底买入股票，当股价上涨并且脱离开仓价格3%以上时，就可以卖掉前一日买入的股票，完成一个"T+0"操作过程。

逆向是指"先卖后买"，也就是先减仓后加仓。交易者持有一定数量底仓的股票，在当天相对高位附近先卖出一定数量的股票，股价回落之后当天找机会将多卖的部分重新接回来，实现高抛低吸。逆向"T+0"操作则不需要交易者持有现

金，即使投资者满仓被套也可以实施交易。

举例来说，你昨天已经以10元每股买入1 000股深高速（600548），今天早上涨到10.5元。但是，你不确定10.5元的价钱是否会回调。所以，你在10.5元把昨天买的1 000股深高速卖掉了。等到深高速重新跌到10元左右的时候，你再次择机买入1 000股。这样一来，你手中1 000股还是1 000股，但是你却从中赚取（10.5−10）×1 000=500元的利润（交易费与手续费忽略不计）。

逆向"T+0"操作的适应范围：

（1）高开高走，但认为当天会跌。

（2）平开且平走，但认为当天会跌。

（3）已经有盈利，为了保住盈利且规避风险。

（4）已经有风险，判断股票会继续跌，但有可能即将见底，为了博弈这个底部，同时减少下跌的风险，可以在下跌前卖出，然后等待下跌完成后再择机买入。

下面我们来看几个例子来看看是怎样实现逆向"T+0"。

1. 冲高涨停板封不住

冲击涨停板失败下落，股价回落时，适合交易者用先卖后买的交易方式实现"T+0"。

图5-4是南宁糖业（000911）的分时走势图，股价在盘中成交量快速放大，冲击至涨停板，但涨停板封不住被打开，可先卖出股票，待尾盘时股价回调再买入股票，便可完成一个逆向"T+0"的操作过程。

2. 开盘后冲高回落

股票价格在开盘后快速拉升，而后续量能无法再次放大，股价出现了冲高回落的情况，交易者可以先卖出一定数量的股票，待股价回落之后当天找机会将多卖的部分重新接来。

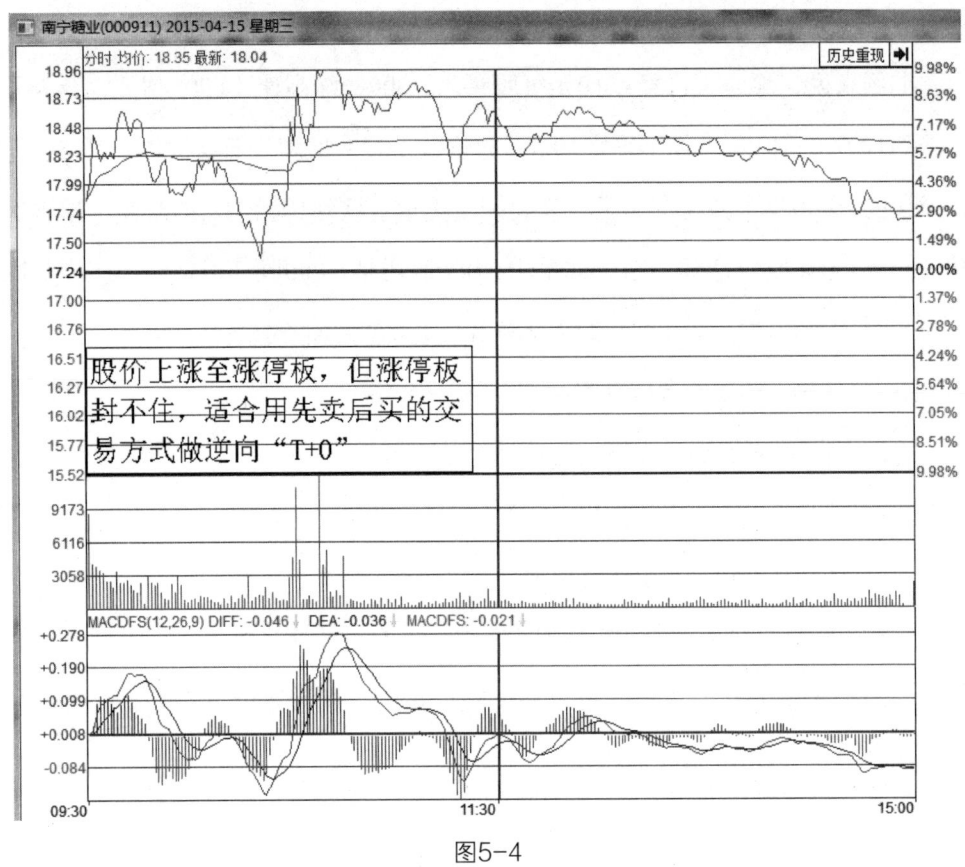

图5-4

　　图5-5是佛塑科技（000973）的分时图，股价在开盘后半小时内放量冲高，可止盈卖出股票，待盘中低点时买回，便可完成一个逆向"T+0"的操作过程。

　　在有了对顺向和逆向这两种"T+0"的认识后，我们来看看它们各自的操作方法：

　　1.顺向"T+0"操作的具体操作方法

　　（1）当投资者持有一定数量被套股票后，某天该股严重超跌或低开，可以趁这个机会，买入同等数量同一股票，待其涨升到一定高度之后，将原来被套的同一品种的股票全部卖出，从而在一个交易日内实现低买高卖，来获取差价利润。

　　（2）当投资者持有一定数量被套股票后，即使没有严重超跌或低开，当该股在盘中表现出现明显上升趋势时，也可以趁这个机会，买入同等数量同一股票，

待其涨升到一定高度之后，将原来被套的同一品种的股票全部卖出，从而在一个交易日内实现平买高卖，来获取差价利润。

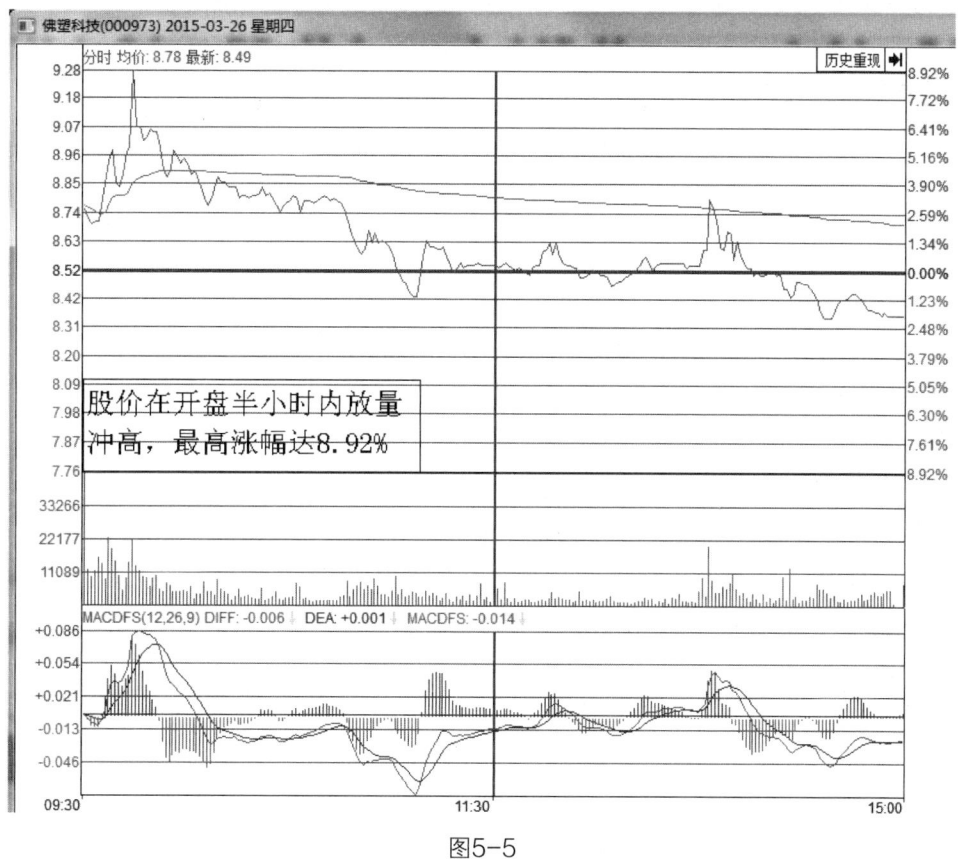

图5-5

（3）当投资者持有的股票没有被套牢，而是已经盈利的获利盘时，如果投资者认为该股仍有空间，可以使用"T+0"操作。这样可以在大幅涨升的当天通过购买双倍筹码来获取双倍的收益，争取利润的最大化。

2. 逆向"T+0"操作的具体操作方法

逆向"T+0"操作技巧与顺向"T+0"操作技巧极为相似，都是利用手中的原有筹码实现盘中交易，两者唯一的区别在于：顺向"T+0"操作是先买后卖，逆向"T+0"操作是先卖后买。顺向"T+0"操作需要投资者手中必须持有部分现金，如果投资者满仓被套，则无法实施交易；而逆向"T+0"操作则不需要投资者持有现金，即使投资者满仓被套也可以实施交易。其具体操作方法如下：

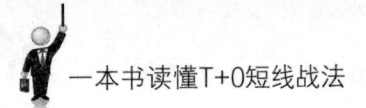

当投资者持有一定数量被套股票后，某天该股受突发利好消息刺激，股价大幅高开或急速上冲，可以趁这个机会，先将手中被套的筹码卖出，待股价结束快速上涨并出现回落之后，将原来抛出的同一品种股票全部买进，从而在一个交易日内实现高卖低买，来获取差价利润。

当投资者持有一定数量被套股票后，如果该股没有出现因为利好而高开的走势，但当该股在盘中表现出明显下跌趋势时，可以乘这个机会，先将手中被套的筹码卖出，然后在较低的价位买入同等数量的同一股票，从而在一个交易日内实现平卖低买，来获取差价利润。这种方法只适合于盘中短期仍有下跌趋势的个股。对于下跌空间较大，长期下跌趋势明显的个股，仍然以止损操作为主。

当投资者持有的股票没有被套牢，而是已经盈利的获利盘时，如果股价在行情中上冲过快，也会导致出现正常回落走势。投资者可以趁其上冲过急时，先卖出获利筹码，等待股价出现恢复性下跌时再买回。通过盘中"T+0"操作，争取利润的最大化。

通过对"T+0"基本原理的介绍，我们看到，作为投资市场的一种操作方式，为我们在股市操作中提供了独特的交易手法。这就给我们一种启示，当新的规则条例出现，我们要做的不是怨天尤人，也不是坐以待毙，而是从中获取新的突破口，把限制转化为向成功靠近的垫脚石，争取在这场多方博弈中如鱼得水，获取利润。

四、"T+0"的操作意义

"T+0"的意义如下：

1. 采取"T+0"的交易方式，交易者能够减少持股的数量，同时能够降低持股风险，增加短线获利的机会。股价是双向波动的，而"T+0"的交易方式会帮助交易者尽可能地把握更多的盈利机会，帮助交易者实现盈利。

2. 心态好，股票涨跌都开心，注意力是放在是否能够赚取当天的差价，而不是底仓的涨跌。

3. 每天都有买入机会，不用担心没有交易机会。

4. 通过"T+0"可以充分利用好股票账户的资金，循环使用，提高收益。

5. 了解市场的波动节奏，知道市场会有不同的对手，明白短线的高点与低点是如何产生的。

6. 做"T+0"可以减少很多风险，可操纵性强，能在短线上得到心理及成果上的支撑，又能为今后赢得丰硕经验。

7. "T+0"的最大好处或许是我们永远不用担心明天的股市会大涨或暴跌。涨了，我们手中有股；跌了，我们口袋里有钱。如果做好"T+0"，就能把我们的收益做到最大化，多赚钱，那是肯定没有问题的。

8. 可以真正发现短线的交易乐趣，享受捕捉日内高低点的交易乐趣。

9. 有底仓，在多头行情里不会踏空。

10. 可以充分利用价格波动，价格上涨时可止盈，股价下跌可补仓

一个完整的"T+0"操作，包括股价高位止盈和股价低位补仓两个操作步骤。

"T+0"的方式，交易者遇到价格冲高可止盈，兑现利润，避免到手的利润缩水。股票价格在日常运行过程中，总是存在双向运动的，不可能一直涨不跌，就算是多头趋势形态比较好的股票，也存在有股价回调的情况，所以说，交易者考虑在股价冲高时卖出止盈获利，显然能避免到手的收益出现缩水的情况。股价波动上涨的过程中，交易者利用价格冲高的机会减仓，并不是对后市看空，而是对资金调整的需要，如果股价能够连续向上突破，高位减仓操作可以为盘中价格底部建仓提供更多的资金，有助于交易者增加投资收益。

止盈既是减少高位持股风险的有效手段，也是增加回报的方法，在价格股价回升的过程中，可以发现，单边长时间持股虽然能够获得利润，却错过价格波动中的潜在短线收益，与其长期单边持股，倒不如选择股价快速冲高的时候短线止

盈，一旦价格冲高回落，交易者再考虑买入目标股票，这样短线利润自然不会错过。下面我们来看一个例子。

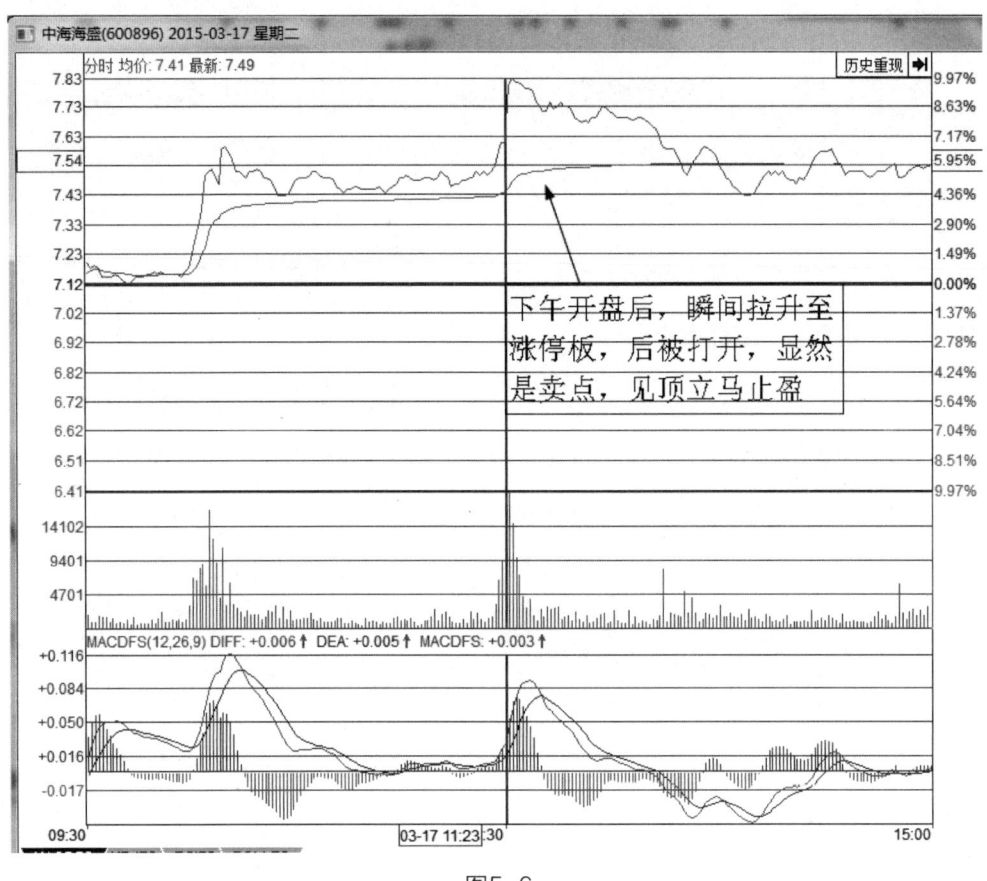

图5-6

图5-6是中海海盛（600896）的分时图，该股在下午开盘后，瞬间拉升至涨停板，后被打开，显然是"T+0"操作的重要止盈位置，交易者卖出股票可获得利润。

下面我们来看股价下跌可补仓的例子。

在"T+0"的操作中，股价的短线回落并非利空，这是对交易者补仓的利好因素，交易者可以利用股价短线波动的机会低位补仓，待高位时卖出，便可获得利润。

图5-7是大连电瓷（002606）的分时图，股价在开盘阶段低开，后出现加速下

跌，对于采取"T+0"操作的交易者来讲，分时图的价格回落不失为补仓买入的有利时机。

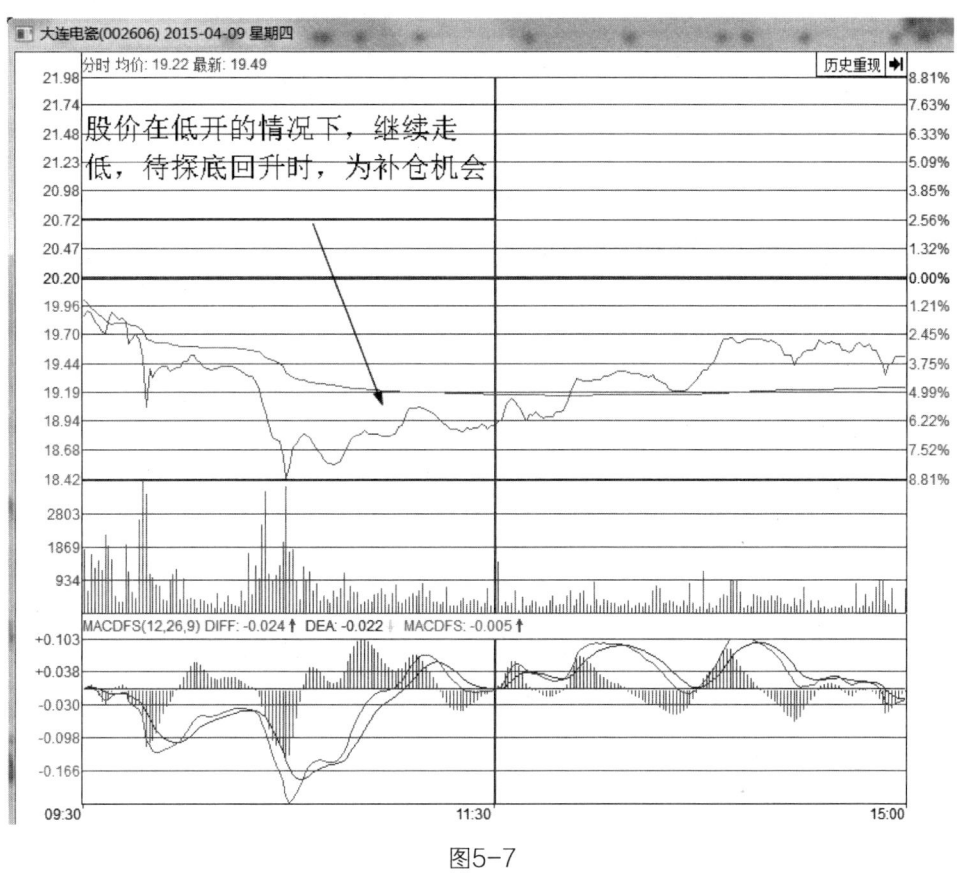

图5-7

"T+0"有一个缺陷，它的操作属于短线操作，随着交易者买卖次数的增多，交易费用会大幅度增加，会导致交易成本的增加从而引起投机风险的增大。故交易佣金的多少在一定程度上，影响到投资者的盈利能力。所以，交易者要货比三家，尽量找手续费低的证券公司开户。

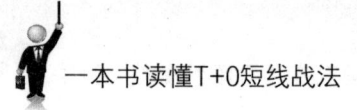

第二节 "T+0"的实战要点

一、"T+0"的操作原则

任何一种操作方式都有使用范围和需要注意的红线，"T+0"操作方式也不例外，交易者在实战操作中要谨记并严格遵守这些原则，不要触碰红线，以免得不偿失。

1. "T+0"要保持股票数量恒定。

"T+0"要保持股票数量的不变，如果买入股票之后不舍得卖出，或者卖出之后没有及时买回来，那么就不是"T+0"，"T+0"也就失去意义了。以顺向"T+0"为例，昨天以10元每股买1 000股深高速，今天以9.5元每股又买了1 000股深高速，可是尾盘涨到10元之后，你不想卖了，认为明天还会涨，于是就从持有1 000股变成了持有2 000股。这样一来，就不叫"T+0"了，而是叫加仓或者减仓，其利润可能会放大，但是风险同样也会放大。

2. 不轻易进行全仓操作。

不要轻易拿你持仓的全部股票和剩余资金全仓操作，尤其是对于"T+0"运用还不熟练的朋友就更要注意。等你对"T+0"的操作运用较为熟练并且操作的成功率较高时，你可以再拿持仓股票的较大份额和较大资金量操作，或者在你很有把握的时候全仓操作。如果你在还不能熟练运用"T+0"技巧的情形下就全仓操作，其结果很可能会导致你全仓套牢或踏空行情。

3. 不是所有个股都适合做"T+0"。

不是所有走势形态的个股都可以做"T+0"。对个股形态最起码的要求就是个股走势活跃，前期单日振幅都较大，一般来说一只股票的单日振幅至少要在4%以

上才有"T+0"的操作价值。因为一只股票一天中你能买在最低点和卖在最高点的可能并不大。如果振幅低于4%，你除去买在次低和卖在次高的头尾，外加一次买卖周期的双向手续费和印花税，那你可能就根本赚不到差价。

4. 对赚取差价的要求。

"T+0"讲究的是成功率。只要你每天都能操作成功，那即使每天赚一个点，累积下来收益也相当可观。对赚取差价点数要求的多少会直接影响到成功率的高低。一般对赚取差价的点数可视大盘及个股走势限定为1%至3%，赚1%除了双向手续费和印花税之后虽然所剩利润已经不多，但也仍有利润存在。在赚到3%时就应果断进行相关的买卖操作来完成当天的"T+0"。否则可能会导致你当天的"T+0"操作失败。熟能生巧，要想提高"T+0"操作的成功率，多做多练非常必要。希望大家都能熟练掌握这一技巧，这将让你更快成为高手！

5. 单边上扬或单边下跌的时候不宜操作"T+0"。

做"T+0"的时候有个重要条件要遵守，那就是如果你的股票是单边上扬或是单边下跌的时候就不要操作。这是因为如果在单边上扬的时候你做逆向"T+0"，股价没有回落而是一直上涨。这样不但不会降低成本反而容易踏空。如果在单边下跌的时候你做顺向"T+0"，你可能越补越跌，从而让你新补的仓位也套牢。所以，做"T+0"降低成本时要看盘面是不是振荡为主，如果能确认的话再进行操作。

以上便是笔者根据多年经验以及吸取众多操作者容易犯的错误教训后，总结出来的几点注意事项，希望广大读者朋友保持警醒。在利用"T+0"技法操作短线时，更易上手并绕开陷阱，直击要害，追击获利。

二、"T+0"的操作要点

1. "T+0"的操作要果断。出现机会，坚决把握。没有出现机会时要耐心等待，不要盲目出击。通常在强势上升过程中，开盘高开也许是最佳的卖出时机；在振荡上扬的过程中，急跌也许是最佳的买入时机；实施超短操作时，要讲究先买还是先卖的次序，做个书面计划。如果你对次日的判断是下跌，次日的操作是先在高点出，后在低点进。如果你对次日的判断是反弹，则次日的操作是先在底点进，后在高点出。在买入方面，最好是分批进行，当天第一次买入后，如果继续下跌，没有出现较大的差价时，最好不要继续买入，否则在真正的机会出现后，反而出现资金不足的现象。

2. 通常有人短线买入后，跌了马上割肉。而如果长线持股上，跌了或许还会补仓。原因很简单，都是没有冷静分析，只是看到了表面的涨与跌。所以，建议在弱市行情下，进行"T+0"的操作，以此来降低持仓成本。操作时，应该选择比较凶悍的、多庄控制的中小盘个股，也就是K线形态呈现上下影线较长的，每天最高和最低价相差大的，振幅大的个股，然后加以反复操作，直到将个股送到强势上升阶段后，"T+0"操作阶段也就完成了。

3. 操作时不需要增加现金，即使满仓被套也可以实施交易。当持有一定数量被套股票后，某天该股受突发利好消息刺激，股价大幅高开或急速上冲，可以先将手中被套的筹码卖出一半或1/3仓，待股价结束快速上涨并出现回落之后，将原来抛出的同一股票全部买进。从而在一个交易日内实现多次的高卖低买，来获取差价利润。

4. "T+0"操作完全是一种被动的"T+0"操作方式，因为个股的波动自己是无法掌控的，但"T+0"操作本身却是一种主动出击的思路，这种大局和局部的关系需要注意。

"T+0"操作时经常会遇到这样的事情：预测正确，操作失误。

原因：对走势的把握不准，对大盘的走势，对板块的走势，对个股的股性把握没有达到统一。预测也只是一种假设，要将各种可能出现的情况和现有的条件分析清楚。

首先，通过小的尝试，反复的介入和出局，达到对目标股主升段的把握。这里要说明的是，不断地"T+0"会无形的增加很多交易成本，多数人亏钱可能也就

是在手续费上面，但上升趋势和下降趋势的操作有本质的区别，在下降趋势中，必须要有见利就走的准备，因为你不能保证反弹什么时候会结束。

现实和预测之间的不断协调。预测在实际操作中是一种争议颇多的方法，但在"T+0"中却难以避免这样的方法，操作本身有很多挨耳光的时候，挨耳光也不见得是坏事，操作需要保证的是本金的安全。预测，可以理解为一种止损保护，"T+0"操作很大成分也是建立在这个基础上的，一旦好的获利机会出现，马上由预测变为跟随。操作难度越来越大的今天，脚底多抹些油保护自己吧。

5."T+0"操作的风险大小，完全取决于选股的好坏，分析的细节上首先看个股的成交量的情况，从成交量上判断股性是否开始活跃，不论上涨或下跌，总要有一个比较大的空间才值得参与，接着看形态，将要形成多头排列或暴跌阶段刚过，一定有短线的操作机会。"T+0"最忌的就是追涨杀跌！切记：在弱市行情下，只能采取追跌杀涨，高抛低吸。

做"T+0"可以减少很多风险，也可以提高可操作性，能在短线上得到心理及成果上的支撑，又能为今后赢得信心和丰富经验。

熟能生巧，要想提高T+0操作的成功率，多做多练非常必要。希望大家都能熟练掌握这一技巧，这将让你更快成为高手！

必须注意：

（1）该股股性活，上下波幅大；

（2）必须严格设立止损，不能因为下跌而不卖，否则将会股票越做越多，成本越做越高。

（3）一定要做自己熟悉的个股。

（4）大盘的走势关系到个股的发展方向。

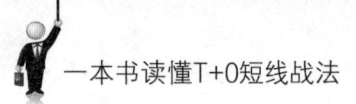

三、"T+0"开商店理论

这是一个非常实用且有效的理论，把股票当作商品买卖，结合当天超短线"T+0"操作的技巧，无论大盘涨跌都可以从市场中赚钱，原理如下：

1. 选一个流通盘不是特别大的，业绩较好的股票。如果手中有10 000股的钱，你只能买5 000股。

2. 把已经买来的5 000股当成你开的"商店"，除非大盘要暴跌时把"店"也卖掉，否则，手上永远持着这5 000股。因为没有了"店"，你肯定赚不了钱。然后根据每天的盘口波动，做"T+0"，将手中的钱在当天的低位买入同一支股的3 000股或5 000股（可视盘口而定），在高位时，根据你当天的买入数抛出相应股数。如当天低位买的是1 000股，高位就卖出1 000股，这样手上永远是5 000股，你的"店"还在，你就能不停地赚钱。

牢记：大盘不暴跌，永远不要卖店。大盘的每天小跌，只要不是4%以上的下跌，哪怕是一路跌下去，你只好做好"T+0"，你仍然是每天赢利的。当然，你不能去衡量5 000的股本是否亏了多少，因为那是店，值多少钱是不要紧的，只要它每天能给你带来利润就行了。

3. 可根据5天线做好每天的低吸高抛：开盘后就打开你手中持有股票的那种股，然后按电脑键盘上向下的那个箭头键，连续按4下，则当天的盘口曲线与前4天的曲线连成了一条连续的曲线，5天的最高点和最低点你一眼就能看明白，根据前5天内的最低点附近买入，最高点附近卖出就OK了。或者通达信软件分时图上右击，就会出现一个菜单，菜单中有个多日分时图 可以最多选到10日的。

4. 每天买进股票的几个时间点：早上9：37～9：43，上午11：00左右，下午2：40～2：50，一般都是不暴涨暴跌时的最低点。卖出：早上9：30～9：33上冲时，9：50～10：00上冲时，下午1：20～1：30分庄家拉升时，下午2：00庄家发狂拉时，收盘时最后3分钟，一般都是不暴涨暴跌时的最高点。

5. 如果手中股票一天内的涨跌幅较大，高位时可以全部卖出，但在当天的低位时一定要买回2 000股去，否则，"商店"没有了，明天就没法做生意赚钱了。

6. 手中股票暴涨之后，全部抛出手中的这只股票，换一只未暴涨过的质地好的股票，按同样的方式操作。

7. 大盘猛跌时，如果你害怕了，就全部抛光，休息一段时间。如果你是大胆的，没有关系，大盘天天小跌你仍然可按此方式操作，除了作为成本的2 000股总价下跌之外，你每天仍然是可以赢利的，这种做法要切记一条，就是这只股票无论跌到哪里，你都要一直持它到底，否则，每天赚钱的数量总和加起来，可能还抵不上2 000股总成本所造成的下跌，而且，只要你一直持着手中这只股，从长线看，它肯定是每年都上涨的，快慢不管它，这样你可以确保长线赚钱，每天也赚钱。

8. 忌贪。如果你按这样开店赢利的方式做股票，每天进账几百元就够了，所以，在现在印花税降下来后特别好操作，哪怕是除了交易成本后有2毛钱一股的赚头，你也要去赚它，就像开店，一分钱的针也卖。当然，一般的股票每天正常的波动幅度是在3%～4%，你肯定不止赚2毛，除非大盘特别坏。

9. 最后一条，末升段的最后几天，全仓，不再每天做"T+0"的波段，因为这几天常常是几个涨停的，卖了就买不回来了，但一般持股4天内一定全部清光，换股操作，或者不换的话就按下跌时的"T+0"方式做。

记住一个原则，只有店一直在手，你才能每天赢利，店的成本是涨还是跌，都不是卖店的理由，因为店值多少钱，和你每天的赢利是没有关系的。当然，战争来了的话，店是肯定保不住的，要毁于战火的，所以，大盘每天跌4%的话，一定要先把店卖光，上山躲难再说，战火平息后再下山来开店，这才是明智之举。

这就是在股市中永远赚钱的法则，长线赚，每天也赚，光做长线，上帝也

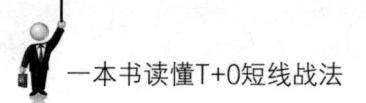

不会有这个耐心，你又不是巴菲特，短线每天进账才是真理。记住了开店理论，你每天都会赚得很开心的，前提就是你不要去管店的成本是涨是跌了。

四、"T+0"的纪律要求

1. 做"T+0"，一般情况下到收盘前底仓数量应维持不变，不可以越T越多或越T越少。无论成功与否，都要平掉，即多买的仓位要卖出，多卖的仓位也要买回来。除非是到了重要压力位减仓或者跌破了重要支撑位出局，才产生仓位变动。T错不要紧，纪律不能忘。

2. 14:30以后一般不做"T+0"，因为已经没有太多时间给你做差价。

3. 专心手上的个股上做"T+0"，如果不能，那就不要T，不要被其它机会诱惑。原则上应该禁止在对一只个股做T的时候，把资金用去其他个股上的追涨杀跌。或者T出股票后的资金，不当天用回做T的个股，而拿去购买其他股票。

4. 股价波动是"T+0"的前提。股价波动较大的股票，比较适合"T+0"操作，股价波动空间大，提供了这种高卖低买的交易机会，交易者更容易创造建仓和止盈的机会，获得真正的利润。

5. 当股价上升达到一个高点，就要发生回撤，要避免接下来的大幅下跌，这样的下跌一般是不回头的，杀伤力很大。

当发生以下情况，做"T+0"底仓就要改变：

（1）重要压力位。一旦价格涨到了重要压力位，这个时候不但要以逆向操作为主，更应主动降低底仓的仓位。尽管这个时候，股价是上涨的，我们还是要迎头减掉一半底仓，以保护胜利果实。股价遇到这种重要压力位回调的概率较大，等回调到支撑位再买回来，底仓恢复之前的仓位。

（2）股价有效跌破重要支撑线。如在上升通道的下轨，而且这个下轨多次有效，这种情况的下轨一旦被跌破，短线上升趋势被打破，底仓要清仓，暂时不做

这只股票的"T+0"。跌破重要支撑线也可以指均线或者其他支撑线。这里要注意一点，跌破重要支撑线要有效才行，有效是指跌破重要支撑线要中阴线以上的阴线跌破才算，如果只是小阴线跌破支撑位的就不算有效。需要观察其后几天股价的表现来进一步确认是否跌破。需要强调一点的是，是否跌破重要支撑线，是以收盘价来确认的，不是以盘中最低价确认。

第三节 "T+0"的选股思路

"T+0"的选股是整个短线交易过程中最重要的一个环节。 "T+0"不会只对某一个股票进行长期操作，而是在一个上升阶段进行的操作，这个上升阶段结束后，一个"T+0"操作阶段也就完成了。"T+0"操作的风险大小，完全取决于选股的好坏，按照什么操作系统选股，基本上就会有什么样的盈利结果。

下面，笔者将介绍"T+0"选股思路：

一、选取走势活跃的股票

"T+0"选股的首要条件是股票的盘面要交投积极，个股走势要活跃。有些股票被庄家控盘，或者人气极度低迷，这样的股票适合中长线投资者参与，"T+0"短线还是回避为好。这类股票因为交投清淡，交易分歧大，在盘面上常会出现买一价格和卖一价格相差较远，一分钟才成交两三次的情况。"T+0"的投资者进去了，不憋疯了才怪。而交投活跃的股票比较容易进出，像一些政策利好的概念股、题材股，都非常适合"T+0"的操作，获利程度甚至比全仓持股还要高。

二、选取单日振幅较大的股票

"T+0"选股另一个关键点是要求股票前期单日振幅较大。一般来说，一只股票的单日振幅至少要在4%以上才有"T+0"的操作价值。因为，对于一只股票一天中你能买在最低点和卖在最高点的可能性并不大。如果振幅低于4%，你除去买在次低和卖在次高的头尾，外加一次买卖周期的双向手续费和印花税，那你可能就根本赚不到差价。

如图5-8所示，振幅一栏可直观看出当天个股的波动幅度。

排序			代码	名称	.	涨幅%	现价	振幅%↓	所属行业	流通市值	总金额
1	📝	◇	600259	广晟有色		+8.64	67.13	8.82	有色冶炼加工	167.5亿	9.16亿
2		◇	300086	康芝药业		+4.69	25.00	7.50	化学制药	71.53亿	1.23亿
3		◇	000651	格力电器		+4.61	58.99	7.36	白色家电	1762亿	76.72亿
4		◇	000657	中钨高新		+5.48	22.15	7.10	有色冶炼加工	54.37亿	2.31亿
5		◇	000955	欣龙控股		+2.59	9.11	5.18	纺织制造	49.05亿	1.21亿
6		◇	000691	亚太实业		+2.00	9.16	5.12	房地产开发	26.61亿	5724万
7		◇	300189	神农大丰		+0.14	14.32	4.97	种植业与林业	58.65亿	6069万
8		◇	600548	深高速		+0.27	11.03	4.36	公路铁路运输	158.1亿	7374万
9		◇	600221	海南航空		-1.85	5.85	3.86	机场航空	692.2亿	11.66亿
10		◇	399006	创业板指		+3.12	2771.73	3.76	—		628.6亿
11		◇	000505	珠江控股		+1.20	12.70	3.75	房地产开发	45.78亿	4108万
12		◇	000886	海南高速		+0.58	6.88	3.65	房地产开发	66.27亿	1.14亿
13		◇	601118	海南橡胶		+0.18	11.23	3.48	种植业与林业	441.5亿	4.79亿
14		◇	600795	国电电力		-2.74	5.69	3.42	电力	1014亿	28.32亿
15		◇	600759	洲际油气		+0.96	15.81	3.19	综合	192.4亿	2.24亿
16		◇	600066	宇通客车		+0.03	30.60	3.17	汽车整车	380.3亿	2.80亿
17	📝	◇	002693	双成药业		-0.07	14.40	3.05	化学制药	28.88亿	5391万
18		◇	600519	贵州茅台		+0.69	249.61	2.78	饮料制造	2851亿	9.13亿
19			000847	中证腾安		+1.72	2741.10	2.49	—	—	622.2亿
20		◇	601398	工商银行		-2.30	5.51	2.48	银行	14856亿	25.99亿

振幅一栏

图5-8

综合排名

涨幅排名			涨速排名			周期：5分钟▼	委比正排名		全屏
海航投资	11.28	+10.05%	吉电股份	12.22	+4.60%		博济医药	24.66	+100.00%
大华农	9.53	+10.05%	上海电力	23.75	+3.96%		康斯特	34.73	+100.00%
派思股份	12.50	+10.04%	漳泽电力	8.30	+3.79%		恒天天鹅	7.18	+100.00%
乐凯新材	18.65	+10.03%	云南盐化	28.18	+2.84%		易食股份	15.51	+100.00%
九九久	19.09	+10.03%	江苏三友	41.22	+2.07%		金叶珠宝	15.80	+100.00%
金叶珠宝	15.80	+10.03%	三毛派神	19.68	+1.70%		*ST三维	5.62	+100.00%
跌幅排名			**跌速排名**			周期：5分钟▼	**委比负排名**		
大东海A	12.08	-9.99%	奥飞动漫	52.54	-1.38%		大东海A	12.08	-100.00%
中海发展	13.16	-7.71%	戴维医疗	39.70	-1.37%		中科金财	87.40	-96.16%
九洲药业	52.78	-7.14%	深天地A	27.15	-1.27%		和邦股份	18.33	-95.99%
茂化实华	10.90	-7.08%	安利股份	16.15	-1.23%		泰格医药	80.80	-95.84%
美尔雅	14.23	-6.81%	中国一重	14.37	-1.17%		盛通股份	36.49	-92.83%
石化油服	10.27	-6.64%	科恒股份	35.11	-1.16%		海德股份	24.70	-90.80%
振幅排名			**量比排名**				**成交额排名**		
昆百大A	36.43	19.90%	拓维信息	39.00	177.63		中国电建	16.62	1,401,842
金一文化	57.05	18.35%	九九久	19.09	130.74		中国南车	33.52	1,066,298
尚荣医疗	36.98	17.74%	歌力思	44.44	113.24		东方财富	75.48	963,822
中国卫星	47.34	16.24%	东方财富	75.48	77.95		中国中铁	21.63	928,867
太空板业	16.29	15.81%	*ST新都	10.38	39.55		中国重工	14.65	828,309
沈阳机床	31.59	15.37%	山东章鼓	12.12	22.85		中国平安	87.10	828,136

振幅排名一栏

图5-9

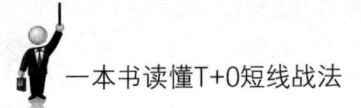

如图5-9，也可以从"综合排名"里找出"振幅排名"一栏。可以轻易看出当天振幅最大的股票。

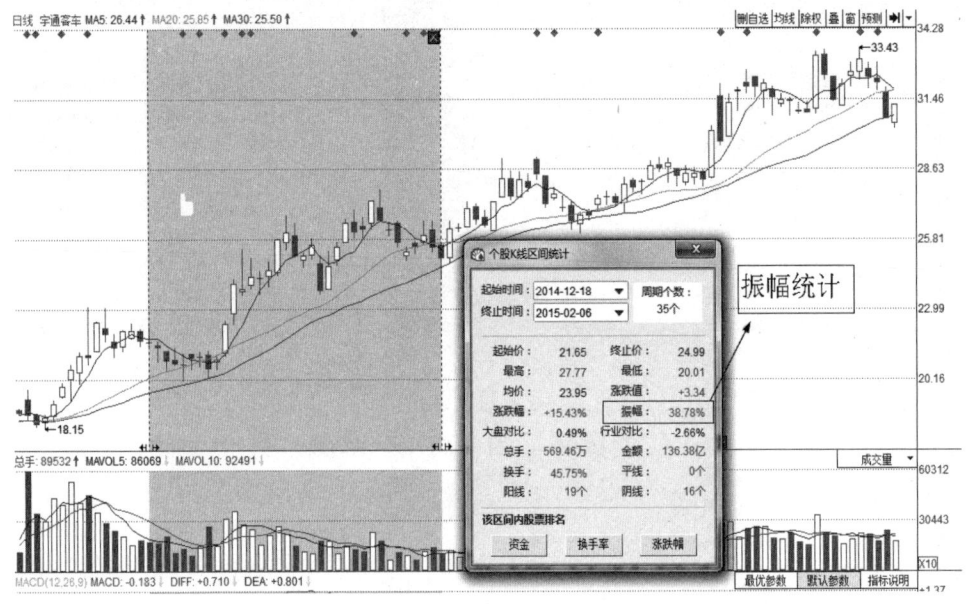

图5-10

如图5-10所示，还可以做个股K线区间统计，从图中可以看出宇通客车（600066）从2014年12月18日到2015年2月6日的振幅是38.78%。通过察看振幅这个指标，这只股票可做"T+0"。

三、选取股价波动有规律的股票

"T+0"选取的股票，股价的波动一定要有规律。有的投资者自己接触过很多股票，虽然成交也非常活跃，但主力操盘的手法太怪异，走势总是出乎意料，最后只好放弃，而有些股票主力做盘有明显的习惯倾向，在掌握这一倾向后，做"T+0"就比较容易成功。

四、选取中线看好的股票

做"T+0"的时候，优先寻找中线看好的股票。这样也可利用其良好的上涨趋势，来回进出博取差价。避免频繁换股操作的损失。

如何找出中线看好的股票呢？下面，笔者将从技术面分析选股，可以选出中线看涨概率较大的股票。

1.买上升通道的股票，在上升通道的下轨线附近可以考虑建底仓。

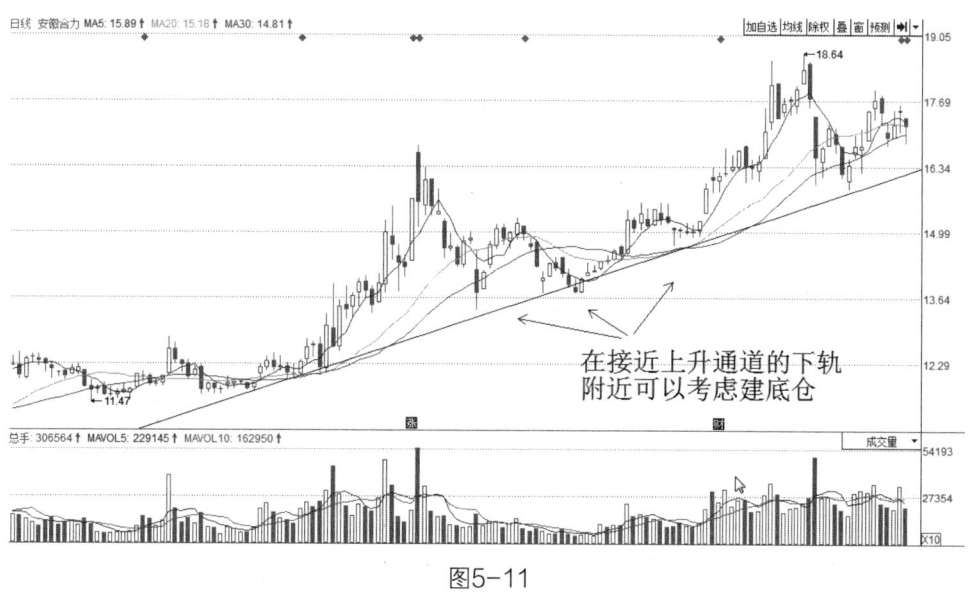

在接近上升通道的下轨附近可以考虑建底仓

图5-11

如图5-11所示，安徽合力（600761）均线向上发散，中线看涨。而且股性活跃，适合做"T+0"，在股价回到上升通道的下轨线附近可以考虑分批建底仓，建了底仓后，你就可以在中线持有的基础上做"T+0"，常常都有机会做日内"T+0"。这只股票在上涨的过程中回调震荡非但没有把我们震荡出去，反而做"T+0"的人会喜欢上这种回调震荡，因为它会让我们有机会从它的回调震荡中获取差价，扩大利润。

2.均线形成多头排列，5日均线站在10日均线上，10日均线站在30日均线上方。

如图5-12所示，康芝药业（300086）均线缓慢上升，5日均线金叉10日均线上，10日均线金叉30日均线。均线形成多头排列，符合要求，后市看好，可分批建"T+0"底仓。建了底仓后你就可以在中线持有的基础上做"T+0"，这只股票后面几个月的走势，底仓从15元左右涨到25元左右。因此，笔者建议大家买均线形成多头排列的股票，一方面你可以放心持有，能拿得住。另一方面可以充分盘活现金，在持仓风险不变的情况下，扩大收益。

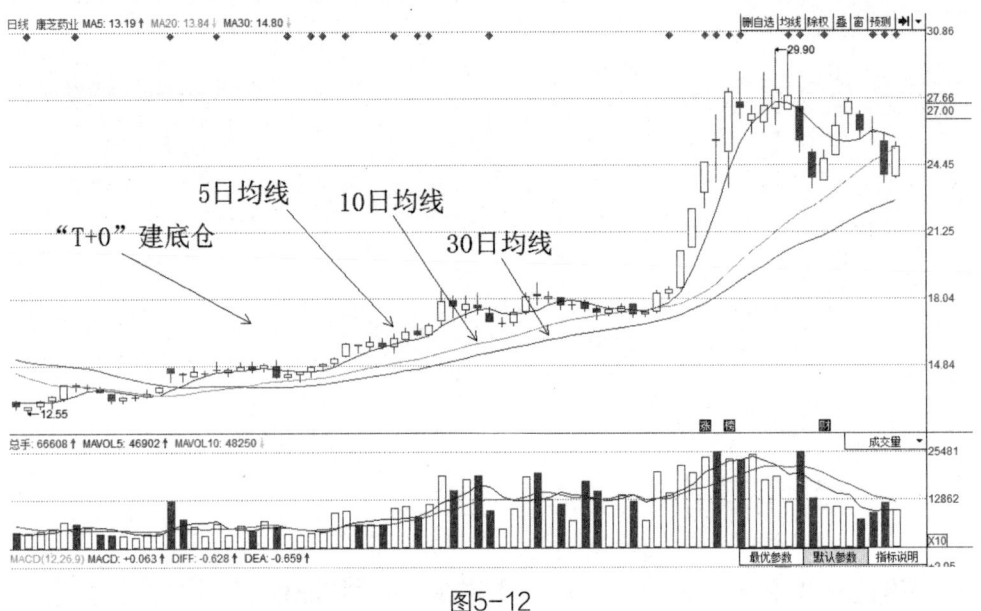

图5-12

3. 买向上突破长期横盘整理的股票。

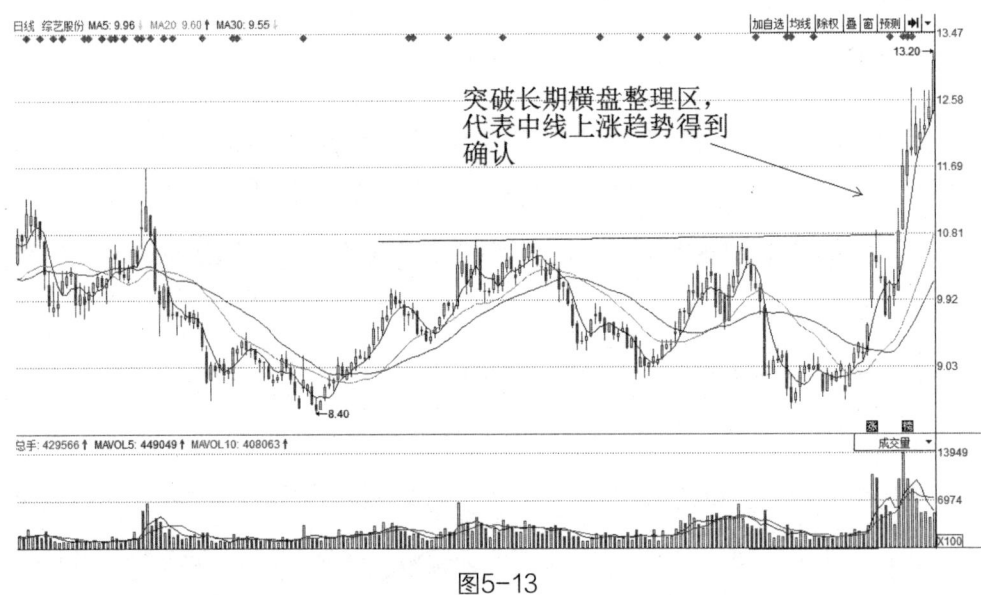

图5-13

如图5-13所示，综艺股份（600770）经过长期的横盘整理，股价向上突破横盘整理区，代表中线看涨趋势得到确认，符合中线看涨的基本要求。而且，综艺

股份股性活跃，适合做"T+0"，在当天可以分批建底仓，建了底仓后，你就可以在中线持有的基础上做"T+0"。

图5-14是建仓后，综艺股份的走势。

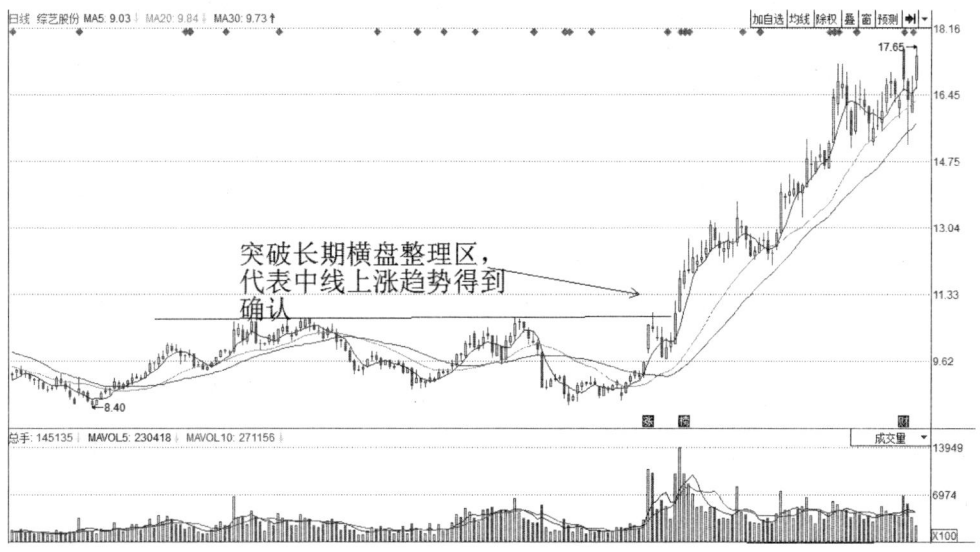

图5-14

第四节 "T+0"的操作方式

一、关键点位做"T+0"

利用技术分析的交易者做买卖决策时，有些是建立在压力位和支撑位原理之上。压力位与支撑位是相互依存的，压力位与支撑位在现实中也总是会相互转换的。两者不停地转换角色，以前的压力位一旦被新的价格突破后，即形成新的支撑位。以前的支撑位一旦被价格穿透，将会形成新的压力位。股票价格在某种整理形态里面的运动，只是一种暂时的平衡状态，这种状态早晚会被打破。

我们首先要讨论的是如何在压力位和支撑位做"T+0"交易。

在技术分析范围内，利用股价图形形态是一种很常见的买卖方法，在我们做"T+0"操作时，可利用一些常用的图形形态帮助我们找出支撑位与压力位，这样就可以在支撑位做顺向"T+0"操作，在压力位做逆向"T+0"操作。

通常股价在运行时，是上有压力下有支撑的，当上方的压力被有效突破时就会转变为支撑，当下方的支撑位被有效跌破时则会转变为压力位，因此，压力位和支撑位是会相互转换的。交易者要学会利用这一点进行分析。如图5-15所示。

运用压力位和支撑位做"T+0"操作十分简单有效。平时看盘时可以将压力位和支撑位简单的画出来，这样一来，股价到压力位我们就用逆向"T+0"操作，支撑位时我们就做顺向"T+0"操作，这个方法十分简单好用。

如图5-16所示，当股价在没有有效向上突破压力位或者向下突破支撑位之前，股价就会在这个区间内徘徊运行。我们可以据此轻松做顺向"T+0"操作和逆

向"T+0"操作。当股价上涨突破压力位后，这个压力位就有效变成支撑位，既然是支撑位，我们又可以转变为顺向"T+0"操作买入点，规律性非常明显，用此方法做"T+0"轻松高效。

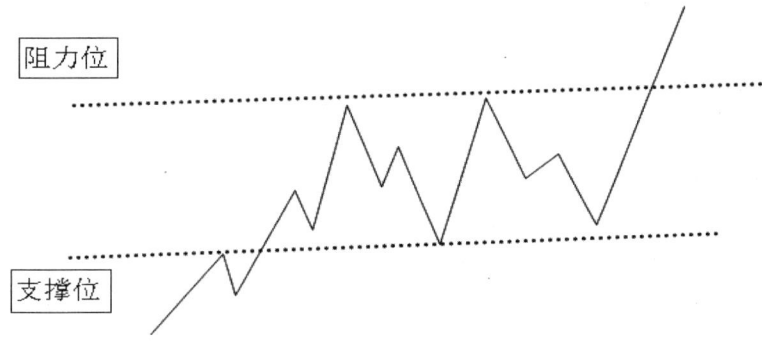

图5-15

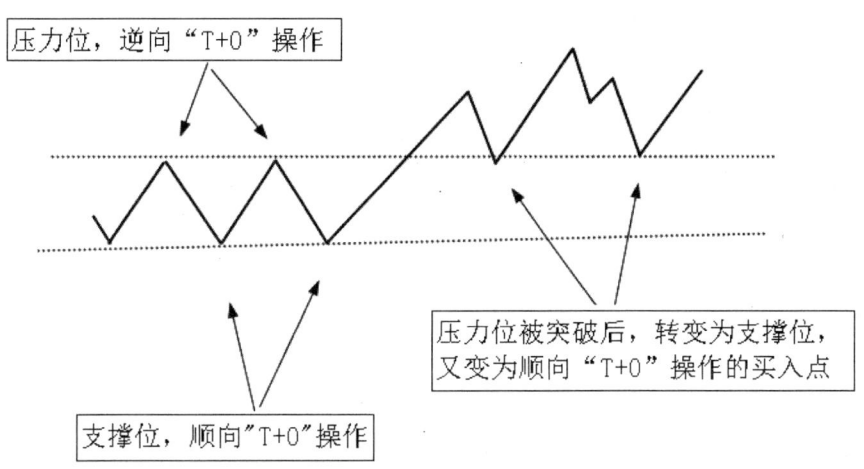

图5-16

我们来看下一个案例：千山药机（300216）。

图5-17是千山药机2015年3月至4月的日K线走势图，这只股票经过一段连续上涨之后，进入明显的调整期，如果你是做"T+0"操作的，那么，你会很喜欢这种横盘震荡调整，此时，你可以先找出短线的压力位和支撑位，然后画线，当股价调整至支撑位处时，此时正是我们对它做顺向"T+0"操作的好机会。如图5-17所示，图右边三个箭头处都可以做顺向"T+0"操作。

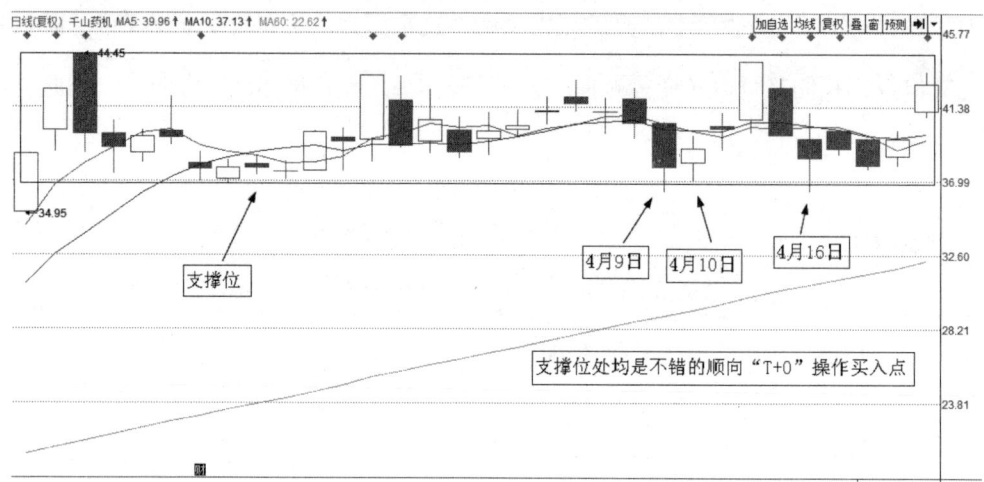

图5-17

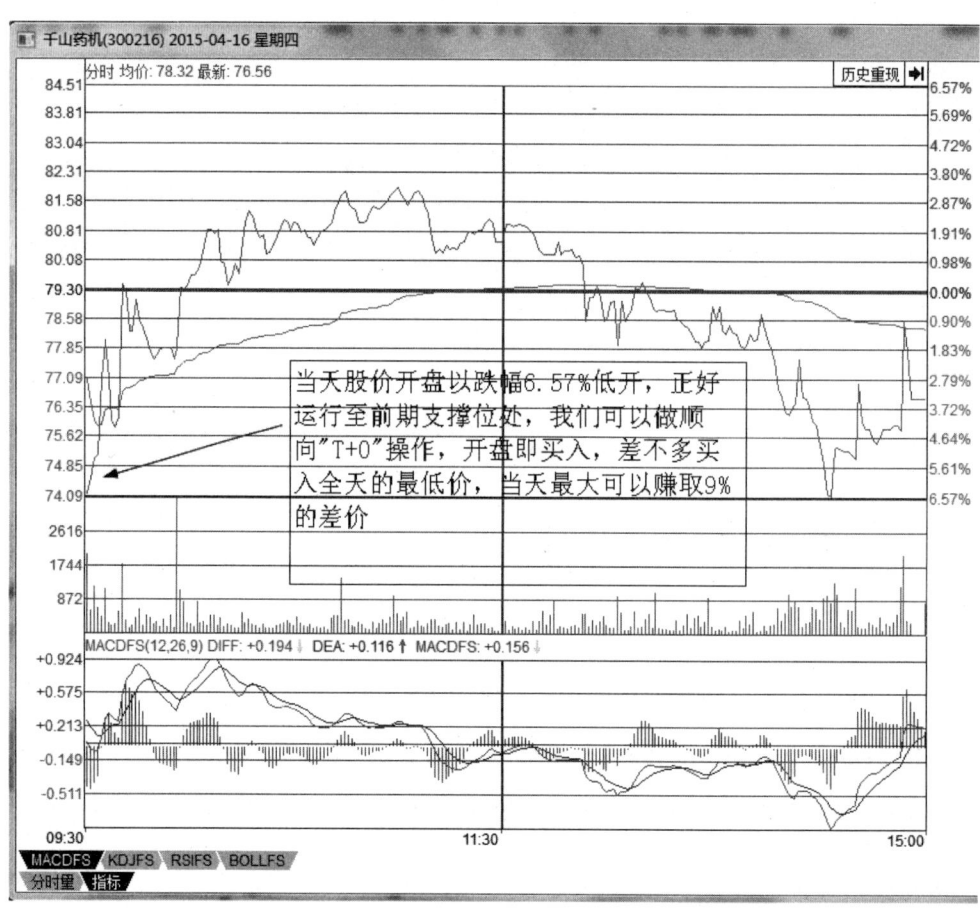

图5-18

图5-18是千山药机2015年4月16日的分时走势图。当天股价以6.57%的跌幅低开，当天股价最低到74.09元，正好是支撑位附近，这时候我们就做顺向"T+0"买入操作。低开开盘我们就买入，此时差不多可以买入全天最低价，当天最大可以赚取约9%的差价。

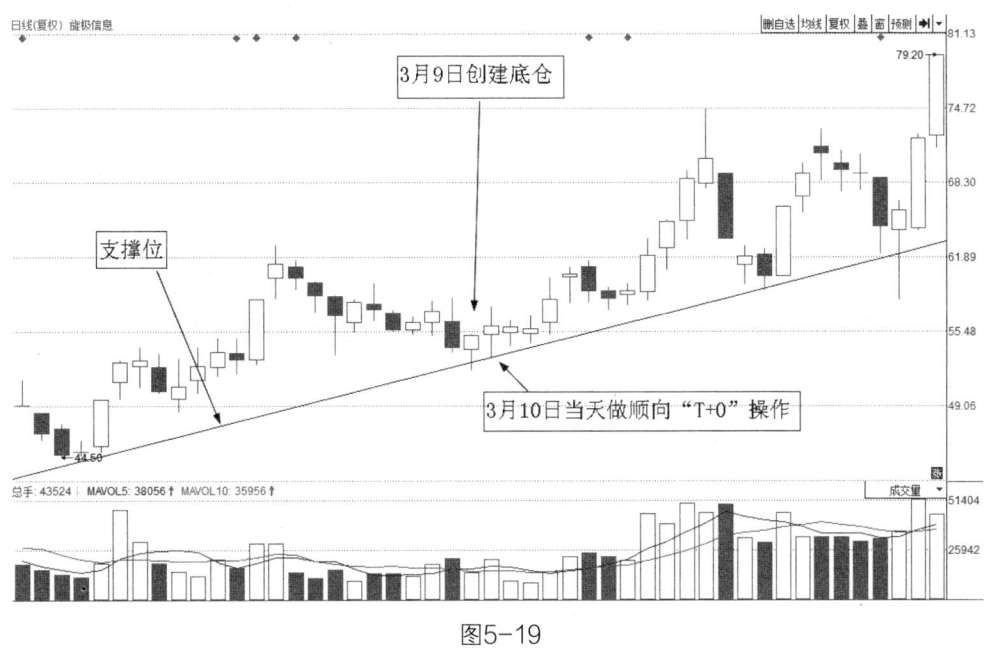

图5-19

如图5-19所示，这是旋极信息（300324）2015年2月至4月的日K线走势图。下图是3月10日的分时图。

如图5-20所示，11点02分笔者以53.59元对该股做顺向的"T+0"操作，到14点21分的时候，股价冲高无力，回落跌破右肩，果断以56.09元卖出。如果用百分比计算就可以赚4.5%的差价利润，假设交易者有底仓20 000股，在11点02分以53.59元买入10 000股，累计30 000股。在14点21分以56.09元卖出10 000股，此时交易者的底仓没有发生变化，还是20 000股，而交易者的可用现金变多了，增加25 000元（不计算手续费和税费）。

计算公式：（56.09-53.59）×10 000=25 000

当天交易者可以赚取25 000元的差价，这要远比交易者持股不动要好很多，用此方法来做"T+0"，交易者每天都可以赚取差价来扩大自己的收益，从而享受交易乐趣。

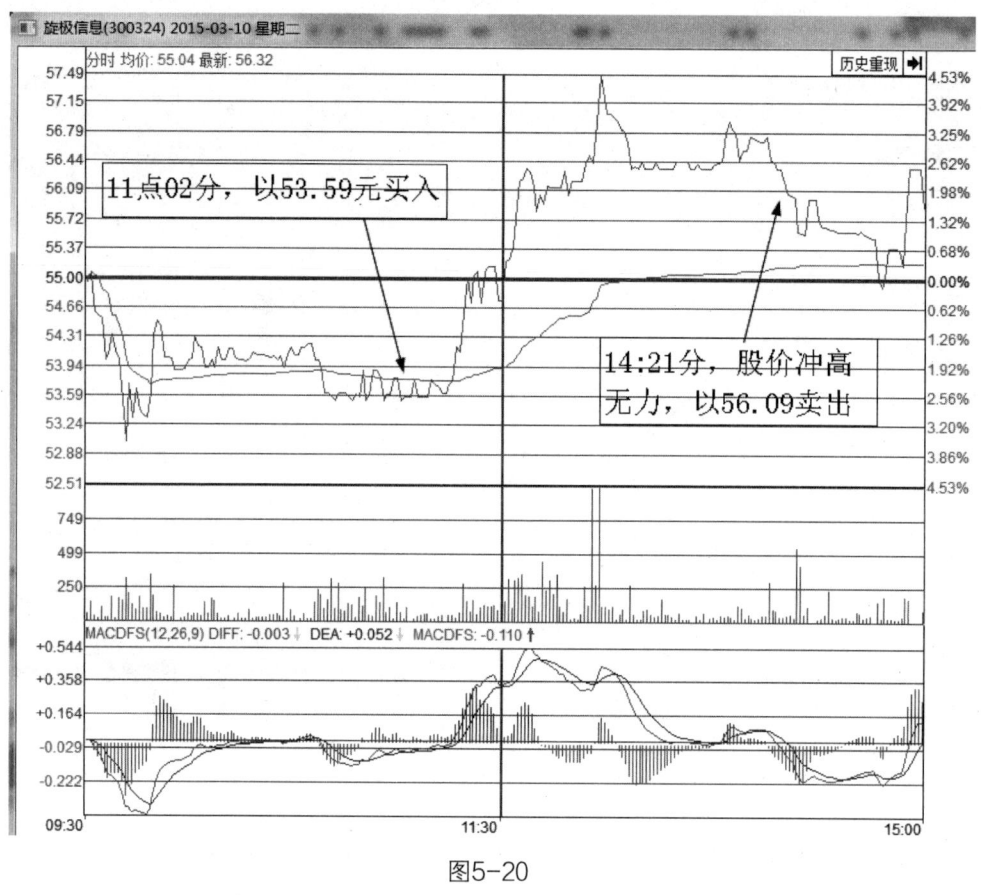

图5-20

接下来我们再多看一些案例，以便多了解一些此方法在实战中的应用。

图5-21是数码视讯（300079）2015年1月至2月的日K线走势图，交易者将之前上涨的两个低点画一条直线，便可以看出股价明显走出一个上升通道，2月10日数码视讯在盘中正好回调到之前这波上涨趋势线的下轨位置，下图是当天的分时图。

图5-22是数码视讯当日的分时图，图中圈圈处正好是之前这波上涨趋势线的下轨位置，这是做顺向"T+0"的绝佳时机，交易者应当果断买入，尾盘将其卖掉，当天就可以赚取5.5%的差价利润。

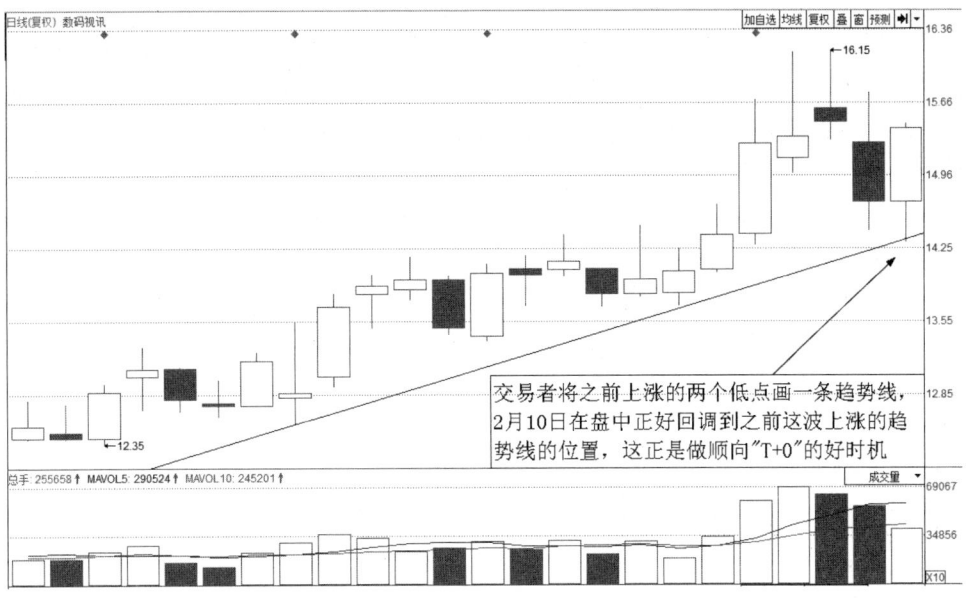

图5-21

图中文字：交易者将之前上涨的两个低点画一条趋势线，2月10日在盘中正好回调到之前这波上涨的趋势线的位置，这正是做顺向"T+0"的好时机

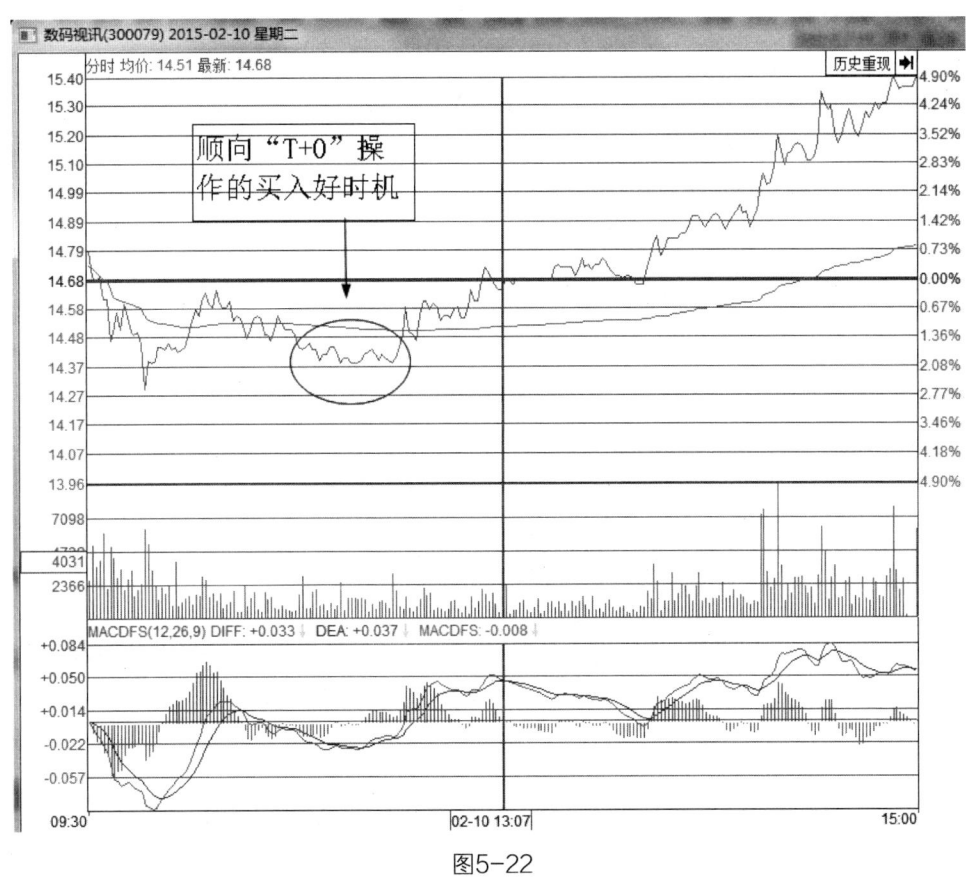

图中文字：顺向"T+0"操作的买入好时机

图5-22

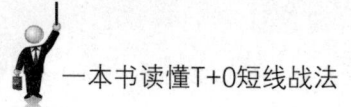

下面，我们再看一些案例，以增加大家对支撑位和压力位的认识和了解。

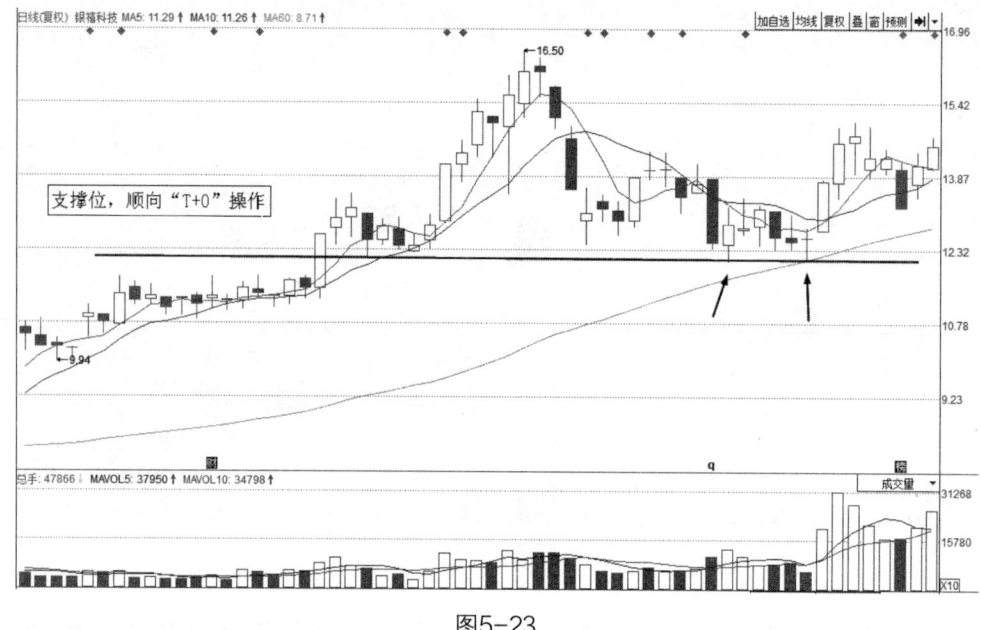

图5-23

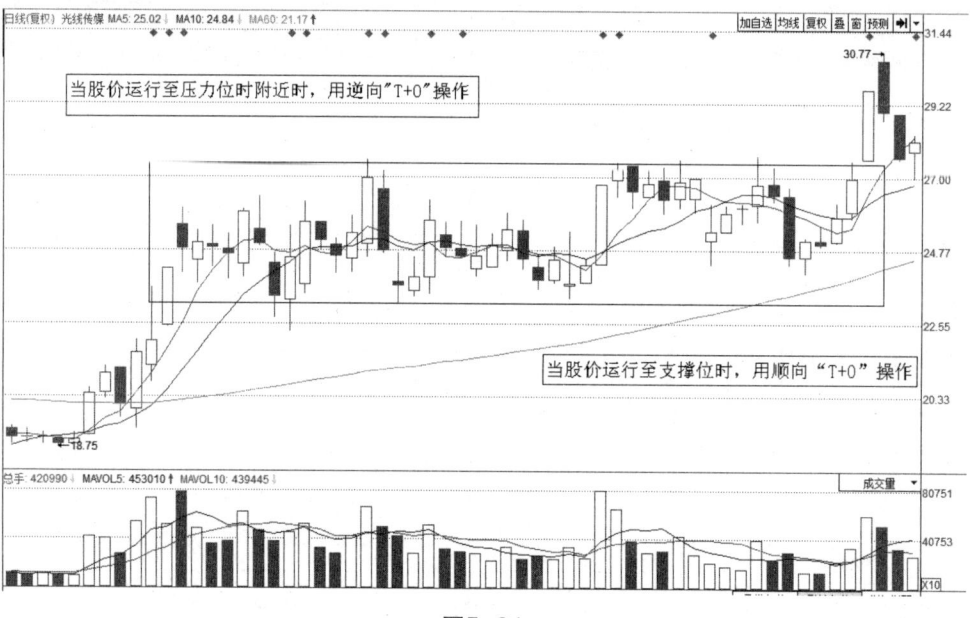

图5-24

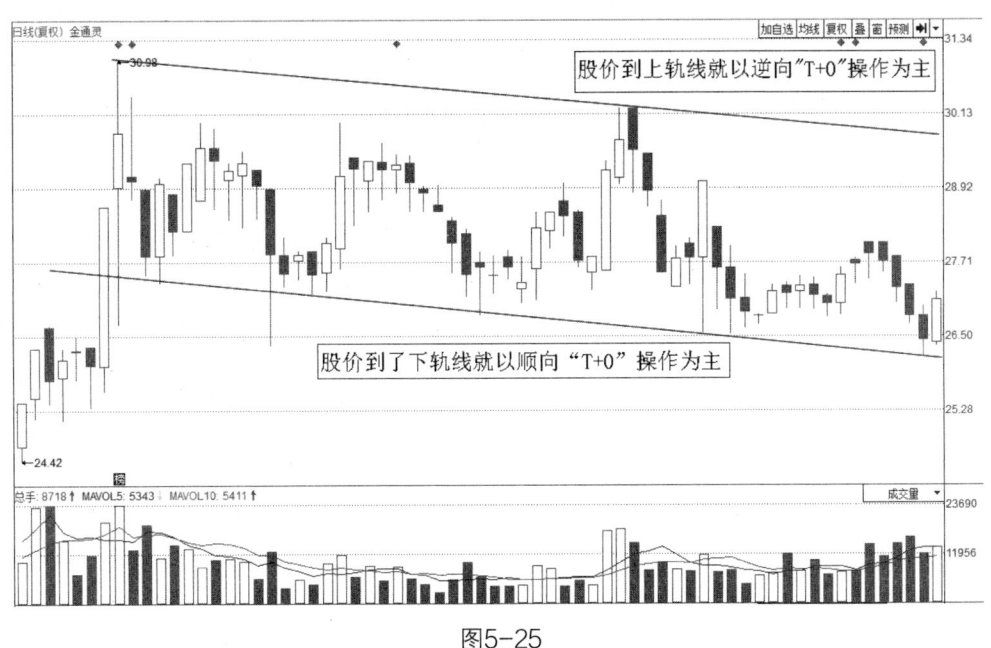

图5-25

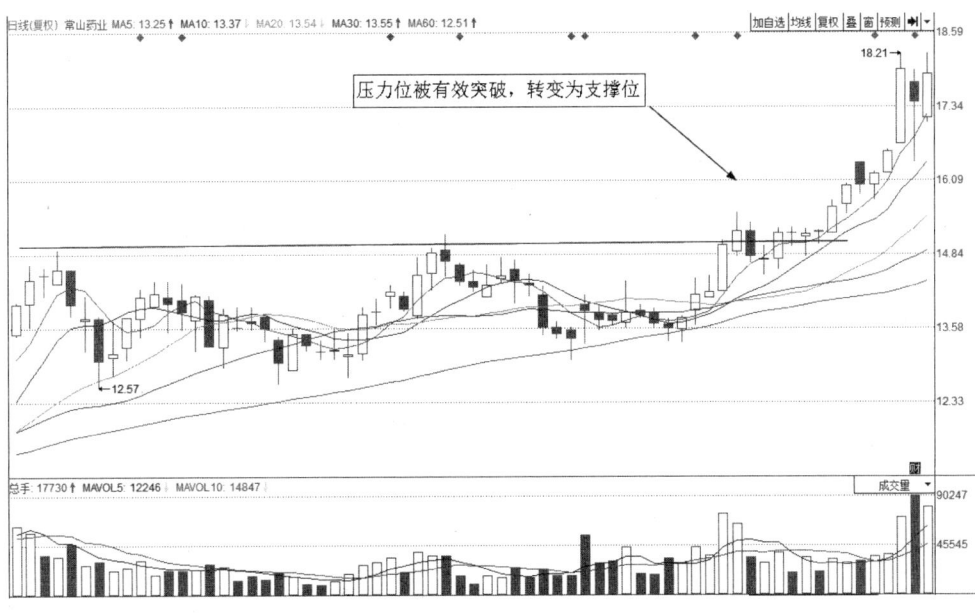

图5-26

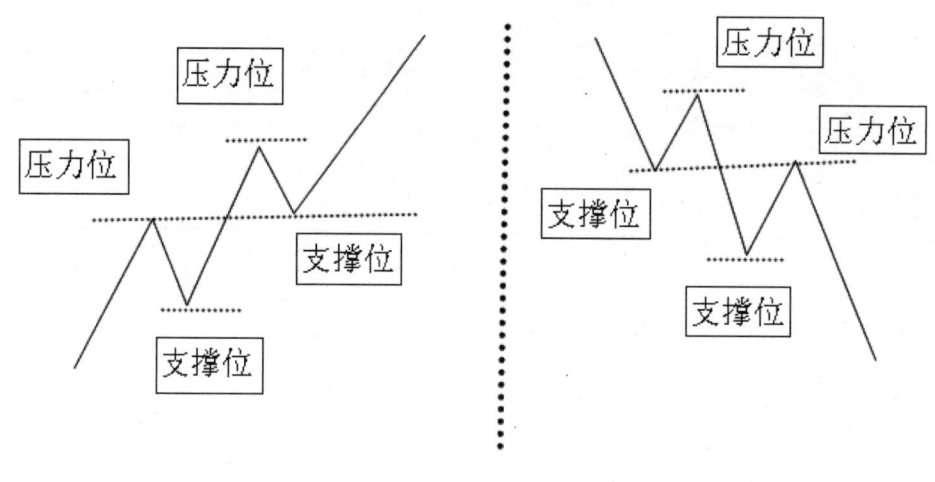

图5-27

因此，通过上述几个实例的分析，我们可以看出，不管是压力位还是支撑位，都不是一成不变的。在两者相互转换的过程中，我们操作"T+0"交易时，也要相应变换策略。压力线被突破时就是进场做多的时候，支撑位被跌破时则是空头占据上风的时候。利用支撑位和压力位做"T+0"，需要培养自己的转换思维。

"T+0"交易的技巧在于其主要是以技术面和盘口观察为依据，并且以阻力位、支撑位、时间点、量能变化等作为买卖依据。因此，本节所讲的利用支撑位，压力位做"T+0"，实则是根据股价走势判断买入卖出时机，从而更好利用"T+0"这个操作方法。

需要重点提醒读者朋友们的是，所谓的支撑位和压力位，并不是一成不变的，要注意到它们是会相互转换的，所以，在实战中的分析要随时研判这种转换势头。

二、利用均线做"T+0"

均线在技术分析时应用十分广泛，大量的历史统计和多年的实战看盘经验告

诉笔者，任何一条均线都是有参考价值的，关键在于如何运用。在本节中，笔者将告诉你如何将均线高效、快速、简单地应用在"T+0"操作中，你会发现原来均线是有规律的，而且使用起来很简单。

很多股票行情软件都默认MA（移动平均线，简称均线）的参数为：5、10、20、30、60天，我们在"T+0"操作中只使用重要均线。什么是重要均线呢？我们所说的重要均线定义是：现在和过去的一段时间里，对股价有明显的支撑或者压力的一条或者多条均线，就是我们所说的重要均线。利用重要均线对个股股价的支撑或压力，我们就可以进行顺向和逆向"T+0"操作。

下面我们来看一个案例，以便大家对均线操作"T+0"有一个直观的认识和了解。

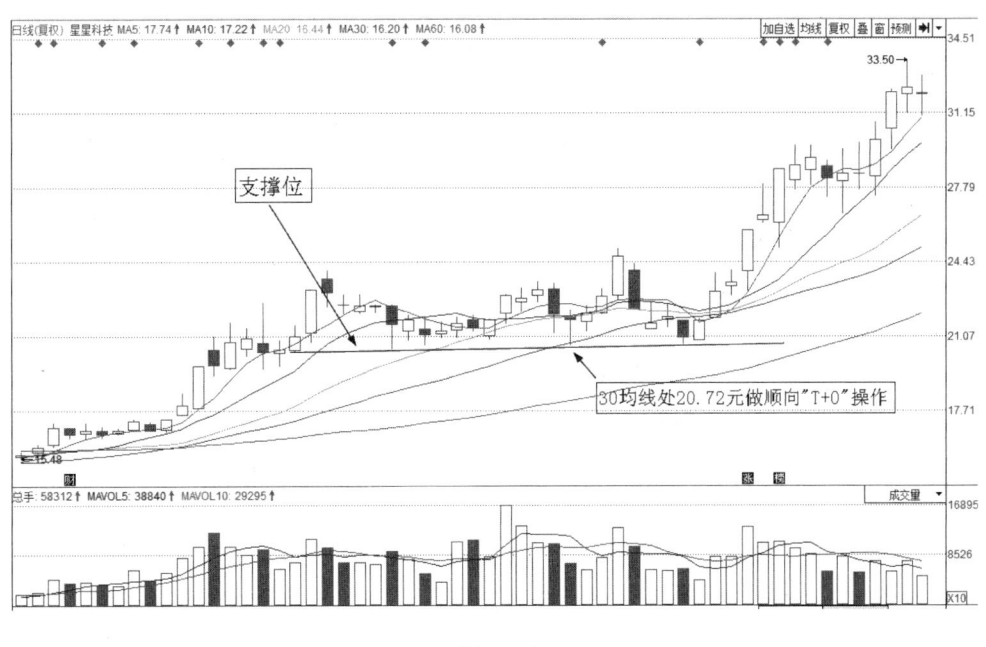

图5-28

如图5-28所示，这是星星科技（300256）的日K线走势图。我们发现，此时股价正好回调到30日均线的位置，且前期有支撑位，此时是做顺向"T+0"操作的最佳买入时机。图5-29是回调至30日均线当日分时图。

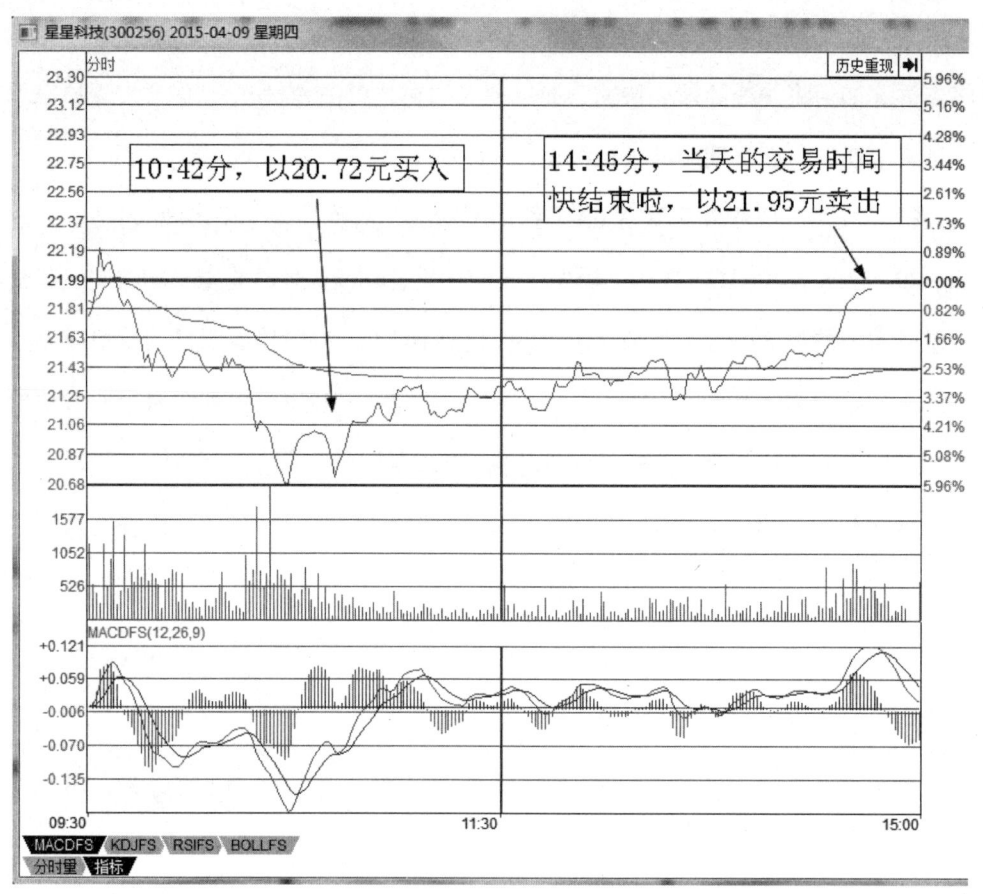

图5-29

如图5-29所示，笔者在10点42分以20.72元对该股进行顺向操作，到14点45分，当天的交易时间快结束时，以21.95元将其卖出，如果用百分比计算就可以算出，当天就赚取5.9%的收益。假设交易者有底仓20 000股，在10点42分以20.72元买入10 000股累计30 000股，在14点45分以21.95元卖出10 000股，此时交易者的底仓没有发生变化，仍然是20 000股，而交易者的可用现金变多了，且增加12 000元（不计算手续费和税费）。

计算公式：（21.95-20.75）×10 000=12 000

交易者当天就可以赚取12 000元的差价，这远比交易者持股不动效益要高，当股价处于调整期时，交易者就可以赚取每天的差价来扩大自己的收益，从而享受交易的乐趣。

我们再看一下案例：标准股份（600302）。

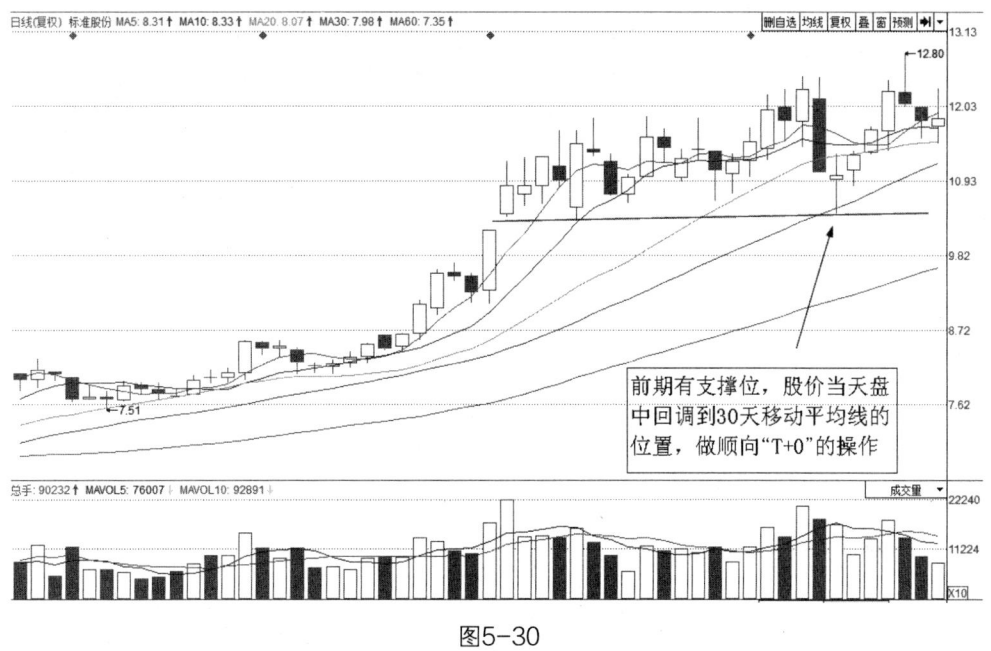

图5-30

图5-30是标准股份2015年3月至5月的走势。经过一段连续上涨之后，进入调整期。交易者此时如果是持股不动，不仅利润没有增长，反而会被它每天的波动搞的心情不畅，如果交易者对该股继续看好就应该在持股的基础上每天做"T+0"，获取差价。

我们用简单的均线就可以轻松做"T+0"，首先，要找出此时的均线，很明显，在图5-30中，标准股份的股价在当天盘中正好回调到30天移动平均线的位置，即图中箭头处所处的位置，前期也有支撑位，可做顺向"T+0"的操作。让我们来看下箭头处当天的分时图走势，如图5-31所示。

图5-31是标准股份的分时图，我们可以看到箭头处的位置，正好是股价回调至30天移动平均均线的位置，这是做顺向"T+0"的绝好机会，交易者应该果断买入，尾盘时卖出，当天就可以赚取约4%的差价收益。

下面，我们多看一些案例，以提高读者朋友们对均线做"T+0"的认识和了解。

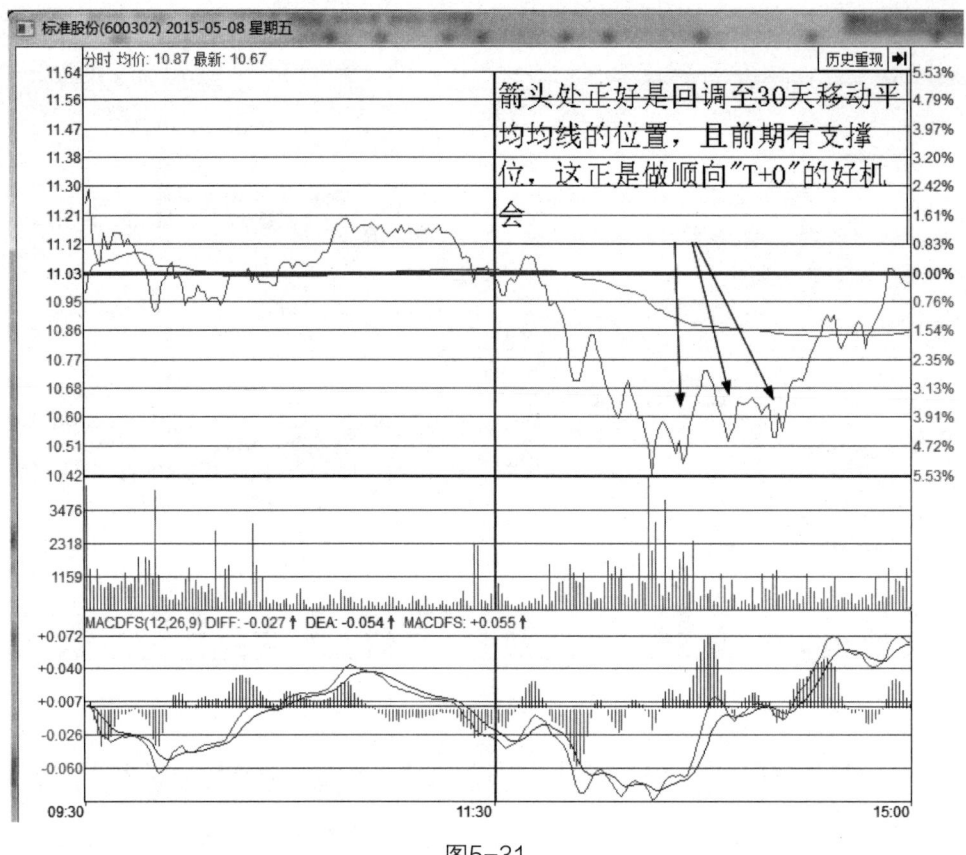

图5-31

图5-32

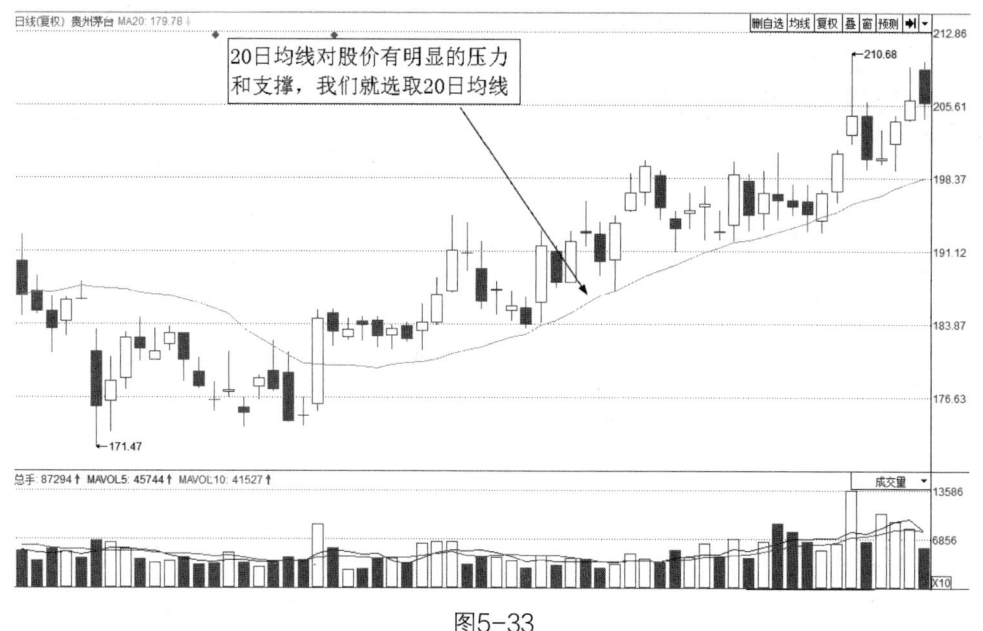

图5-33

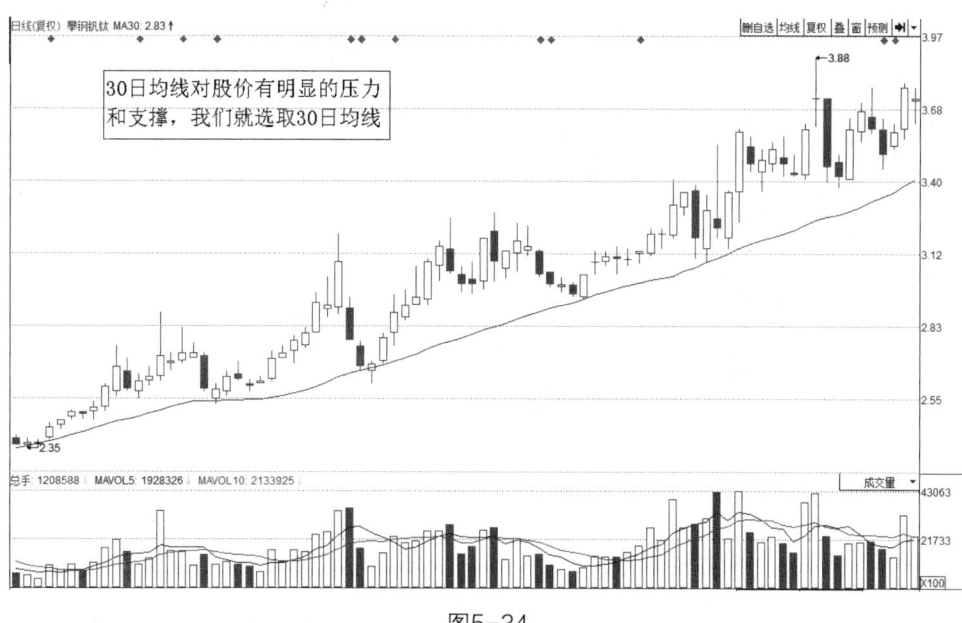

图5-34

唯一不变的就是变化。在股市中也同样如此，它无时无刻不是处于变动状态中。因此这也给了我们更多的操作机会，我们当然要把握住变化给予我们的操作机会，赚取自己的收益。

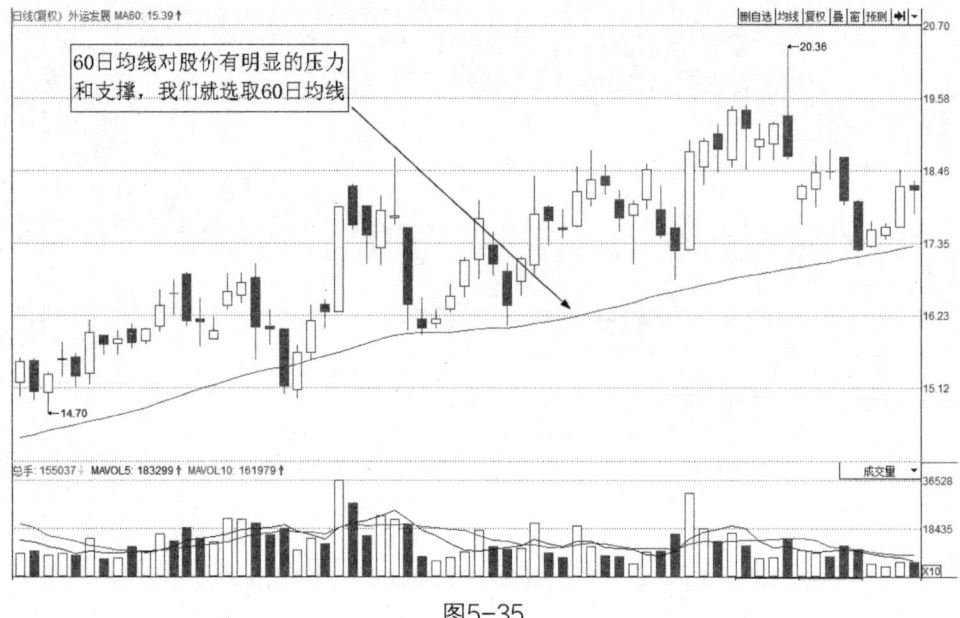

图5-35

通过本节的介绍，我们知道，当股价处于调整时期时，交易者就可以通过技术分析做"T+0"来赚取收益，扩大自己的利润，并且享受这种操作带来的莫大乐趣。这带给我们的一个很好的做差价方法。对于均线操作"T+0"，交易者可以在实战中认真研读，多做分析，不断提高盘感，从而增强自己的盈利能力。

三、半仓做"T+0"

在股价的上涨不明确时，交易者采取半仓操作"T+0"是比较明智的，半仓的资金投入，既不会出现重仓持股的风险，也不会错过当前的行情，在半仓"T+0"操作中，交易者每天都可以完成一次买进和卖出的动作，而持股的资金仅仅是总资金的一半。在价格高位卖出股票，并在价格回落时买进股票，不失为减少损失而扩大利润的好方法。

1. 半仓"T+0"操作不会出现重仓持股的风险

即便股价短线杀跌，交易者只有一半的资金会遭受损失。后续完全还可以利用另一半资金抄底买入，并且在价格反弹的高位卖出前期持有的股票，完成一个"T+0"操作。交易者在价格低点抄底买入和价格高位卖出止盈在同一日完成，这

样不会放过股价双向波动提供的差价收益。

下面我们来看一个先买后卖的半仓操作例子。

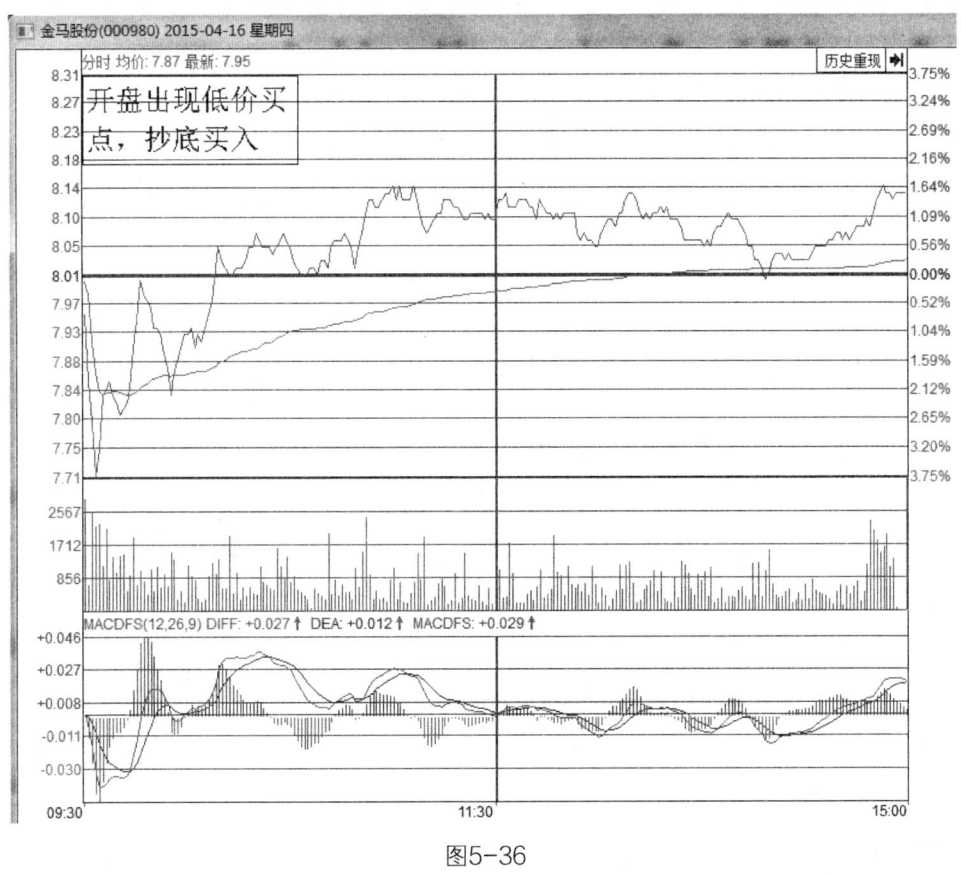

图5-36

图5-36是金马股份（000980）的分时图，该股开盘时急剧下跌，最高跌幅至3.75%，是抄底买入的良机，可待尾盘时卖掉前一日买入的股票，完成一个"T+0"的操作过程。

在"T+0"操作过程中，控制好仓位是非常重要的，它是减小风险的重要一环。在控制好仓位的情况下，交易者操作上的风险会减小。

2. 半仓持股做"T+0"可降低风险

"T+0"操作方式的优点，一在于充分利用价格波动，二在于交易者能够半仓来投资股票，减少风险。很多股民在买卖股票的过程中常常重仓持股，殊不知这样做的风险很大，一旦遇到价格大幅下跌的走势，损失必然很大，采取半仓操作

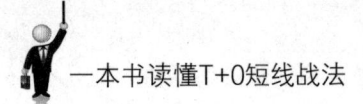

的 "T+0" 操作方式，即便股价短线震荡回调，那么交易者也有另一半剩余资金用来补仓，这样便可以平摊持股成本，减少股价回调造成的损失。

在 "T+0" 操作方式中，交易者随时进行动态的资金调整，以便应对股价波动的风险。如果股价出现不确定的变化，那么股价冲高可以卖出，而股价下跌可以买进，有助于交易者减少股价波动的风险，增加盈利。

轻仓操作是必要的，可以减少持仓的风险。半仓持有股票造成的损失，用剩余的一半资金来低价补仓买入股票，等待股价短时间内反弹上涨，损失自然被轻松弥补。

在 "T+0" 的买卖中，交易者在股价低点时买入，自然降低了持仓成本，成本的相对降低，对交易者的盈利至关重要。每一日股市收盘后，交易者持有的股票只用总资金的一半，这就降低了交易者的操作风险。

"T+0" 操作可以更灵活地适应股票价格的变动，交易者可以更轻松地抓住价格波动提供的差价利润。

"T+0" 是一门技术活，难度高，对股民要求的能力很高。要学好 "T+0"，你就需要不断动手操作，就好像学游泳，如果你只看教练示范给你的每一个动作，而不去亲自练习实操的话，你是学不好游泳的。所以要想快速掌握 "T+0" 技术，就要在实战中多运用，才能到达赢家彼岸。

第六章

短线寻宝图

　　我们知道，理论要建立在实践的基础上，并且在讲究实用主义的当下，我们花大量时间与经历潜心研究的理论，还是要以更好地指导实践为意图。在股市操作中，更需要将灌输的理论灵活运用在实战中。

　　在本书的前文中，笔者已经带领大家学习了短线操作中的若干知识，相信很多读者朋友已经跃跃欲试，蠢蠢欲动，迫不及待地想要在实战中施展拳脚，一试锋芒。然而，在真正进入实战以前，笔者希望广大读者朋友先屏气凝神，认清各种短线交易中所呈现出来的图形，通过了解并仔细研判这些随时出现的实战图来增加自己对短线操作的胜算。

　　短线操作中的实战图就像是武功秘籍一样，掌握好了这个秘籍并有效利用，也就练就了一身硬功夫。在本章中，我们将通过数个实例来介绍短线寻宝图。

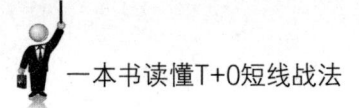

第一节　底部埋伏——实战图谱

古语有云：不鸣则已，一鸣惊人。表面上看起来平静的事物，其背后可能蕴藏着巨大的能量。就像战场上作战，可以通过暗度陈仓来诱敌深入，为敌人制造假象，敌军马蹄所经之处看似风和日丽，一片祥和，殊不知，下一秒我方已经布好战局，擒敌于不知不觉中。这便是埋伏战术。

在操作中，也有一种实战技术被称为底部埋伏，那么，它究竟是怎样埋伏的呢？我们将在本节中揭晓答案。

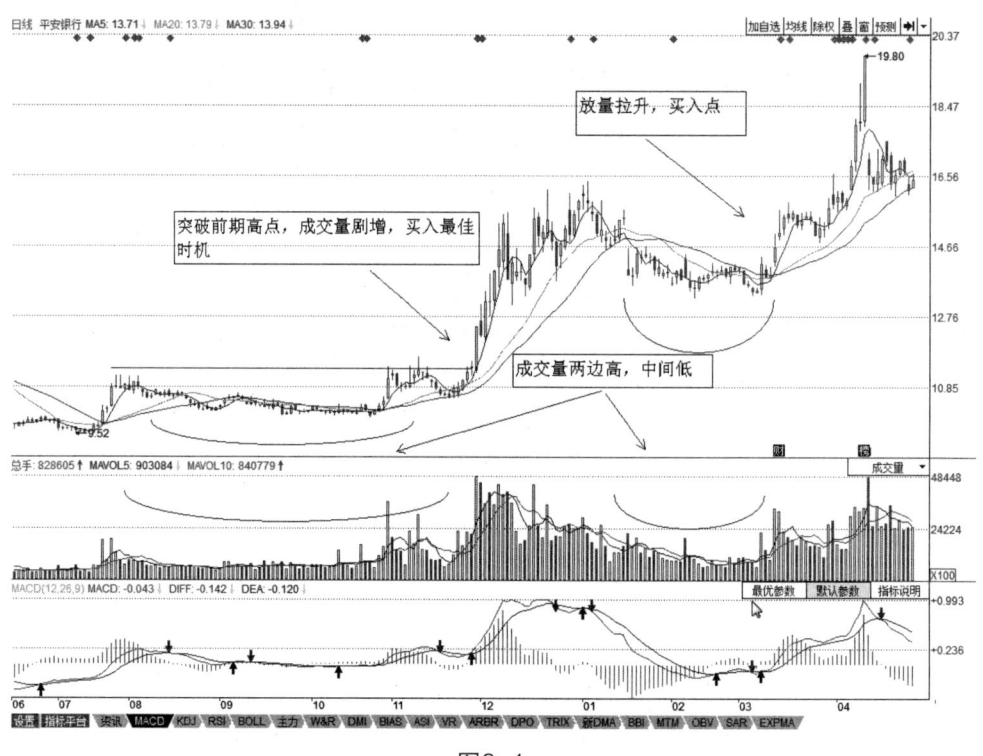

图6-1

如图6-1所示，平安银行（000001）在经过漫长的下跌趋势后，走出了一个时

间跨度相当长的圆弧底，在底部形成了长时间的换手整理，成交量越来越小，非常低迷。股价下跌的动力越来越弱，5日K线与10日K线贴的很近，在低位反复徘徊震荡，逐步筑成了圆弧底的底部，形态比较标准。2014年11月27日，随着上证指数的大幅拉升，带动平安银行的买盘开始活跃，交易越来越积极，放量突破前期高点，之后平安银行开始了一段持久的涨势。当股价放量突破圆弧底形态时，短线投资者必须大胆地介入，坚定持股，耐心等待股价后期大幅度拉升行情的到来。

在图6-1中，平安银行出现两个圆弧底。圆弧底，是一种反转图形，是指股价经过长时间的下跌之后，跌势逐渐平缓，终于停止下跌，在底部缩量横盘一段时间后，又再次上升，向上突破的过程。

圆弧底通常出现在价格的底部区域，在实战中是比较安全的底部图形之一。短线操作中，交易者必须对该形态给予足够的重视，形成圆弧底的时间需要数月，底部换手充分，一旦向上突破，将有一轮可观的行情出现。

下面，笔者就带领读者朋友们来了解一些关于圆弧底的基本知识。

一、圆弧底的要点

（1）圆弧底形成的时间周期越长，今后反弹的力度就越强，涨幅是惊人的。

（2）从K线上看，和均线贴合的很近。

（3）圆弧底部常常要花数月的时间才可完成。

（4）圆弧底的成交量也是呈两边高，中间底的形状。股价和成交量由高点逐渐减少，下跌速度最终会越来越慢。直到市场人气恢复才停止下跌。在多方资金的流入下，成交量放大，股价由缓慢上升逐渐加快为急速拉升。通常来说，圆弧底部波动幅度极小，成交量缩量运行，之后就是巨量突破前期压力线。

（5）常常在长时间的下跌后出现，低位不断被创新低，长时间整理。股性不活跃，人气低迷。通常出现在熊市向牛市转变的过程中。

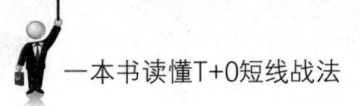

二、圆弧底的短线买入点

圆弧底形成的过程比较漫长，选择的买入时机非常重要，短线投资者不要过早介入。如果过早买入，常常会陷入漫长的下跌筑底行情中，股价一直不涨，几个星期和几个月都看不到涨起来的希望，这就降低了资金的使用率，造成时间成本和机会成本的损失。不少的交易者由于受不了长时间的等待煎熬，常常在个股股价拉升前早已卖出，便错过了上涨行情。

除此之外，交易者也要明白，成交量也呈圆弧底。圆弧底的成交量和股价形态相似，股价下跌成交量也逐渐减少，之后股价开始上升，成交量也逐步增加，也呈圆弧底形。

圆弧底的形成是一个阶段性过程，交易者在利用圆弧底的时候务必立足整个过程研判。

三、圆弧底左侧的成因

圆弧底的形成也是一个买卖双方力量的消长变化过程。起初股价从高位回落，市场交易气氛依然浓烈，对个股股价的反弹充满信心，交易较为活跃。此时股价的波动幅度依然较大。随着股价在震荡中逐渐下行，人们常常亏钱，醒悟过来，发现很难赚到钱。参与的热情逐渐减少，因此带来的后果是股价进一步下跌，离场的股民越来越多。反映在实战图上便形成了圆弧底左侧。

四、圆弧底右侧的成因

由于股价经过长时间的下跌之后，交易量逐渐减少，市场的抛压越来越轻。下跌趋势缓慢，当成交量逐渐平缓，多空平衡，经过长时间的换手整理后，想离场的人早已离场，剩下的高位套牢者即使股价再跌也不肯平仓，只好长期持股不动，下跌动力越来越弱。大家心灰意冷，这时候也不会有人进场买股票，导致价格无法上涨。这种局面要持续相当一段时间，造成股价停留在底部横盘的局面。

当市场出现了新的买入力量时，就打破了原有的平衡，股价由此上行，交易开始活跃，成交量加速增长。有些会有涨停板快速拉升的出现，这意味着主要趋势的反转。当新的买入力量持续增强的时候，说明市场筑底成功，有向上发展的内在需求。于是形成了圆弧底的右半部分。

但股价不能上升过快，因为这不利于主力资金吸筹，上升途中往往会被打断，让没有耐心的投资者筋疲力尽。而当股价在成交量放大的推动下，向上突破前期高位时，则是一个难得的买入时机。

圆弧底形成所耗的时间越长，在底部会积累越充足的动力，一旦突破向上，将会有一段相当有力的持久上涨。

这便是我们所讲的短线寻宝图中的第一种图——底部埋伏。实质上，在这种情况下，我们需要关注的就是个股在实际走势中，所呈现出来的图谱是否有圆弧底出现，以及圆弧底出现在何时。同时，要耐得住性子，一般圆弧底的形成需要一个静心等待的过程，但是其一旦形成，投资者便要果断决策，在圆弧底集聚巨大能量时一举拿下该得的利润。

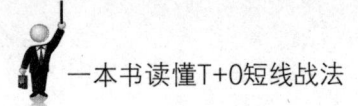

第二节　强势拉升——实战图谱

在短线操作中，当个股形态处于强势拉升阶段时，表明这只股上升势头凶猛，后市大概率看涨，这是一个不可多得的介入机会。但也要防止部分回调现象的出现，对于具体操作原则，我们在本节通过实例来讲述。

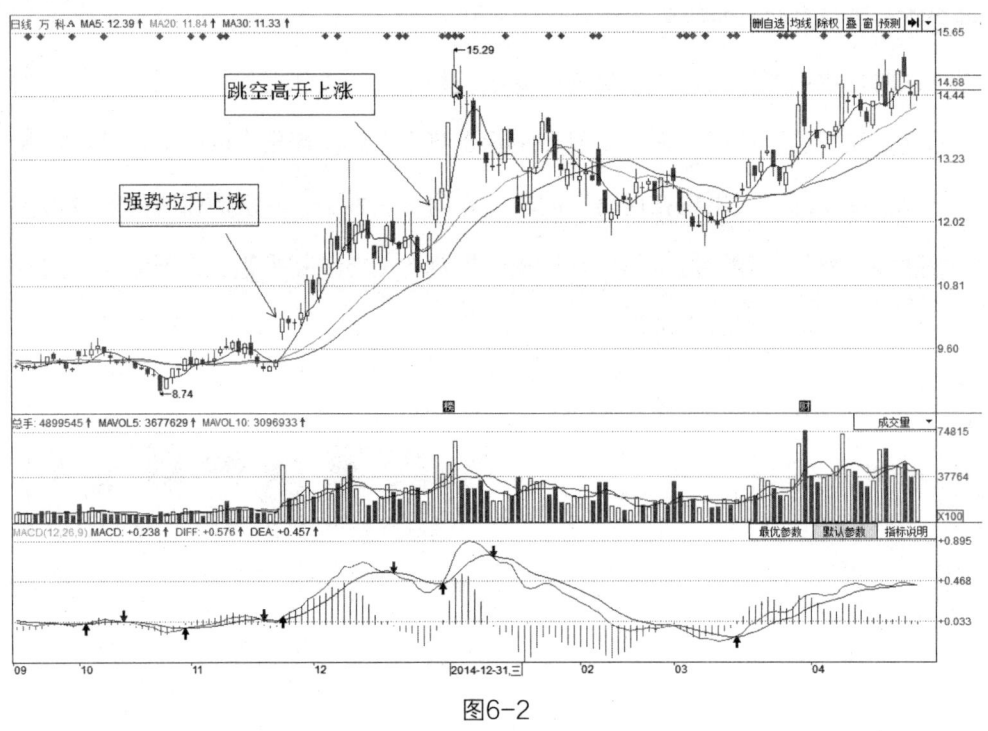

图6-2

如图6-2所示，万科A（000002）在2015年11月24日出现了强势跳空上涨形态，盘中冲击了涨停板，之后有略微回落，当天涨幅8.32%。这股短线走势出现了加速上涨，后期连拉了几根长阳。步入了上升趋势。

当股价出现跳空高开高走后，表明很多的空头已经放弃抵抗，股价会加快上行速度。

　　强势拉升上涨，这种形态在实战中经常出现。该形态是在股价上升过程中，跳空高开开盘。是买方力量增强的一种表现，它显示日后股价仍会继续上涨，少数还会加速上涨，短线投资者见到此形态，可买进，后市看涨。

　　但在高位时要谨慎小心使用，特别是股价前期经过了一段长时间的上涨，做多的能量已得到一定程度的释放，连续拉升上涨的态势是不可能一直持续的。此时强势高开上涨，可能是庄家挑逗追涨人气的假上涨，小心有回调调整。

　　因此，正如本节所讲，股价处于强势拉升阶段时，代表着走势向好。但也不排除部分情况属于庄家造成的假象，这就要求投资者在实战中谨慎分析，仔细研判，在乘胜追击的同时，防止被假象迷了眼，从而被套。

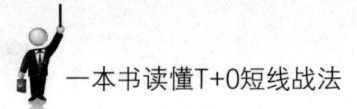

第三节　挖坑洗盘——实战图谱

实战中，还有一种操作手法，我们称它为挖坑洗盘买入法。顾名思义，当出现庄家有意洗盘这种情况时，可分具体情况买入。下面，我们就通过实例来具体了解这一实战方法。

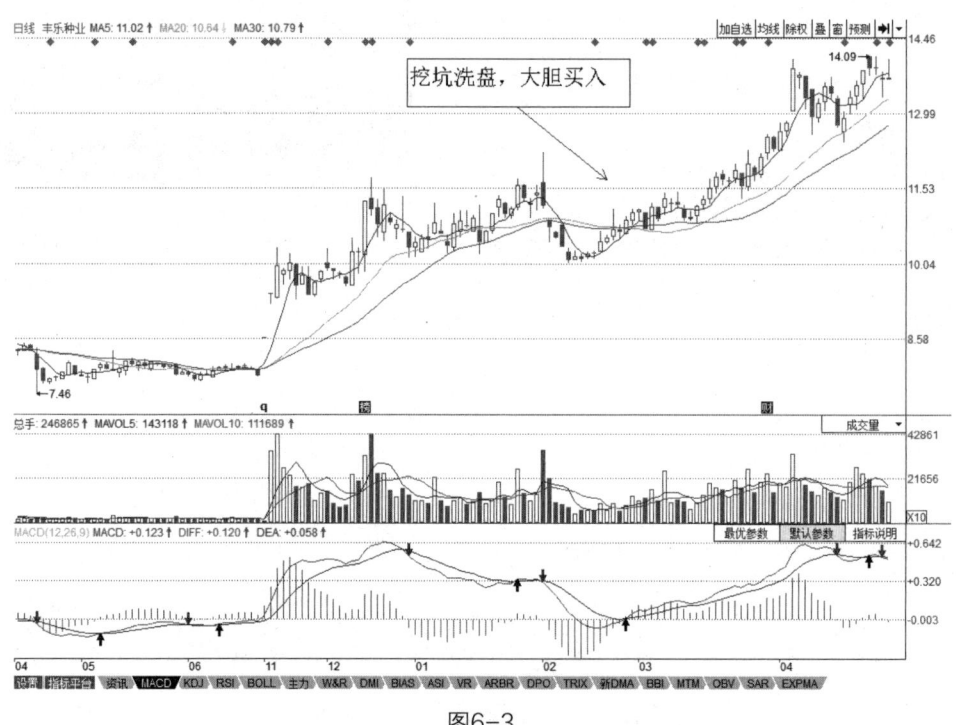

图6-3

如图6-3所示，丰乐种业（000713）是一只典型的中低价股翻倍的股票。股价长期在7至9元内震荡横盘，盘整了很长一段时间。随着上证的上涨，牛市的到来，该股在底部停盘分红后，连续拉升两个涨停板，其后走势向上走强，途中出现挖坑洗盘后，5日线向上金叉20日线和30日线，发出黄金买点信号后，股价受到

买盘的持续涌入追捧，后市不断走高。

在此，我们对图6-3中的要点进行分析：

（1）通常来说，股价长期低位横盘震荡是催生股价起涨的一个重要条件，若盘子小，则再好不过。横有多长，竖就有多长，股价突破长期盘整的区域，如此一来，大行情出现的概率不会小，值得追进。

（2）当出现明确的买点信号，如5日线同时金叉20日和30日线，就是最好的切入点。

（3）连续放出四五根阴线然后拉回，这是主力挖坑洗盘的招牌动作，可逢低大胆介入。

（4）当股价突破所有均线时，意味着战略性进场时机的到来。后市看好。

（5）成交量均线金叉与MACD金叉出现多重共振，盈利机会大。

关于洗盘，是庄家在把股价拉升了一段时间后，由于有大量的跟风盘和资金介入，股票的浮筹大幅度增加，所以这时候需要进行震仓洗盘，从而甩掉低成本的跟风者，减轻上升压力；并且通过新老跟风盘的换手，使得除庄家自身以外的市场平均持筹成本不断提高，以利于后期拉升筹码的稳固性。总之，庄家洗盘的目的就是让低位买进该股的股民，洗盘时卖掉该股。因此，洗盘的意义如下：

（1）降低庄家的持股成本。庄家洗盘进行高抛低吸，庄家可以赚取可观的差价，以弥补拉升阶段付出的较高成本。同时也可以抽出资金用于下一步拉抬。

（2）可以增加散户的平均持股成本，把跟风客赶下车去，以减少进一步拉升股价的压力，折磨大户、驱赶散户。

（3）等待时机。没机会时就利用洗盘继续多吃货，等待大盘或板块的进一步成熟，才拉升。

在挖坑洗盘中，作为短线交易者，一定要认准时机，胆大心细操作，遵循自己的交易原则，不跟风，不犹豫。只要挖坑洗盘的形态呈现，就要果断抓住最佳时机，介入买进。